张爱玲全集

小团圆

北京出版社出版集团
北京十月文艺出版社

前　言

宋以朗

我身为张爱玲文学遗产的执行人，一直都有在大学、书店等不同场所举办关于张爱玲的讲座。每次总有人问我那部未刊小说《小团圆》的状况，甚至连访问我的记者也没有例外。要回应这些提问，我总会征引张爱玲在一九九二年二月二十五日给我父母写的信——随信还附上了遗嘱正本——其中她曾说：

"还有钱剩下的话，我想用在我的作品上，例如请高手译。没出版的出版，如关于林彪的一篇英文的，虽然早已明日黄花。(《小团圆》小说要销毁。)这些我没细想，过天再说了。"

这里要指出一份遗嘱是法律文件，但一封普通信件不是，为何还要"细想"与"再说"？据我所知，这讨论从未出现过。一九九五年九月，张爱玲去世，而她所有财产都留给我父母。我父亲宋淇(Stephen Soong)当时身体欠佳，一九九六年十二月亦去世了。我母亲宋邝文美（Mae Fong Soong）则迟迟没决定《小团圆》的去向，患得患失，只把手稿搁在一旁。到了二○○七年十一月，我母亲逝世，而《小团圆》的事就要由我决定了。

于是我总会问我那些听众，究竟应否尊重张爱玲本人的要求

1

而把手稿付之一炬呢？他们亦总是异口同声地反对。当中必然有些人会举出 Max Brod 和 Kafka 作例子：若 Max Brod 遵照朋友的吩咐，世界便会失去了 Kafka 的作品。很明显，假如我按张爱玲的指示把《小团圆》毁掉，我肯定会跟 Max Brod 形成一个惨烈的对照，因而名留青史。当然我也不一定要服从民主投票，因为大众可能只是喜欢八卦爆料。

我明白一定要很谨慎地下决定。张爱玲既然没要求立刻销毁《小团圆》，反而说稍后再详细讨论，证明了不是毫无转圜余地的。假如要"讨论"，那议题又是什么呢？一开始是什么促使张爱玲写此小说呢？她迟迟不出版又为了什么缘故？何以最后还打算销毁它呢？

要问他们三位自然是没可能的。幸好他们留下了一大批书信：四十年间，他们写了超过六百封信，长达四十万言。当中我们就可找到《小团圆》如何诞生及因何要暂时"雪藏"的故事。以下就是相关的书信节录：

张爱玲　一九七五年七月十八日
这两个月我一直在忙着写长篇小说《小团圆》，从前的稿子完全不能用。现在写了一半。这篇没有碍语。[……] 我在《小团圆》里讲到自己也很不客气，这种地方总是自己来揭发的好。当然也并不是否定自己。

张爱玲　一九七五年八月八日
《小团圆》越写越长，所以又没有一半了。

张爱玲　一九七五年九月十八日

《小团圆》因为酝酿得实在太久了，写得非常快，倒已经写完了。当然要多搁些天，预备改，不然又遗患无穷。[……]这篇小说有些地方会使你与Mae替我窘笑。但还是预备寄来给你看看有没有机会港台同时连载。

张爱玲　一九七五年九月二十六日

《小团圆》搁了些天，今天已经动手抄了。我小说几乎从来不改，不像论文会出纰漏。

张爱玲　一九七五年十月十六日

《小团圆》好几处需要补写——小说不改，显然是从前的事了——我乘着写不出，懒散了好几天，马上不头昏了。看来完稿还有些时，最好还是能港台同时连载。[……]赶写《小团圆》的动机之一是朱西宁来信说他根据胡兰成的话动手写我的传记，我回了封短信说我近年来尽量de-personalize读者对我的印象，希望他不要写。当然不会生效，但是这篇小说的内容有一半以上也都不相干。

张爱玲　一九七五年十一月六日

《小团圆》是写过去的事，虽然是我一直要写的，胡兰成现在在台湾，让他更得了意，实在不犯着，所以矛盾得厉害，一面补写，别的事上还是心神不属。

张爱玲　一九七五年十二月二十一日

《小团圆》还在补写，当然又是发现需要修补的地方越来越多。

3

张爱玲　一九七六年一月三日

《小团圆》因为情节上的需要，无法改头换面。看过《流言》的人，一望而知里面有《私语》、《烬余录》（港战）的内容，尽管是《罗生门》那样的角度不同。

张爱玲　一九七六年一月二十五日

《小团圆》情节复杂，很有戏剧性，full of shocks，是个爱情故事，不是打笔墨官司的白皮书，里面对胡兰成的憎笑也没像后来那样。

张爱玲　一九七六年三月十四日

《小团圆》刚填了页数，一算约有十八万字（！），真是《大团圆》了。是采用那篇奇长的《易经》一小部份——《私语张爱玲》中也提到，没举出书名——加上爱情故事——本来没有。下星期大概可以寄来，副本作为印刷品，恐怕要晚一两天到，不然你们可以同时看。

张爱玲　一九七六年三月十八日

昨天刚寄出《小团圆》，当晚就想起来两处需要添改，没办法，只好又在这里附寄来两页——每页两份——请代抽换原有的这两页。

邝文美　一九七六年三月二十五日

前天收到《小团圆》正本，午间我立刻覆了封信告诉你，让

Stephen下午办公时顺便付邮。傍晚他回家，带来另一个包裹，原来副本也寄到了！于是我们就不用你争我夺（你知道我们从来不争什么，只有抢看你的作品是例外），可以一人一份的先睹为快。我已经看完，心里的感觉很复杂，Stephen正巧很忙，又看得仔细，所以还没有看到结尾……你一定想听听我们的反应，这次还是要你忍耐一下。

[……]

今天收到你十八日的信，有两页需要抽换，很容易办。问题是Stephen说另外有许多小地方他觉得应该提出来和你商量一下。

[……]

这本小说将在万众瞩目的情形下隆重登场（我意思登上文坛），我们看得非常重要，所以处处为你着想，这片诚意你一定明白，不会嫌我们多事。你早已预料有一些地方会使我们觉得震动——不过没关系，连我都不像以前那么保守和闭塞。我相信没有别一个读者会像我那样彻底了解你为什么写这本书。Stephen没听见过你在纽约打胎的事，你那次告诉我，一切我都记得清清楚楚。

张爱玲　一九七六年四月四日

我写《小团圆》并不是为了发泄出气，我一直认为最好的材料是你最深知的材料，但是为了国家主义的制裁，一直无法写。

[……]

我跟陈若曦在台北的谈话是因为我对国民政府的看法一直受我童年与青年的影响，并不是亲共。近年来觉得monolithic nationalism松动了些，例如电影中竟有主角英美间谍不爱国（Michael Caine 饰），所以把心一横，写了出来，是我估计错了。至于白便宜了"无赖人"，以前一向我信上也担忧过。——他去台大概是通过小同乡陈立夫，以前也帮过他忙——改成double agent这主意非常好，问题是我连间谍片与间谍小说都看不下去。等以后再考虑一下，稿子搁在你们这里好了。

志清看了《张看》自序，来了封长信建议我写我祖父母与母亲的事，好在现在小说与传记不明分。我回信说，"你定做的小说就是《小团圆》"，现又去信说euphoria过去后，发现许多妨碍，需要加工，活用事实，请他soft-pedal根据事实这一点。但是一定已经传出去了。

宋淇 一九七六年四月十五日

我们并不是prudes，老实说，国家的观念也很淡，可是我们要面对现实问题。"无赖人"如果已死了，或在大陆没有出来，这问题就算不了什么，可是他人就在台湾，而且正在等翻身机会，这下他翻了身，可是至少可以把你拖垮。小说中说他拿走了所有的来往书信，可能还保存在手，那么成为了documentary evidence，更是振振有词了。所以现在改写身份，让他死于非命，开不出口来。还有一点，如果是double agent，也不能是政府的agent，因为政府的agent是不会变节的。我们从前参照Spy Ring那样拍一个电影，剧本通不过，就是这理由。邵之雍的身份究竟是什么，可以不必写明，因为小说究竟是从女主角的观点出发，女主角爱他的人，that's all，并不追究他身份，总之他给人打死，据说是double agent，为日本人或伪政府打死都可，甚至给政府的地下份子或共产党地下份子打死也无不可。你不必去研究他的心理，因根本不在正面描写他。只要最后发现原来是这样一个言行不一致，对付每个

6

女人都用同一套，后来大家聚在一齐，一对穿，不禁哑然失笑。在此之前，九莉已经幻灭，去乡下并不是怀念他，而是去看一下，了却一桩心愿，如此而已。

张爱玲　一九七六年四月二十二日

我是太钻在这小说里了，其实 Stephen 说的台湾的情形我也不是不知道——不过再也没想到重庆的地下工作者不能变节！！！袁殊自命为中共地下工作者，战后大摇大摆带着厨子等一行十余人入共区，立即被拘留。但是他的 cover 是伪官，还是不行。也许可以改为台湾人——我教过一个台湾商人中文，是在日本读大学的。跟清乡的日军到内地去做生意。　——战后潜伏的乡下只要再南下点就是闽南语区。有个德国侨领曾经想 recruit 我姑姑去重庆活动，这人也许可以派点用场。九莉跟小康等会面对穿，只好等拍电影再写了，影片在我是 on a different level of consciousness。在这里只能找 circumstances to fit the scenes & emotions。这是一个热情故事，我想表达出爱情的万转千回，完全幻灭了之后也还有点什么东西在。我现在的感觉不属于这故事。不忙，这些都需要多搁些时再说。我的信是我全拿了回来，不然早出土了。

宋淇　一九七六年四月二十八日

《小团圆》分三天匆匆读完，因为白天要上班，读时还做了点笔记。对措词用字方面有疑问的地方都记了下来，以便日后问你再商酌。Mae 比我先看完，笔记也做得没有我详细，二人加起来，总可以 cover the ground。因为从好的一方面说，你现在是偶像，不得不给读者群众好的一方面看；从坏的一方面说，你是个目标，说得不好听点，简直成了众矢之的。台湾地小人多，作家们的妒嫉，拿不到你书的出版商，加上唐文标之类的人，大家都拿了显微镜在等你的新作面世，以便在鸡蛋里找骨头，恨不得你出了什么大纰漏，可以打得你抬不起头来。对于你本身，多年已不再活跃，现在又忽然成为大家注意力的中心，在文坛上可说是少见的奇迹，也是你写作生涯中的转捩点，所以要特别珍重。以上就是我们处理你这本新著的 primary concern。

这是一本 thinly veiled，甚至 patent 的自传体小说，不要说我们，只要对你的作品较熟悉或生平略有所闻的人都会看出来，而且中外读者都是一律非常 nosy 的人，喜欢将小说与真实混为一谈，尤其中国读者绝不理什么是 fiction，什么是自传那一套。这一点也是我们要牢记在心的。

在读完前三分之一时，我有一个感觉，就是：第一、二章太乱，有点像点名簿，而且插写太平洋战争，初期作品中已见过，如果在报纸上连载，可能吸引不住读者"追"下去读。我曾考虑建议把它们删去或削短，后来觉得有母亲和姑姑出现，与下文有关，同时含有不少张爱玲笔触的文句，弃之实在可惜，所以决定押后再谈。

及至看到胡兰成的那一段，前面两章所 pose 的问题反而变成微不足道了。我知道你的书名也是 ironical 的，才子佳人小说中的男主角都中了状元，然后三妻四妾个个貌美和顺，心甘情愿同他一起生活，所以是"大团圆"。现在这部小说里的男主角是一个汉奸，最后躲了起来，个个同他好的女人都或被休，或困于情势，或看穿了他为人，都同他分了手，结果只有一阵风光，连"小团圆"都谈不上。

女主角九莉给写成一个胆大，非传统的女人：她的爱是没有条件的，虽然明知（一）这男人是汉奸；（二）另外他有好几个女人；（三）会为社会舆论和亲友所轻视。当然最后她是幻灭了，把他抛弃。可是我们可以想像得到一定会有人指出：九莉就是张爱玲，邵之雍就是胡兰成。张爱玲明知他的身份和为人，还是同他好，然后加油加酱的添上一大堆，此应彼和，存有私心和妒嫉的人更是每个人踢上一脚，恨不得踏死你为止。那时候，你说上一百遍：《小团圆》是小说，九莉是小说中人物，同张爱玲不是一回事，没有人会理你。

不要忘了，旁边还有一个定时炸弹："无赖人"，此人不知搭上了什么线，去台湾中国文化学院教书，大写其文章，后来给人指责为汉奸，《中央日报》都出来攻击他，只好撤职，写文章也只好用笔名。

《小团圆》一出，等于肥猪送上门，还不借此良机大出风头，写其自成一格的怪文？不停的说：九莉就是爱玲，某些地方是真情实事，某些地方改头换面，其他地方与我的记忆稍有出入等等，洋洋得意之情想都想得出来。一个将近淹死的人，在水里抓得着什么就是什么，结果连累你也拖下水去，真是何苦来？

我上面说道你是一个偶像，做到了偶像当然有各种限制和痛苦。因为有读者群众，而群众心理就是如此，不可理喻的。你之所以有今天，一半靠读者的欣赏和喜欢你的作品，学院派和作家们的捧不过是锦上添花，而官方最近 realize 你是第一个反共作家更是一个有利的因素。如果前面的推测应验起来，官方默不作声，读者群众只听一面之词，学院派的辩护到时起不了作用。声败名裂也许不至于，台湾的写作生涯是完了，而以前多年来所建立的goodwill一定会付之东流。以上所说不是我危言耸听，而是我对 P.R. 这一行颇有经验，见得多了，绝非无中生有。

我知道你在写作时想把九莉写成一个unconventional的女人，这点并没有成功。只有少数读者也许会说她的不快乐的童年使她有这种行为和心理，可是大多数读者不会对她同情的，总之是一个unsympathetic的人物。这是一。

其次，这些事积在心中多少年来，总想一吐为快，to get it out of your system。像我在电影界这么多年，对于许多事，假装不知道，最后终于抵制不住，等于breakdown，以后换了环境，拼命想法get it out of my system一样。好了，现在你已写出来了，这点也已做到了。我们应该冷静客观地考虑一下你的将来和前途。

大前提是in its present form，此书恐怕不能发表或出版。连鑫涛都会考虑再三，这本书也许会捞一笔，但他不会肯自毁长城的。现在唯一的办法是改写，有两个approach：（一）改写九莉，务使别人不能identify她为爱玲为止。这一点做不到，因为等于全书重写。（二）改写邵之雍。这个可能性较大。[……]邵的身份没有理由改不掉。你可以拿他改成地下工作者，结果为了钱成了double agent，到处留情也是为了掩护身份，后来不知给某方发现，拿他给干掉了。

九莉去乡下可以改独自去，表示想看看所爱的人的出身地，结果遇见小康等人，为了同样目的也在，大家一交换notes，穿了绷，原来他用同一手法和说法对付所有的女人，而原来还有两个乡下老婆，然后才彻底地幻灭。（荒木那一段可以删除，根本没有作用。）这样改当然也是一个major operation，但牵涉的面较狭，不必改动九莉和家庭那部份，至少不用全部重写，可能挽救这本书。

九莉这样做是因为她所过的生活使她完全不知世情，所以才会如此，不少读者会同情一点。同时这样还可以使"无赖人"无话可说，他总不见得这样说："邵之雍就是我"，因为他究竟是汉奸，而非地下工作者，而且也没有死。他如果硬要往自己脸上贴金，也不会有人相信。况且燕山和打胎两段读者多数不会 identify 为你的。当然你在设计整本书的时候，有一个完整的总盘计划，即使极小的改动也会牵一发而动千钧。

　　我不是超人，对写小说也没有经验，自知说起来容易，正式做起来，处处俱是问题。但和 Mae 谈了几次，认为这不失为一个可行之道。（二）这方法你如果认为行不通，脑子一时拐不过来，只好暂时搁一搁，好好想一想再说，对外只说在修改中，好在没有第三个人见过原稿。想通之后，有了具体的改法再来过。

　　读到这里，你已知道得跟我一样多了。以我所见，他们最大的隐忧就是当时身在台湾的胡兰成。他们相信，胡会利用《小团圆》出版的良机而大占便宜，亦不会顾虑到张爱玲的死活。

　　宋淇提出了一个技术上的解决办法，就是把男主角改写为最终被暗杀的双重间谍（double agent）。如此胡兰成便难以声称自己就是男角的原型了，当然，这无可避免需要大量改动。结果张爱玲也同意宋淇的顾虑，便暂时把《小团圆》搁置，而继续写她的《色，戒》去。但终其一生，她也没有把《小团圆》修改完毕。

　　今天的情况又如何呢？胡兰成已在一九八一年去世，所以有关他的一切隐忧现已不复存在。至于政治敏感的问题，今天的台湾与当年亦已有天渊之别，这重顾虑亦可放下了。

　　剩下来的，其实只是两个技术上的问题。第一，当年曾担心女主角九莉太"不值同情"，即宋淇所谓 unsympathetic。但假如这标准成立的话，我想张爱玲其余很多作品也该据此理由而永不发表。举一个例，《金锁记》的女主角曹七巧又何尝讨读者欢心？（见刘绍铭《再读〈再读张爱玲〉缘起》）所以无论女主角如何"不值同情"，我也不认为是一个足以阻挠小说出版的理由。第二，当时他们也怕读者会视九莉为张爱玲的复制本，因而招来大量批评。但依我所见，假如张还在生，且看到现时互联网上那些谈论她的文字，她便会明白当年的顾虑是多么微不足道了。事实上她早已去世，什么批评都不再可能给她切肤之痛。她留给世人的文章江河万古，也断不会因这类声音而减其光焰。此外，以上节录的书信已把她的创作原意及过程表露无遗了，因此我也不必再为她作任何辩解。

本文开始时，曾引述张爱玲一九九二年三月给我父母写的信，其中明言"《小团圆》小说要销毁"，读者一见，大概就会疑惑出版此书是否有违张爱玲的意愿。事实上，只要我们再参考一下她与皇冠两位编辑的书信，便会发现她本人不但没有销毁《小团圆》，反而积极修改，打算尽快杀青出版。以下就是其中三封相关书信的节录：

陈皪华致张爱玲　一九九二年八月二十六日
您的书的责任编辑方丽婉告诉我，几乎每天都有读者来信或来函探询《小团圆》的出书日期，因为尚缺《对照记》与《小团圆》的文稿。非常盼望早些收到大作，更盼望皇冠有荣幸早日刊登，以飨读者。（我也好盼望！）

张爱玲致方丽婉　一九九三年七月三十日

又，我忘了《对照记》加《小团圆》书太厚，书价太高。《小团圆》恐怕年内也还没写完。还是先出《对照记》。

张爱玲致陈𪻲华　一九九三年十月七日

《小团圆》一定要尽早写完，不会再对读者食言。

据此，我们应该明白张爱玲根本舍不得"销毁《小团圆》"，而她在晚年不断修订，可能就是照宋淇的意见去做，可惜她始终没有完成。我个人意见是双重间谍办法属于画蛇添足，只会引人误会张爱玲是在替胡兰成清洗汉奸身份，所以不改也罢。

张爱玲自己说过："最好的材料是你最深知的材料。"在她已发表的作品当中，《私语》、《烬余录》及《对照记》可谓最具自传价值，也深为读者看重。但在"最深知"上相比，它们都难跟《小团圆》同日而语，所以销毁《小团圆》会是一件大罪过。

我的根据就是，当年若非宋淇把关，指出胡兰成与台湾政治情况的问题，《小团圆》早已在一九七六年发表了。既然这些问题在今天已不再存在，我便决定直接发表当时的原稿，不作任何删改。

这就是我今天决定让《小团圆》问世的理由。无论你是否认同我的决定，你也应该承认，我至少已在这里说明一切来龙去脉了。

一

大考的早晨，那惨淡的心情大概只有军队作战前的黎明可以比拟，像《斯巴达克斯》里奴隶起义的叛军在晨雾中遥望罗马大军摆阵，所有的战争片中最恐怖的一幕，因为完全是等待。

九莉快三十岁的时候在笔记簿上写道："雨声潺潺，像住在溪边。宁愿天天下雨，以为你是因为下雨不来。"

过三十岁生日那天，夜里在床上看见洋台上的月光，水泥阑干像倒塌了的石碑横卧在那里，浴在晚唐的蓝色的月光中。一千多年前的月色，但是在她三十年已经太多了，墓碑一样沉重的压在心上。

但是她常想着，老了至少有一样好处，用不着考试了。不过仍旧一直做梦梦见大考，总是噩梦。

闹钟都已经闹过了。抽水马桶远远近近隆隆作声。比比与同班生隔着板壁，在枕上一问一答，互相口试，发问的声音很自然，但是一轮到自己回答，马上变成单薄悲哀的小嗓子，逐一报出骨头的名字，惨不忍闻。比比去年留级。

九莉洗了脸回到自己的小房间里，刚才忘了关台灯，乙字式小台灯在窗台上，乳黄色球形玻璃罩还亮着，映在清晨灰蓝色的海面上，不知怎么有一种妖异的感觉。她像给针扎了一下，立刻去捻灭了灯。她母亲是个学校迷，她们那时代是有中年妇女上小学的。把此地的章程研究了个透，宿舍只有台灯自备，特为给她在先施公司三块钱买了一只，宁可冒打碎的危险，装在箱子里带了来。欧战出洋去不成，只好改到香港，港币三对一，九莉也觉得这钱花得不值得。其实白花的也已经花了，最是一年补课，由牛津剑桥伦敦三家联合招考的监考人自己教，当然贵得吓死人。

"我先下去了，"她推开西部片酒排式半截百叶门，向比比说。

"你昨天什么时候睡的？"

"我睡得很早。"至少头脑清醒些。

比比在睡袋里掏摸着。她家里在香港住过，知道是亚热带气候，但还是寄了个睡袋来，因为她母亲怕她睡梦中把被窝掀掉了，受凉。她从睡袋里取出一盏灯来，还点得明晃晃的。

"你在被窝里看书？"九莉不懂，这里的宿舍又没有熄灯令。

"不是，昨天晚上冷。"当热水袋用。"嬷嬷要跳脚了，"她笑着说，捻灭了灯，仍旧倒扣在床头铁阑干上。"你预备好了？"

九莉摇头道："我连笔记都不全。"

"你是真话还是不过这么说？"

"真的。"她看见比比脸上恐惧的微笑，立刻轻飘的说："及格大概总及格的。"

但是比比知道她不是及格的事。

"我先下去了。"

她拿着钢笔墨水瓶笔记簿下楼。在这橡胶大王子女进的学校里，只有她没有自来水笔，总是一瓶墨水带来带去，非常触目。

管理宿舍的修女们在做弥撒，会客室里隔出半间经堂，在楼梯上就听得见喃喃的齐声念拉丁文，使人心里一阵平静，像一汪浅水，水滑如油，浮在呕吐前翻搅的心头，封住了，反而更想吐。修女们的浓可可茶炖好了等着，小厨房门口发出浓烈的香味。她加快脚步，跑下水门汀小楼梯。食堂在地下室。

今天人这么多，一进去先自心惊。几张仿中世纪僧寺粉红假大理石长桌，黑压压的差不多都坐满了。本地学生可以走读，但是有些小姐们还是住宿舍，环境清静，宜于读书。家里太热闹，每人有五六个母亲，都是一字并肩，姊妹相称，香港的大商家都是这样。女儿住读也仍旧三天两天接回去，不光是周末。但是今天全都来了，一个个花枝招展，人声嘈杂。安竹斯先生说的："几个广东女孩子比几十个北方学生嘈音更大。"

九莉像给针扎了一下。

"死啰！死啰！"赛梨坐在椅子上一颠一颠，齐肩的鬈发也跟着一蹦一跳，缚着最新型的金色阔条纹塑胶束发带，身穿淡粉红薄呢旗袍，上面印着天蓝色小狗与降落伞。她个子并不小，胸部很发达，但是稚气可掬。"今天死定了！依丽莎白你怎么样？我是等着来攞命了！"

"死啰死啰"嚷成一片。两个槟榔屿华侨一年生也皱着眉跟着喊"死啰！死啰！"一个捻着胸前挂的小金十字架，捻得团团转，一个急得两手乱洒，但是总不及本港女孩子叫得实大声洪，而又毫无诚意，不会使人误会她们是真不得了。

"嗳，爱玛，讲点一八四八给我听，他们说安竹斯喜欢问一八四八，"赛梨说。

九莉又给针刺了一下。

地下室其实是底层。天气潮湿，山上房子石砌的地基特高，等于每一幢都站在一座假山上。就连这样，底层还是不住人，作汽车间。车间装修了一下，辟作食堂，排门大开，正对着海面。九莉把墨水瓶等等搁在一张空桌子上，拣了个面海的座位坐下。饱餐战饭，至少有力气写考卷——每人发一本蓝色簿面薄练习簿，她总要再去领两本，手不停挥写满三本，小指骨节上都磨破了。考英文她可以整本的背《失乐园》，背书谁也背不过中国人。但是外国人不提倡背书，要背要有个藉口，举得出理由来。要逼着教授给从来没给过的分数，叫他不给实在过意不去。

但是今天卷子上写些什么？

死囚吃了最后一餐。绑赴刑场总赶上大晴天，看热闹的特别多。

婀坠一面吃，一面弯着腰看腿上压着的一本大书。她是上海人，但是此地只有英文与广东话是通用的语言，大陆来的也都避免当众说国语或上海话，仿佛有什么瞒人的话，没礼貌。九莉只知道她姓孙，中文名字不知道。

她一抬头看见九莉，便道："比比呢？"

"我下来的时候大概就快起来了。"

"今天我们谁也不等，"婀坠厉声说，俏丽的三角脸上一双吊梢眼，两鬓高吊，梳得虚笼笼的。

"车佬来了没有？"有人问。

茹璧匆匆走了进来，略一踌躇，才坐到这边桌上。大家都知道她是避免与剑妮一桌。这两个内地转学来的不交谈。九莉也只知道她们的英文名字。茹璧头发剪得很短，面如满月，白里透红，戴着金丝眼镜，胖大身材，经常一件二蓝布旗袍。剑妮是西北人，梳着两只辫子，端秀的鹅蛋脸，苍黄的皮肤使人想起风沙扑面，也是一身二蓝布袍，但是来了几个月之后，买了一件红白椒盐点子二蓝呢大衣，在户内也穿着，吃饭也不脱，自己讽刺的微笑着说："穿着这件大衣就像维多利亚大学的学生，不穿这件大衣就不像维多利亚大学的学生。"不久，大衣上也发出深浓的蒜味，挂在衣钩上都闻得见，来源非常神秘。修女们做的虽然是法国乡下菜，顾到多数人的避忌，并不搁蒜。剑妮也从来不自己买东西吃。

　　她虽然省俭，自己订了份报纸，宿舍里只有英文《南华晨报》。茹璧也订了份报，每天放学回来都急于看报。剑妮有时候看得拍桌子，跳起来脚蹬在椅子上，一拍膝盖大声笑叹，也不知道是丢了还是收复了什么地方，听地名仿佛打到湖南了。她那动作声口倒像有些老先生们。她常说她父亲要她到这安静的环境里用心念书，也许是受她父亲的影响。

　　有一天散了学，九莉与比比懒得上楼去，在食堂里等着开饭。广东修女特瑞丝支着烫衣板在烫衣服。比比将花布茶壶棉套子戴在头上，权充拿破仑式军帽，手指着特瑞丝，唱吉尔柏作词，瑟利文作曲的歌剧："大胆的小贱人，且慢妄想联姻。"（"Refrain, audacious tart, your suit from pressing."）原文双关，不许她烫衣服，正磨着她上楼去点浴缸上的煤气炉子烧水。特瑞丝赶着她叫"阿比比，阿比比，"——此外只有修道院从孤儿院派来打杂的女孩子玛丽，她叫她"阿玛丽"——喊喊喳喳低声托比比代问茹璧婀坠可要她洗烫，她赚两个私房钱，用来买圣像画片，买衣料给小型圣母像做斗篷。她细高个子，脸黄黄的，戴着黑边眼镜。

比比告诉九莉她收集了许多画片。

"她快乐，"比比用卫护的口吻说。"她知道一切都有人照应，自己不用担心。进修道院不容易，要先付一笔嫁妆，她们算是嫁给耶稣了。"

她催比比当场代问茹璧，但是终于上楼去向亨利嬷嬷要钥匙烧洗澡水。比比跟着也上去了。

九莉在看小说，无意中眼光掠过剑妮的报纸，她就笑着分了张给她，推了过来。

九莉有点不好意思，像夸口似的笑道："我不看报，看报只看电影广告。"

剑妮微笑着没作声。

寂静中只听见楼上用法文锐声喊"特瑞丝嬷嬷"。食堂很大，灯光昏黄，餐桌上堆满了报纸。剑妮摺叠着，拿错了一张，看了看，忽道："这是汉奸报，"抓着就撕。

茹璧站了起来，隔着张桌子把沉重的双臂伸过来，二蓝大褂袖口齐肘湾，衣服虽然宽大，看得出胸部鼓蓬蓬的。一张报两人扯来扯去，不过茹璧究竟慢了一步，已经嗤嗤一撕两半。九莉也慢了一步，就坐在旁边，事情发生得太快，一时不吸收，连说的话都是说过了一会之后才听出来，就像闪电后隔了一个拍子才听见雷声。

"不许你诬蔑和平运动！"茹璧略有点嘶哑的男性化的喉咙，她听着非常诧异。国语不错，但是听得出是外省人。大概她平时不大开口，而且多数人说外文的时候都声音特别低。

"汉奸报！都是胡说八道！"

"是我的报，你敢撕！"

剑妮柳眉倒竖，对摺再撕，厚些，一时撕不动，被茹璧扯了一半去。剑妮还在撕剩下的一半，茹璧像要动手打人，略一踌躇，三把两把，把一份报纸捈起来，抱着就走。

九莉把这一幕告诉了比比，由比比传了出去，不久婀坠又得到了消息，说茹璧是汪精卫的侄女，大家方才恍然。在香港，汪精卫的侄女远不及何东爵士的侄女重要，后者校中就有两个。但是婀坠是上海人，观点又不同些。茹璧常到她房里去玩。有一天九莉走过婀坠房门口，看见茹璧在她床上与赛梨扭打。茹璧有点男孩子气，喜欢角力。

这些板壁隔出来的小房间"一明两暗"，婀坠住着个暗间，因此经常钩起两扇半截门，敞亮透气些。九莉深夜走过，总看见婀坠在攻书，一只手托着一只骷髅，她像足球员球不离手，嘴里念念有词，身穿宝蓝缎子棉浴衣，披着头发，灯影里，背后站着一具骨骼标本，活像个女巫。

剑妮有个同乡常来看她，穿西装，偏于黑瘦矮小，戴着黑框眼镜，面容使人一看就马上需要望到别处去，仿佛为了礼貌，就像是不作兴多看残废的人。剑妮说是她父亲的朋友。有一次他去后，亨利嬷嬷打趣，问"剑妮的魏先生走了？"剑妮在楼梯上回头一笑，道："人家魏先生结了婚的，嬷嬷！"

亨利嬷嬷仍旧称他为"剑妮的魏先生。"此外只有个"婀坠的李先生。"婀坠与一个同班生等于订了婚。

剑妮到魏家去住了几星期，暂时走读。她说明魏先生的父母都在香港，老夫妇俩都非常喜欢她，做家乡菜给她吃，惯得她不得了。他们媳妇不知道是没出来还是回去了。

此后隔些时就接去住，剑妮在宿舍里人缘不错，也没有人说什么。一住一个月，有点不好意思，说"家乡菜吃胖了。"

比比只说："同乡对于她很重要。"西北固然是远，言外之意也是小地方的人。

九莉笑道："她完全像张恨水小说里的人，打辫子，蓝布旗袍……"

比比在中国生长的，国产片与地方戏也看得很多，因也点头一笑。

张恨水小说的女主角住到魏家去却有点不妥，那魏先生又长得那样，恐怕有阴谋。嬷嬷们也不知道作何感想？亨利嬷嬷仍旧照常取笑"剑妮的魏先生。"香港人对北方人本来视同化外，又不是她们的教民，管不了那么许多，况且他们又是世交。而且住在外面，究竟替宿舍省了几文膳食费，与三天两天回家的本地女孩子一样受欢迎。只有九莉，连暑假都不回去，省下一笔旅费。去年路克嬷嬷就跟她说，宿舍不能为她一个人开着，可以带她回修道院，在修道院小学教两课英文，供膳宿。当然也是因为她分数打破记录，但仍旧是个大情面。

还没搬到修道院去，有天下午亨利嬷嬷在楼下喊："九莉！有客来找你。"

亨利嬷嬷陪着在食堂外倚着铁阑干谈话，原来是她母亲。九莉笑着上前低声叫了声二婶。幸而亨利嬷嬷听不懂，不然更觉得他们这些人古怪。她因为伯父没有女儿，口头上算是过继给大房，所以叫二叔二婶，从小觉得潇洒大方，连她弟弟背后也跟着叫二叔二婶，她又跟着他称伯父母为大爷大妈，不叫爸爸妈妈。

亨利嬷嬷知道她父母离了婚的，但是天主教不承认离婚，所以不称盛太太，也不称卞小姐，没有称呼。

午后两三点钟的阳光里，她母亲看上去有点憔悴了，九莉吃了一惊。也许是改了发型的原故，云鬓嵯峨，后面朝里卷着，显瘦。大概因为到她学校宿舍里来，穿得朴素点，湖绿麻布衬衫，白帆布喇叭管长裤。她在这里是苦学生。

亨利嬷嬷也是仿佛淡淡的。从前她母亲到她学校里来，她总是得意非凡。连教务长蜜斯程——绰号"汽车"，是象形，方墩墩身材，没颈项，铁青着脸，厚眼镜炯炯的像一对车灯——都也开了笑脸，没话找话说，取笑九莉丢三拉四，捏着喉咙学她说"我忘了。"她父亲只来过一次，还是在刘氏女学的时候。因为没进过学校，她母亲先把她送到这家熟人开的，母女三个，此外只请了一个老先生与一个陆先生。那天正上体操课，就在校园里，七大八小十来个女生，陆先生也不换衣服，只在黄柳条布夹袍上套根黑丝绦，系着口哨挂在胸前，剪发齐肩，稀疏的前溜海，清秀的窄长脸，娇小身材，一手握着哨子，原地踏步，尖溜溜叫着"几夹右夹，几夹右夹。"上海人说话快，"左右左右"改称"左脚右脚，左脚右脚。"九莉的父亲头戴英国人在热带惯戴的白色太阳盔，六角金丝眼镜，高个子，浅灰直罗长衫飘飘然，勾着头笑嘻嘻站在一边参观，站得太近了一点，有点不好意思。下了课陆先生也没过来应酬两句。九莉回去，他几次在烟铺上问长问短，含笑打听陆先生结了婚没有。

她母亲到她学校里来总是和三姑一块来，三姑虽然不美，也时髦出风头。比比不觉得九莉的母亲漂亮，不过九莉也从来没听见她说过任何人漂亮。"像你母亲这典型的在香港很多，"她说。

的确她母亲在香港普通得多，因为像广东人杂种人。亨利嬷嬷就是所谓"澳门人"，中葡混血，漆黑的大眼睛，长睫毛，走路慢吞吞的，已经中年以后发福了。由于种族歧视，在宿舍里只坐第三把交椅。她领路进去参观，暑假中食堂空落落的，显得小了许多。九莉非常惋惜一个人都没有，没看见她母亲。

"上去看看，"亨利嬷嬷说，但是并没有一同上楼，大概是让她们单独谈话。

九莉没问哪天到的。总有好两天了，问，就像是说早没通知她。

"我跟项八小姐她们一块来的，"蕊秋说。"也是在牌桌上讲起来，说一块去吧。南西他们也要走。项八小姐是来玩玩的。都说一块走——好了！我说好吧！"无可奈何的笑着。

九莉没问到哪里去，香港当然是路过。项八小姐也许不过是到香港来玩玩。南西夫妇不知道是不是到重庆去。许多人都要走。但是上海还没有成为孤岛之前，蕊秋已经在闹着"困在这里一动也不能动。"九莉自己也是她泥足的原因之一，现在好容易走成了，欧战，叫她到哪里去呢？

事实是，问了也未见得告诉她，因为后来看上去同来的人也未见得都知道蕊秋的目的地，告诉了她怕她无意中说出来。

在楼上，蕊秋只在房门口望了望，便道："好了，我还要到别处去，想着顺便来看看你们宿舍。"

九莉也没问起三姑。

从食堂出来，亨利嬷嬷也送了出来。沥青小道开始坡斜了，通往下面的环山马路。两旁乳黄水泥阑干，太阳把蓝磁花盆里的红花晒成小黑拳头，又把海面晒褪了色，白苍苍的像汗湿了的旧蓝夏布。

"好了，那你明天来吧，你会乘公共汽车？"蕊秋用英文向九莉说。

亨利嬷嬷忽然想起来问："你住在哪里？"

蕊秋略顿了顿道："浅水湾饭店。"

"嗳，那地方很好，"亨利嬷嬷漫应着。

两人都声色不动，九莉在旁边却奇窘，知道那是香港最贵的旅馆，她倒会装穷，占修道院的便宜，白住一夏天。

三人继续往下走。

"你怎么来的？"亨利嬷嬷搭讪着说。

"朋友的车子送我来的，"蕊秋说得很快，声音又轻，眼睛望到别处去，是撇过一边不提的口吻。

亨利嬷嬷一听，就站住了脚，没再往下送。

九莉怕跟亨利嬷嬷一块上去，明知她绝对不会对她说什么，但是自己多送几步，似乎也是应当的，因此继续跟着走。但是再往下走，就看得见马路了。车子停在这边看不见，但是对街有辆小汽车。当然也许是对门那家的。她也站住了。

应当就这样微笑站在这里，等到她母亲的背影消失为止。——倒像是等着看汽车里是什么人代开车门，如果是对街这一辆的话。立刻返身上去，又怕赶上亨利嬷嬷。她怔了怔之后，转身上去，又怕亨利嬷嬷看见她走得特别慢，存心躲她。

还好，亨利嬷嬷已经不见了。

此后她差不多天天到浅水湾去一趟。这天她下来吃早饭，食堂只摆了她一份杯盘，刀叉旁边搁着一只邮包。她不怎么兴奋。有谁寄东西给她？除非送她一本字典。这很像那种狭长的小字典，不过太长了点。拿起来一看，下面黄纸破了，露出污旧的钞票，吓了一跳。

特瑞丝嬷嬷进来说："是不是你的？等着签字呢。"

这两句广东话她还懂。

排门外进来了一个小老头子。从来没看见过这样褴褛的邮差。在香港不是绿衣人，是什么样的制服都认不出，只凭他肩上挂的那只灰白色大邮袋。广东人有这种清奇的面貌，像古画上的老人，瘦骨脸，两撇细长的黑胡须，人瘦毛长，一根根眉毛也特别长，主寿。他递过收条来，又补了只铅笔，只剩小半截，面有德色，笑吟吟的像是说："今天要不是我——"

等他走了，旁边没人，九莉才耐着性子扒开麻绳，里面一大叠钞票，有封信。先看末尾签名，是安竹斯。称她密斯盛，说知道她申请过奖学金没拿到，请容许他给她一个小奖学金。明年她如果能保持这样的成绩，一定能拿到全部免费的奖学金。

一数，有八百港币，有许多破烂的五元一元。不开支票，总也是为了怕传出去万一有人说闲话。在她这封信是一张生存许可证，等不及拿去给她母亲看。

幸而今天本来叫她去，不然要是要憋一两天，怎么熬得过去？在电话上又说不清楚。

心旌摇摇，飘飘然飞在公共汽车前面，是车头上高插了只彩旗在半空中招展。到了浅水湾，先告诉了蕊秋，再把信给她看。邮包照原样包好了，搁在桌上，像一条洗衣服的黄肥皂。存到银行里都还有点舍不得，再提出来也是别的钞票了。这是世界上最值钱的钱。

蕊秋很用心的看了信，不好意思的笑着说："这怎么能拿人家的钱？要还给他。"

九莉着急起来。"不是，安竹斯先生不是那样的人。还他要生气的，回头还当我……当我误会了，"她嗫嚅着说。又道："除了上课根本没有来往。他也不喜欢我。"

蕊秋没作声，半晌方才咕哝了一声："先搁这儿再说吧。"

九莉把那张信纸再摺起来，装进信封，一面收到皮包里，不知道是否又看着可疑，像是爱上了安竹斯。那条洗衣服的黄肥皂躺在桌上，太大太触目，但是她走来走去，正眼都不看它一眼。

还以为憋着好消息不说，会熬不过那一两天。回去之后那两天的工夫才是真不知道怎么过的，心都急烂了。怕到浅水湾去，一天不去，至少钱还在那里，蕊秋不会自己写信去还他。但是再不写信去道谢，也太不成话了，还当真是寄丢了，被邮差吞没了——包得那么妈虎。

她知道不会一去就提这话。照常吃了下午茶，南西来了。南西脸黄，她那皮肤最宜于日光浴，这一向更在海滩上晒的，许多人晒不出的，有些人力车夫肩背上的老金黄色，十分匀净，配着火红的嘴唇，火爆的洋服，虽然扁脸，身材也单薄，给人的印象非常热艳。照例热烈的招呼："嗳，九莉！"她给杨医生买了件绒线衫，拿给蕊秋看，便宜就多买两件带去做生意。

"嗳，你昨天输了不少吧？"她问。

"嗳，昨天就是毕先生一个人手气好。"蕊秋又是摞过一边不提的口吻。"你们什么时候回来的？"

"我们回来早，不到两点，我说过来瞧瞧，查礼说累了。怎么，说你输了八百块？"南西好奇的笑着。

九莉本来没注意，不过觉得有点奇怪，蕊秋像是拦住她不让她说下去，随又岔开了，始终没接这碴。那数目听在耳朵里也没有反应，整个木然。南西去后蕊秋也没再提还安竹斯钱的话。不提最好了，她只觉得侥幸过了一关，直到回去路上在公共汽车上才明白过来。

偏偏刚巧八百。如果有上帝的话，也就像"造化小儿"一样，"造化弄人，"使人哭笑不得。一回过味来，就像有件什么事结束了。不是她自己作的决定，不过知道完了，一条很长的路走到了尽头。

后来在上海，有一次她写了篇东西，她舅舅家当然知道是写他们，气得从此不来往。她三姑笑道："二婶回来要生气了。"

九莉道："二婶怎么想，我现在完全不管了。"

她告诉楚娣那次八百块钱的事。"自从那回，我不知道怎么，简直不管了，"她夹着个英文字。

楚娣默然了一会，笑道："她倒是为你花了不少钱。"

她知道楚娣以为她就为了八百块港币。

她只说："二婶的钱我无论如何一定要还的。"

楚娣又沉默片刻，笑道："是项八小姐说的，天天骂也不好。"

九莉非常不好意思，诧异的笑了，但也是真的不懂，不知道项八小姐可还是在上海的时候的印象，还是因为在香港住在一个旅馆里，见面的次数多，以前不知道？其实在香港已经非常好了，简直是二度蜜月，初度是她小时候蕊秋第一次回国。在香港她又恢复了小客人的身份，总是四五点钟来一趟，吃下午茶。

第一次来那天，蕊秋穿着蛋黄色透明睡袍，仆欧敲门，她忽然两手叉住喉咙往后一缩，手臂正挡住胸部。九莉非常诧异，从来没看见她母亲不大方。也没见她穿过不相宜的衣服，这次倒有好几件。似乎她人一憔悴了，就乱了章法。仆欧开门送茶点进来，她已经躲进浴室。

她用那高瘦的银茶壶倒了两杯茶。"你那朋友比比，我找她来

28

吃茶。她打电话来，我就约了她来。”

是说这次比比放暑假回去。

“人是能干的，她可以帮你的忙，就是不要让她控制你，那不好。”最后三个字声音一低，薄薄的嘴唇稍微撅着点。

九莉知道是指同性恋爱。以前常听见跟三姑议论有些女朋友要好，一个完全听另一个指挥。

她舅舅就常取笑二婶三姑同性恋爱。

反正她自己的事永远是美丽高尚的，别人无论什么事马上想到最坏的方面去。

九莉跟比比讲起她母亲，比比说也许是更年期的原故，但是也还没到那岁数。后来看了劳伦斯的短篇小说《上流美妇人》，也想起蕊秋来，虽然那女主角已经六七十岁了，并不是驻颜有术，尽管她也非常保养，是脸上骨架子生得好，就经老。她儿子是个胖胖的中年人，没结婚，去见母亲的时候总很僵。“他在美妇人的子宫里的时候一定很窘。”也使九莉想起自己来。她这丑小鸭已经不小了，而且丑小鸭没这么高的，丑小鹭鸶就光是丑了。

有个走读的混血女生安姬这天偶然搭她们宿舍的车下山，车上挤着坐在九莉旁边。后来赛梨向九莉说：

“安姬说你美。我不同意，但是我觉得应当告诉你。”

九莉知道赛梨是因为她缺乏自信心，所以觉得应当告诉她。

安姬自己的长相有点特别，也许因此别具只眼。她是个中国女孩子的轮廓，个子不高，扁圆脸，却是白种人最白的皮肤，那真是面白如纸，配上漆黑的浓眉，淡蓝色的大眼睛，稍嫌阔厚的嘴唇，浓抹着亮汪汪的朱红唇膏，有点吓人一跳。但是也许由于电影的影响，她也在校花之列。

赛梨不知道有没有告诉比比。比比没说，九莉当然也没提起。此后看见安姬总有点窘。

比比从来绝口不说人美丑，但是九莉每次说：

"我喜欢卡婷卡这名字，"她总是说：

"我认识一个女孩子叫卡婷卡。"显然这女孩子很难看，把她对这名字的印象也带坏了。

"我喜欢娜拉这名字，"九莉又有一次说。

"我认识一个女孩子叫娜拉。"作为解释，她为什么对这名字倒了胃口。

九莉发现英文小说里像她母亲的倒很多。她告诉比比诺峨·考瓦德的剧本《漩涡》里的母亲弗洛润丝与小赫胥黎有篇小说里的母亲玛丽·安柏蕾都像。

比比便道："她真跟人发生关系？"

"不，她不过是要人喜欢她。"

比比立刻失去兴趣。

吃完下午茶，蕊秋去化妆穿衣服。项八小姐来了。九莉叫她八姐，她辈份小，其实属于上一代。前两年蕊秋有一次出去打牌碰见她，她攀起亲戚来，虽然是盛家那边的亲，而且本来也已经不来往了，但是叨在同是离婚妇，立刻引为知己，隔了几天就来拜访，长谈离婚经过，坦白的承认想再结婚。她手头很拮据，有个儿子跟她，十七岁了。

她去后，蕊秋在浴室里曼声叫"楚娣啊！"九莉自从住到她们那里，已经知道跟三姑不对了，但是那天深夜在浴室里转告她刚才那些话，还是与往常一样亲密。九莉已经睡了，听着很诧异。

"反正是离了婚的就都以为是一样的，"楚娣代抱不平。

"嗳。"带着羞意的温暖的笑声。

"他们那龚家也真是——！"

"嗳，他们家那些少爷们。说是都不敢到别的房间里乱走。随便哪间房只要没人，就会撞见有人在里头——清天白日。"

项八小姐做龚家四少奶奶的时候是亲戚间的名美人，那时候最时行的粉扑子脸，高鼻梁。现在胖了些，双下巴，美国国父华盛顿的发型。一年不见，她招呼了九莉一声，也没有那些虚敷衍，径向蕊秋道："我就是来问你一声，今天待会怎么样。"表示不搅糊她们说话。

"坐一会，九莉就要走了。"

"不坐了。你今天怎么样，跟我们一块吃饭还是有朋友约会？"搭拉着眼皮、一脸不耐烦的神气，喉咙都粗嘎起来。

蕊秋顿了一顿，方道："再说吧，反正待会还是在酒排见了面再说。还是老时候。"

"好好！"项八小姐气愤愤的说。"那我先走了。那待会见了。"

项八小姐有时候说话是那声口，是从小受家里姨太太们的影响，长三堂子兴这种娇嗔，用来操纵人的。但是像今天这样也未免太过了，难道因为她难得到香港来玩一次，怪人家不陪她玩？

九莉没问蕊秋预备在香港待多久。几个星期下来，不听见说动身，也有点奇怪起来。

有一天她临走，蕊秋跟她一块下去，旅馆楼下的服饰店古玩店在一条丁字式短巷里面，上面穹形玻璃屋顶。蕊秋正看橱窗，有人从横巷里走出来，两下里都笑着招呼了一声"嗳！"是项八小姐，还有毕先生。

原来毕大使也在香港，想必也是一块来的。

"毕先生。"

"嗳，九莉。"

"我们也是在看橱窗，"项八小姐笑着说。"这儿的东西当然是老虎肉。"

"是不犯着在这儿买，"蕊秋说。

仿佛有片刻的沉默。

项八小姐搭讪着问道："你们到哪儿去？"

蕊秋喃喃的随口答道："不到哪儿去，随便出来走走。"

那边他二人对立着细语了两句，项八小姐笑着抬起手来，整理了一下毕大使的领带。他六七十岁的人了，依旧腰板挺直，头发秃成月洞门，更显得脑门子特别高，戴着玳瑁边眼镜，蟹壳脸，脸上没有笑容。

看到那占有性的小动作，九莉震了一震，一面留神自己脸上不能有表情，别过头去瞥了她母亲一眼，见蕊秋也装不看见，又在看橱窗，半黑暗的玻璃反映出她的脸，色泽分明，这一刹那她又非常美，幽幽的往里望进去，有一种含情脉脉的神气。

九莉这才朦胧的意识到项八小姐那次气烘烘的，大概是撇清，因为蕊秋老是另有约会，剩下她和毕大使与南西夫妇，老是把她与毕先生丢在一起，待会不要怪她把毕先生抢了去。

"那我们还是在酒排见了，"项八小姐说。

大家一点头笑着走散了。

九莉正要说"我回去了，"蕊秋说"出去走走，这儿花园非常好，"真要和她去散步，九莉很感到意外。

大概是法国宫庭式的方方正正的园子，修剪成瓶樽似的冬青树夹道，仿白石铺地，有几株玫瑰花开得很好。跟她母亲并排走着，非常异样。蕊秋也许也感到这异样，忽然讲起她自己小时候的事，那还是九莉八九岁的时候午餐后训话常讲起的。

"想想从前那时候真是——！你外公是在云南任上不在的，才二十四岁，是云南的瘴气。报信报到家里，外婆跟大姨太二姨太坐在高椅子上绣花，连椅子栽倒了，昏了过去。三个人里只有二姨太有喜，"她一直称她生母为二姨太。"这些本家不信，要分绝户的家产，要验身子——哪敢让他们验？闹得天翻地覆，说是假的，要赶她们出去，要放火烧房子。有些都是湘军，从前跟老太爷的。等到月份快到了，围住房子，把守着前后门，进进出出都要查，房顶上都有人看着。生下来是个女的。是凌嫂子拎着个篮子出去，有山东下来逃荒的，买了个男孩子，装在篮子里带进来，算是双胞胎。凌嫂子都吓死了，进门的时候要是哭起来，那还不马上抓住她打死了？所以外婆不在的时候丢下话，要对凌嫂子另眼看待，养她一辈子。你舅舅倒是这一点还好，一直对她不错。"

九莉听了先还摸不着头脑，怔了一怔，方道："舅舅知道不知道？"

"他不知道，"蕊秋摇摇头轻声说。

怪不得有一次三姑说双胞胎一男一女的很少，九莉说"二婶跟舅舅不是吗？"寂静片刻后楚娣方应了声"嗳，"笑了笑。蕊秋姐弟很像。说他们像，楚娣也笑。——没有双胞胎那么像，但是一男一女的双胞胎据说不是真正的双胞胎。

"他们长得像是因为都吃二姨太的奶，"她后来也有点知道这时候告诉她这话，是因为此刻需要缩短距离，所以告诉她一件秘密。而且她也有这么大了，十八岁的人可以保守秘密了。

她记得舅舅家有个凌嫂子，已经告老了，有时候还到旧主人家来玩，一身黑线呢袄裤，十分整洁，白净的圆脸，看不出多大年纪，现在想起来，从前一定很有风韵，跟这些把门的老湘军打情骂俏的，不然怎么会让她拎着篮子进去，没搜出来？

她对这故事显然非常有兴趣，蕊秋马上说："你可不要去跟你舅舅打官司，争家产。"

九莉抬高了眉毛望着她笑。"我怎么会……去跟舅舅打官司？"

"我不过这么说噢！也说不定你要是真没钱用，会有一天会想起来。你们盛家的事！连自己兄弟姊妹还打官司呢。"

已经想像到她有一天穷极无赖，会怎样去证明几十年前狸猫换太子似的故事，去抢她舅舅快败光了的家产。

在沉默中转了一圈又往回走。

九莉终于微笑道："我一直非常难受，为了我带累二婶，知道我将来怎样？二婶这样的人，倒白葬送了这些年，多可惜。"

蕊秋顿了一顿，方道："我不喜欢你这样说——"

"'我不喜欢你，'句点，"九莉仿佛隐隐的听见说。

"——好像我是另一等的人，高高在上的。我这辈子已经完了。其实我都已经想着，剩下点钱要留着供给你。"这一句撩低了声音，而且快得几乎听不见。"我自己去找个去处算了。"

她没往下说，但是九莉猜她是指哪个爱了她好些年的人，例如劳以德，那英国商人，比她年青，高个子，红脸长下巴，蓝眼睛眼梢下垂，说话总是说了一半就嗫嗫嗫笑起来，听不清楚了，稍微有点傻相。有一次请蕊秋楚娣去看他的水球队比赛，也带了九莉去，西青会游泳池边排的座位很挤。她记得那夏季的黄昏，池边的水腥气，蕊秋灰蓝色薄纱衬衫上的荷叶边，蕊秋兴奋的笑声。

蕊秋一说要找个归宿，在这一刹那间她就看见个幽暗的穿堂，旧式黑色帽架，两翼正中嵌着一面镜子，下面插伞。像她小时候住过的不知哪个房子，但是她自己是小客人，有点惝惝的站在过道里，但是有童年的安全感，永远回到了小客人的地位。

是蕊秋最恨的倚赖性在作祟。九莉留神不露出满意的神气。平静的接受这消息，其实也不大对，仿佛不认为她是牺牲。

天黑下来了。

"好了，你回去吧，明天不用来了，我打电话给你。"

下一次再去，蕊秋对着镜子化妆，第一次提起楚娣。"你三姑有信来。我一走，朋友也有了！倒好像是我阻住她。真是——！"气愤愤的噗嗤一笑。

九莉心里想，她们现在感情坏到这样，勉强住在一起不过是为了省钱，但是她走了还是要人家想念她，不然还真生气。

她没问三姑的男朋友是什么人。她母亲这次来了以后她也收到过三姑一封信，显然那时候还没有，但是仍旧是很愉快的口吻，引罗素的话："'悲观者称半杯水为半空，乐观者称为半满。'我现在就也在享受我半满的生活。"

九莉不喜欢她这么讲，回信也没接这个碴。她心目中的二婶三姑永远是像她小时候第一次站在旁边看她们换衣服出去跳舞，蕊秋穿着浅粉色遍地小串水钻穗子齐膝衫，楚娣穿黑，腰际一朵蓝丝绒玫瑰，长裙。她白净肉感，小巧的鼻子有个鼻结，不过有点龅牙，又戴着眼镜。其实就连那时候，在儿童的眼光中她们也已经不年青了。永远是夕阳无限好，小辈也应当代为珍惜，自己靠后站，不要急于长大，这是她敬老的方式。年青的人将来日子长着呢，这是从小常听蕊秋说的，但是现在也成了一种逃避，一切宕后。

蕊秋这次见面，似乎打定主意不再纠正她的一举一动了。这一天傍晚换了游泳衣下楼去，叫她"也到海边去看看。"

要她见见世面？她觉得她母亲对她死了心了，这是绝望中的一着。

并排走着，眼梢带着点那件白色游泳衣，乳房太尖，像假的。从前她在法国南部拍的海滩上的照片永远穿着很多衣服，长袴，鹦哥绿织花毛线凉鞋遮住脚背，她裹过脚。总不见得不下水？九莉避免看她脚上这双白色橡胶软底鞋。缠足的人腿细而直，更显得鞋太大，当然里面衬垫了东西。

出了小树林，一带淡赭红的沙滩，足迹零乱。有个夫妇俩带着孩子在淌水，又有一家人在打海滩球，都是广东人或"澳门人"。只有九莉穿着旗袍，已经够刺目了，又戴着眼镜，是来香港前楚娣力劝她戴的。她总觉得像周身戴了手套，连太阳照着都隔了一层。

"看喏！"蕊秋用脚尖拨了拨一只星鱼。

星鱼身上一粒粒突出的圆点镶嵌在漆黑的纹路间，像东南亚的一种嵌黑银镯。但是那鼓唧唧的银色肉疱又使人有点毛骨悚然。

"游泳就怕那种果冻鱼，碰着像针刺一样疼，"蕊秋说。

九莉笑道："嗳，我在船上看见的。"到香港来的船上，在船舷上看见水里一团团黄雾似的飘浮着。

留这么大的空地干什么，她心里想。不盖点船坞什么的，至少还有点用处。其实她刚才来的时候，一下公共汽车，沥青道旁簇拥着日本茉莉的丛树，圆墩墩一堆堆浓密的绿叶堆在地上，黄昏时分虫声唧唧，蒸发出一阵阵茉莉花香，林中露出一带瓶式白石阑干，已经兴奋起来，觉得一定像南法海边。不知道为什么，一跟她母亲在一起，就百样无味起来。

"就在这儿坐坐吧。"蕊秋在林边拣了块白石坐下。

蚊子咬得厉害。当众不能抓痒，但是终于不免抓了抓腿肚子。"这儿蚊子真多。"

"不是蚊子，是沙蝇，小得很的。"

"叮了特别痒。早晓得穿袜子了。"到海滩上要穿袜子？

憋着不抓，熬了很久。

水里突然涌起一个人来，映在那青灰色黄昏的海面上，一瞥间清晰异常，崛起半截身子像匹白马，一撮黑头发黏贴在眉心，有些白马额前拖着一撮黑鬃毛，有秽亵感，也许因为使人联想到阴毛。他一扬手向这边招呼了一声，蕊秋便站起身来向九莉道："好，你回去吧。"

九莉站起来应了一声，但是走得不能太匆忙。看见蕊秋踏着那太大的橡胶鞋淌水，脚步不大稳。那大概是个年青的英国人，站在水里等她。

那天到宿舍里来是不是他开车送她去的？

九莉穿过树林上去。她想必是投奔她那"去处"之前，乘此多玩几天，最后一次了，所以还不走。只替她可惜耽搁得太久，忽然见老了，觉得惨然。不知道那等着她的人见了面可会失望。

那天回去，在宿舍门口揿铃。地势高，对海一只探海灯忽然照过来，正对准了门外的乳黄小亭子，两对瓶式细柱子。她站在那神龛里，从头至脚浴在蓝色的光雾中，别过一张惊笑的脸，向着九龙对岸冻结住了。那道强光也一动都不动。他们以为看见什么了？这些笨蛋，她心里纳罕着。然后终于灯光一暗，拨开了。夜空中斜斜划过一道银河似的粉笔灰阔条纹，与别的条纹交叉，并行，懒洋洋划来划去。

不过那么几秒钟的工夫。修女开了门，里面穿堂黄黯黯的，像看了回肠荡气的好电影回来，仿佛回到童年的家一样感到异样，一切都缩小了，矮了，旧了。她快乐到极点。

又一天到浅水湾去，蕊秋又带她到园子里散步，低声闲闲说道："告诉你呀，有桩怪事，我的东西有人搜过。"

"什么人？"九莉惊愕的轻声问。

"还不是警察局？总不止一次了，箱子翻过又还什么都归还原处。告诉南西他们先还不信。我的东西动过我看不出来？"

"不知道为什么？"

"还不是看一个单身女人，形迹可疑，疑心是间谍。"

九莉不禁感到一丝得意。当然是因为她神秘，一个黑头发的玛琳黛德丽。

"最气人的是这些人这么怕事。本来说结伴走大家有个照应，他们认识的人多，杨医生又是医生，可以多带点东西做生意。遇到这种时候就看出人来了——嗳哟！"她笑叹了一声。

九莉正要说跟毕大使一块来的，总不要紧，听见这样说就没作声。

"你这两天也少来两趟吧。"

这是在那八百块港币之后的事。叫她少来两趟她正中下怀。

此后有一次她去，蕊秋在理行李。她在旁边递递拿拿，插不上手去，索性坐视。

"哪，你来帮我揿着点，"蕊秋忽然恼怒的说，正把缝衣机打包，捆上绳子，叫她揿住一个结，又叫放手。缝衣机几乎像条小牛一样奔突，好容易把它放翻了。

项八小姐来坐了一会，悄悄的，说话特别和软迟慢，像是深恐触怒她。去后蕊秋说：

"项八小姐他们不走。她跟毕先生好了，倒也好，她本来要找个人结婚的。他们预备在香港住下来。"

九莉还是没问她到哪里去。想必是坐船去。正因为她提起过要找个归宿的话，就像是听见风就是雨，就要她去实行。劳以德仿佛听说在星加坡。

她没再提间谍嫌疑的事，九莉也没敢问，不要又碰在她气头上。

"万一有什么事，你可以去找雷克先生，也是你们学校的，你知道他？"

"嗳，听见说过，在医科教书的。"

"要是没事就不用找他了。"顿了一顿，又道："你就说我是你阿姨。"

"嗯。"

显然不是跟她生气。

那还是气南西夫妇与毕先生叫她寒心？尤其毕先生现在有了项八小姐，就不管她的事了？也不像。要是真为了毕先生跟项八小姐吃醋，她也不肯摆在脸上，项八小姐也不好意思露出小心翼翼怕触怒她的神气。

那是跟谁生气？难道气那海边的年青人不帮忙？萍水相逢的人，似乎不能怪人家不作保。而且好像没到警局问话的程度，不过秘密调查。又有雷克在，不是没有英国人作保，还是当地大学讲师，不过放暑假，不见得在这里。

九莉也没去研究。

动身那天她到浅水湾饭店，下大雨，出差汽车坐满了一车人，也不知道有没有一块走的还是都是送行的，似乎补偿前一个时期的冷淡，分外热烈，簇拥着蕊秋咭咭呱呱说笑。

蕊秋从人堆里探身向车窗外不耐烦的说："好了，你回去吧！"像是说她根本不想来送。

她微笑站在阶前，等着车子开了，水花溅上身来。

二

"这比比！还不下来！"婀坠在看手表。

"死啰死啰！"两个槟榔屿姑娘还在低声唱诵。

"你是不要紧的，有你哥哥给你补课，"其中的一个说。

"哪里？他自己大考，哪有工夫？昨天打电话来，问'怎么样？'"柔丝微笑着说，雪白滚圆的脸上，一双画眉鸟的眼睛定定的。

九莉吃了牛奶麦片，炒蛋，面包，咖啡，还是心里空捞捞的，没着没落，没个靠傍。人整个掏空了，填不满的一个无底洞。

特瑞丝嬷嬷忙出忙进，高叫"阿玛丽！"到洗碗间去找那孤儿院的女孩子。楼上又在用法文锐叫"特瑞丝嬷嬷！"她用广东话叫喊着答道："雷啦雷啦！"一面低声嘟囔着咒骂着，匆匆赶上楼去。

几个高年级的马来亚侨生围着长桌的一端坐着。华侨女生都是读医的，要不然也不犯着让女孩子家单身出远门。大家都知道维大只有医科好。

照例医科六年，此地七年，又容易留级，高年级生三十开外的女人都有，在考场上也是老兵了，今天不过特别沉默。平时在饭桌上大说大笑的，都是他们内行的笑话，夹着许多术语，实验室内穿的医生的白外衣也常穿回来。九莉只听懂了一次讲一个同班生真要死，把酒精罐里的一根性器官丢在解剖院门口沥青道上，几个人笑得前仰后合。

"雷克最坏了，"有一天她耳朵里刮着一句。是怎么坏，没听出所以然来。她们的话不好懂，马来亚口音又重，而且开口闭口"Man!"倒像西印度群岛的土著，等于称对方"老兄"。热带英属地的口头禅横跨两大洋，也许是从前的海员传播的，又从西印度群岛传入美国爵士乐界。

她们一天到晚除了谈上课与医院实习的事故，就是议论教授。教授大都"坏"。英国教授本来有幽默讽刺的传统，惯会取笑学生，不过据说医科嘲弄得最残忍。

但是比比也说雷克坏。问她怎么坏，只板着脸掉过头去说"Awful."他教病理学，想必总是解剖尸体的时候轻嘴薄舌的，让女生不好意思，尤其是比比这样有曲线的。九莉告诉她她母亲认识雷克，就没说有事可以去找他的话。

有一天九莉头两课没课，没跟车下去，从小路走下山去。下了许多天的春雨，满山两种红色的杜鹃花簌簌落个不停，虾红与紫桃色，地下都铺满了，还是一棵棵的满树粉红花。天晴了，山外四周站着蓝色的海，地平线高过半空。附近这一带的小楼房都是教授住宅。经过一座小老洋房，有人倚着木柱坐在门口洋台栏杆上，矮小俊秀，看去不过二三十岁，苍白的脸，冷酷的浅色眼珠在阳光中透明，视而不见的朝这边望过来。她震了一震，是雷克，她在校园里看见过他，总是上衣后襟稀皱的。

靠里那只手拿着个酒瓶。上午十点钟已经就着酒瓶独饮？当然他们都喝酒。听说英文系主任夫妇俩都是酒鬼。到他们家去上四人课，有时候遇见他太太，小母鸡似的，一身褪色小花布连衫裙，笑吟吟的，眼睛不朝人看，一溜就不见了。按照毛姆的小说上，是因为在东方太寂寞，小城生活苦闷。在九莉看来是豪华的大都市，觉得又何至于此，总有点疑心是做作，不然太舒服了不好意思算是"白种人的负担"。她不知道他们小圈子里的窒息。

安竹斯也喝酒，他那砖红的脸总带着几分酒意，有点不可测，所以都怕他。已经开始发胖了，漆黑的板刀眉，头发生得很低，有个花尖。上课讲到中世纪武士佩戴的标记与家徽，问严明升："如果你要选择一种家徽，你选什么？"严明升是个极用功的矮小侨生，当下扶了一扶钢丝眼镜，答道："狮子。"

哄堂大笑，安竹斯依旧沉着脸问："什么样的狮子？睡狮还是张牙舞爪的狮子？"

中国曾经被诮为睡狮。明升顿了一顿，只得答道："张牙舞爪的狮子。"

又更哄堂大笑。连安竹斯都微笑了。九莉笑得斜枕在桌子上，笑出眼泪来。

有一次在安竹斯办公室里上四人课，她看见书橱里清一色都是《纽约客》合订本，不禁笑道："这么许多《纽约客》！"有点惊异英国人看美国杂志。

安竹斯随手拿了本给她。"你要不要借去看？随时可以来拿，我不在这儿也可以。"

从此她总拣他不在那里的时候去换，没多久一橱都看完了。抽书是她的拿手，她父亲买的小说有点黄色，虽然没明说，不大愿意她看，她总是乘他在烟铺上盹着了的时候蹑手蹑脚进去，把书桌上那一大叠悄悄抽一本出来，看完了再去换。

安竹斯的奖学金，她觉得只消写信去道谢，他住得又远，但是蕊秋一定要她去面谢，只得约了同班生赛梨陪着去，叫了两辆黄包车，来回大半天的工夫。她很僵，安竹斯立刻露出不耐烦的神气，只跟赛梨闲谈了几句，二人随即告辞出来。

赛梨常说安竹斯人好，替他不平，气愤愤的说："其实他早该做系主任了，连个教授都没当上，还是讲师！"

他是剑桥出身，仿佛男色与左倾是剑桥最多。九莉有时候也想，不知道是否这一类的事招忌。他没结婚，不住校园里教授都有配给的房子，宁可大远的路骑车来回。当然也许是因为教授住宅区窒息的气氛。他显然欣赏赛梨，上课总是喜欢跟她开玩笑。英国尽多孤僻的老独身汉，也并不是同性恋者。此外他常戴一根红领带，不过是旧砖红色，不是大红。如果是共产党，在讲台上的言论倒也听不出，尽管他喜欢问一八四八，欧洲许多小革命纷起的日期。

有人说文科主任麦克显厉害。九莉上过他的课，是个虎头虎脑的银发老人，似乎不爱看书，根本不是个知识份子。大概是他作梗，过不了他这一关。

"死啰！死啰！黛芙妮你怎么样，看你一点也不急。"赛梨吃完了坐到这边桌上来。

越是怕看见她，偏就坐在旁边，一回头看见九莉，便道："九莉快讲点给我听，什么都行！"

九莉苦笑道："这次我也什么都不知道。"

赛梨把头一摔，别过脸去。"你还这么说！你是不用担心的——"但是突然咽住了，顿了一顿，改向黛芙妮嚷道："死啰，死啰，今天真是来攞命了！"又在椅子上一颠一颠。

赛梨是一本清账，其实还有谁不知道？那天安竹斯问了个问题，接连几个人答不出，他像死了心了，不耐烦的叫了声"密斯盛。"九莉也微笑着向他摇摇头。他略怔了怔，又叫别人，听得出声音里有点生气。班上寂静片刻。大家对这些事最敏感的。

今年她的确像他信上预言的，拿到全部免费的奖学金，下半年就不行了。安竹斯该作何感想，以为她这样经不起惯——多难为情。

为什么这学期念不进去，主要是因为是近代史，越到近代越没有故事性，越接近报纸。报上的时事不但一片灰色，枯燥乏味，而且她总不大相信，觉得另有内幕。

比比也说身边的事比世界大事要紧，因为画图远近大小的比例。窗台上的瓶花比窗外的群众场面大。

比比终于下来了，坐都来不及坐下，站着做了个炒蛋三明治，预备带在车上吃。

车轮谷碌碌平滑的向手术室推去，就要开刀了。

餐桌对着一色鸭蛋青的海与天，一片空濛中只浮着一列小岛的驼峰剪影，三三两两的一行乌龟，有大有小。几架飞机飞得很低，太黑，太大，鸭蛋壳似的天空有点托不住。忽然沉重的訇訇两声。

"又演习了，"一个高年级的侨生说。

九莉看见地平线上一辆疾驰的汽车爆炸了，也不知道是水塔还是蓄油桶爆炸，波及路过的汽车。只一瞥就不见了，心里已经充满了犯罪的感觉。安竹斯有辆旧汽车，但是不坐，总是骑自行车来，有时候看到她微笑一挥手。

又砰砰砰几声巨响，从海上飘来，相当柔和。

大家都朝外面看，亨利嬷嬷不知道什么时候从后面进来了，低着头笼着手，翻着一双大黑眼睛，在浓睫毛下望着众人，一张大脸抵紧了白领口，挤出双下巴来。

"大学堂打电话来，说日本人在攻香港，"她安静的说，声音不高。

顿时哗然。

"刚才那是炸弹！""我说没听见说今天演习嘛！""嗳，嬷嬷嬷嬷，可说炸了什么地方？""怎么空袭警报也没放？"

"糟糕，我家里在青衣岛度周末，不知道回来了没有，"赛梨说。"我打个电话去。"

"打不通，都在打电话。路克嬷嬷打给修道院也没打通，"亨利嬷嬷说。

"嬷嬷嬷嬷，是不是从九龙攻来的？"

"嬷嬷嬷嬷，还说了些什么？"

七张八嘴，只有九莉不作声，坐在那里一动也不动，冰冷的像块石头，喜悦的浪潮一阵阵高涨上来，冲洗着岩石。也是不敢动，怕流露出欣喜的神情。

剑妮鼻子里哼了一声，冷笑道："蛇钻的窟窿蛇知道，刚才嬷嬷进来一说，人家早知道了，站起来就走。"

大家听了一怔，一看果然茹璧已经不见了。

本港的女孩子都上去打电话回家。剩下的大都出去看。不看见飞机，花匠站在铁阑干外险陡的斜坡上，手搭凉篷向海上望去。坡上铺着草坪，栽着各色花树。一畦赤红的松土里，一棵棵生菜像淡绿色大玫瑰苞，有海碗的碗口大。

比比倚在铁阑干上，倒仰着头，去吃三明治里下垂的一绺子炒蛋。

"嗳，这白布还是收进来吧，飞机上看得见的，"婀坠指着矮墙上晾着的修女的白包头，都是几尺见方，浆得毕挺，贴在边缘上包着铝质的薄板上。

亨利嬷嬷赶出来叫道："进去进去！危险的！"没人理，只好对着两个槟榔屿姑娘吆喝。她们是在家乡修道院办的女校毕业的，服从惯了，当下便笑着徜徉着进去了。

"花王啊！"亨利嬷嬷向花匠叫喊。"把排门上起来。你们就在这儿最安全了，地下层。"随即上楼去打听消息。

食堂上了排门，多数也都陆续进来了，见赛梨坐在一边垂泪，她电话打不通。有个高年级生在劝她不要着急。本地的女生都在楼上理东西，等家里汽车来接。茹璧第一个打电话回家叫汽车来接，已经接了去了。

比比从后门进来，补吃麦片。九莉坐到她旁边去。赛梨又上去打电话。

几个高年级生又高谈阔论起来，说日本人敢来正好，香港有准备的，星加坡更是个堡垒，随时有援兵来。

"花王说一个炸弹落在深水湾，"特瑞丝嬷嬷匆匆进来报告。她崇拜瘦小苍老的花匠。他夫妻俩带着个孩子住在后门口一间水门汀地小房间里。

"嬷嬷！黄油没有了！"比比腻声抱怨着，如泣如诉。"嬷嬷你来摸摸看，咖啡冰冷的，嬷嬷你给换一壶来。"

特瑞丝没作声，过来端起咖啡壶黄油碟子就走。

剑妮颓然坐着，探雁脖子往前伸着点，苍黄的鹅蛋脸越发面如土色，土偶似的，两只眼睛分得很开，凝视着面前桌上。

只有排门上端半透明的玻璃这点天光，食堂像个阴暗的荷兰宗教画，两人合抱的方形大柱粉刷了乳黄色，亮红方砖砌地，僧寺式长桌坐满一桌人，在吃最后的晚餐。

"剑妮是见过最多的——战争，"婀坠笑着说，又转向九莉道："上海租界里是看不见什么，哦？"

"嗳。"

九莉经过两次沪战，觉得只要照她父亲说的多囤点米、煤，吃得将就点，不要到户外去就是了。

一个高年级生忽然问剑妮，但是有点惴惴然，仿佛怕招出她许多话来，剑妮显然也知道："战争是什么样的？"

剑妮默然了一会，细声道："还不就是逃难，苦，没的吃。"

热咖啡来了。一度沉默之后，桌上复又议论纷纷。比比只顾埋头吃喝，脸上有点悻悻然。吃完了向九莉道："我上去睡觉了。你上去不上去？"

在楼梯上九莉说："我非常快乐。"

"那很坏，"比比说。

"我知道。"

"我知道你认为自己知道坏就不算坏。"

比比是认为伪君子也还比较好些，至少肯装假，还是向上。

她喜欢辩论，九莉向来懒得跟她辩驳。

她们住在走廊尽头隔出来的两小间，对门，亮红砖地。九莉跟着她走进她那间。

"我累死了，"她向床上一倒，反手捶着腰。她曲线太深陡，仰卧着腰酸，因为悬空。"你等午餐再叫我。"

九莉在椅子上坐下来。两边都是长窗，小房间像个玻璃泡泡，高悬在海上。当然是地下层安全，但是那食堂的气氛实在有窒息感。

玻璃泡泡吊在海港上空，等着飞机弹片来爆破它。

不喜欢现代史，现代史打上门来了。

比比拉扯着身下的睡袋，衬绒里子的睡袋特别闷，抖出一丝印度人的气味来。"你在看什么书？"

"历史笔记。"

比比噗嗤一笑，笑她亡羊补牢。

她是觉得运气太好了，怕不能持久——万一会很快的复课，还是要考。

中午突然汽笛长鸣，放马后炮解除空袭警报。

午后比比接了个电话，回到楼上来悄悄笑道："一个男孩子找我看电影。电影院照样开门。"

"什么片子？"

"不知道，不管是什么，反正值得去一趟。"

"嗳，看看城里什么样子。"

"你要不要去？"她忽然良心上过不去似的。

九莉忙笑道："不不，我不想去。"

她从来不提名道姓，总是"一个男孩子。"有一次忽然半恼半笑的告诉九莉："有的男孩子跟女朋友出去过之后要去找妓女，你听见过没有这样的事？"

九莉是宁死也不肯大惊小怪的，只笑笑。"这也可能。"

又一天，她说"马来亚男孩子最坏了，都会嫖。"

"印度男孩子最坏了，跟女朋友再好些也还是回家去结婚，"

她说。

又有一次她气烘烘走来道："婀坠说没有爱情这样东西，不过习惯了一个男人就是了。"

听上去婀坠不爱她的李先生。

"你说有没有？"比比说。

九莉笑道："有。"

"我不知道，"她大声说，像是表示不负责，洗手不管了，别过身去没好气的清理书桌。

夏夜，男生成群的上山散步，距她们宿舍不远便打住了，互挽着手臂排成长排，在马路上来回走，合唱流行歌。有时候也叫她们宿舍里女生的名字，叫一声，一阵杂乱的笑声。叫赛梨的时候最多，大都是这几个英文书院出身的本港女孩子，也有时候叫比比。大概是马来人唱歌求爱的影响，但是集体化了，就带开玩笑的性质，不然不好意思。

"那些男孩子又在唱了，"楼上嗤笑着说。

虽然没有音乐伴奏，也没有和音，夜间远远听着也还悦耳。九莉听了感到哀愁。

开战这天比比下山去看电影，晚上回来灯火管制，食堂里只点一只白蜡烛，但是修女们今天特别兴奋，做了炸牛脑，炸蕃薯泥丸子，下午还特地坐宿舍的车上城去，买新鲜法国面包，去了两个修女。她们向来像巡警一样，出去总是一对对，互相保护监视。

"跟谁去看电影的？是不是陈？"婀坠问，"是陈是吧？哈！摸黑送你上山——"拍着手笑，又撇着国语说了一遍，暗示摸的不光是黑。

这里没几个人懂国语的，比比不管是否有点懂，更不理会，只埋头吃饭。特瑞丝嬷嬷替她留着的。

"你晓得，是有一种奇怪的感觉，黑魆魆的，票房点着蓝灯，"她低声向九莉说。"看了一半警报来了，照样看下去，不过电影好像加了点情节，有味些。"

饭后婀坠的李先生、剑妮的魏先生都来了。剑妮与魏先生站在后门外冬青树丛旁边低声谈话，借着门内的一角微光，避嫌疑。婀坠与李先生并排站在食堂外甬道里，背靠在水门汀墙上，抱着胳膊默然无语。李先生也是马来亚侨生，矮小白净吊眼梢，娃娃生模样，家里又有钱，有橡胶园。

人来人往，婀坠向人苦笑。

"怎么都不到客厅来坐？上来上来！"年迈的挂名舍监马克嬷嬷在小楼梯上探出半身往下喊。"还有剑妮呢？"

婀坠只报以微笑，小尖脸上露出筋骨来，两颧红红的。

比比又在低唱吉尔伯、瑟利文的歌剧："巫婆跨上了扫帚满天飞……"

当夜九莉听比比说男生闹着要报名参军，李先生也要去报名，婀坠不让他去，所以两人闹别扭。

医科学生都要派到郊外急救站去，每组二男一女。两个槟榔屿姑娘互相嘲戏，问希望跟哪个男生派在一起，就像希望跟谁翻了船飘流到荒岛上。

等日本兵来了，这不是等于拴在树上作虎饵的羊？九莉心里想。当然比比不会没想到。不去不行，要开除学籍。

比比在上海的英国女校当过学生长，自然是战时工作者的理想人选，到时候把随身带的东西打了个小包，说走就走，不过说话嗓子又小了，单薄悲哀，像大考那天早上背书的时候一样。

只剩下九莉剑妮两个读文科的，九莉料想宿舍不会为了她们开下去。听见说下午许多同学都去跑马地报名做防空员，有口粮可领，便问剑妮"去不去，一块去？"

　　剑妮略顿了顿，把眉毛一挑，含笑道："好，一块去。"

　　饭后九莉去叫她，没人应，想必先走了一步。九莉没想到她这么讨厌她。

　　浩浩荡荡几百个学生步行去报名，她一个也不认识，也没去注意剑妮在哪里。遇到轰炸，就在跑马地墓园对过。冬天草坪仍旧碧绿，一片斜坡上去，碧绿的山上嵌满了一粒粒白牙似的墓碑，一直伸展到晴空里。柴扉式的园门口挂着一副绿泥黄木对联："此日吾躯归故土，他朝君体亦相同"，是华侨口吻，滑稽中也有一种阴森之气，在这面对死亡的时候。

　　归途有个男生拎来一麻袋黑面包，是防空总部发下的，每人一片。九莉从来没吃过这么美味的面包。

　　"我差点炸死了，一个炸弹落在对街，"她脑子里听见自己的声音在告诉人。告诉谁？难道还是韩妈？楚娣向来淡淡的，也不会当桩事。蕊秋她根本没想起。比比反正永远是快乐的，她死了也是一样。

　　差点炸死了，都没人可告诉，她若有所失。

　　回来已经天黑了。亨利嬷嬷向她勾了勾头，带着秘密的神气，像是有块糖单给她一个人，等她走近前来，方道："魏先生把剑妮接了去了。我们都要回修道院，此地宿舍要关门了，你可以到美以美会的女宿舍去，她们会收容你的。就在大学堂这里不远，你去就找唐纳生小姐。"

　　美以美会办的是女职员宿舍。九莉觉得修道院这时候把她往陌

52

生人那里一推推得干干净净，仿佛有点理亏，但是她也知道现在修道院高级难民挤得满坑满谷，而且人家都是教友。她自己又心虚，还记得那年夏天白住，与她母亲住浅水湾饭店的事。她当晚就去见唐纳生小姐，是个英国老小姐，答应她搬进来住，不过不管伙食。

是简陋的老洋房，空房间倒很多，大概有亲友可投奔的都走了。她一人住一间，光线很暗。没想到会在这里遇见槟榔屿的玫瑰——柔丝到她房门口来招呼，态度不大自然，也许是怕她问起怎么没到急救站去。当然一定是柔丝的哥哥不让她去，把她送到这里来了，又有个同乡章小姐也住在这里，可以照应她。那章小姐有四五十岁了，对九莉非常冷淡，九莉起先也不知道为什么，过了两天，发现同住的人都很神秘，去浴室的时候难得遇见，都是低头疾趋而过，一瞥即逝。在半黑暗中，似乎都是长得歪歪扁扁的广东女人。

唐纳生小姐还有别的女传教师住在一起，雇着个女佣，但是楼下的厨房似乎没人使用，永远清锅冷灶。穿堂里一只五斗橱上的热水瓶倒总是装满了的。防空机关官样文章太多，口粮始终没发下来。九莉带来的小半筒饼干吃完了以后，就靠吃开水，但是留心不把一瓶都喝光了，不然主人自己要用没有，一生气也许会停止供应。

她开始明了大家为什么鬼鬼祟祟。又不是熟人，都怕别人绝粮告帮，认识了以后不好意思不分点给人。尤其这是个基督教的所在，无法拒绝。

想必章小姐也警告过柔丝了，所以柔丝也躲着她。

傍晚下班回来，正忙着积点自来水——因为制水——做点琐事，突然訇然一声巨响，接着人声嗡嗡。本来像一座空屋，忽然出来许多人，结集在楼梯口与楼下穿堂里。她也下去打听。

柔丝骇笑道："炮弹片把屋顶削掉一个角。都说楼上危险。"

九莉也跟着她们坐在楼梯上。梯级上铺着印花油布。

有人叫道："柔丝你哥哥来了。林医生来了。"毕业班的医科学生都提前尊称为医生。

"嗳呀，大哥，你这时候怎么能来，我们这里刚中了弹片。"

"这里危险，我来接你的，快跟我来。"见九莉是她原宿舍的同学，便道："你的朋友要不要一块去？"

九莉忙应了一声，站起身来，见柔丝欲言又止，不便告诉她哥哥她正远着九莉。

三人走了出来，林医生道："到邦纳堂去，那里安全。"那是个男生宿舍。

从横街走上环山马路，黄昏中大树上开着大朵的朱红圣诞花。忽然吱呦噢噢噢噢一声锐叫，来了个弹片。

"快跑，"林医生说。

三人手拉手狂奔起来。

吱呦噢噢噢噢……那锥耳朵的高音拖得不知多长才落地。九莉觉得她这人太暴露了，简直扩展开去成为稀薄的肉网，在上空招展，捕捉每一个弹片。

林医生居中，扯着她们俩飞跑。跑不快带累了人家，只好拼命跑。吱呦噢——吱呦——吱呦噢噢噢噢！倒越发密了。

马路又是往上坡斜的，尽管斜度不大，上山的路长了也更透不过气来，胸前压着块铁板。

转入草坡小径方才脱险。到了男生宿舍，在食堂里坐下来，这才听见炮声一声声轰着，那声音听着简直有安全感。林医生找了些

《生活》杂志来给她们看，晚上停炮后又送了她们回去。

防空站在一个图书馆里，站长是个工科讲师，瘦小的广东人，留英的，也间接认识九莉的母亲与三姑，曾经托他照应，因此指名要了她来做他的秘书，是个肥缺，在户内工作。

"你会不会打字？"他首先问，坐在打字机前面。

"不会。"

他皱了皱眉，继续用一只手打几份报告。

他交给她一本练习簿，一只闹钟，叫她每次飞机来的时候记下时间。

她不懂为什么，难道日本飞机这么笨，下次还是这时候来，按时报到？

"时间记下来没有？"总是他问。

九莉笑道："嗳呀，忘了。"连忙看钟，估着已经过了五分钟十分钟了。

看图书馆的小说，先还是压在练习簿下面看。

为了不记录轰炸的时间，站长有一天终于正色问道："你要不要出去工作？"眼睛背后带着点不怀好意的微笑。

她知道防空员是要救火的，在炸毁的房屋里戳戳捣捣，也可能有没爆炸的炸弹，被炸掉一只手、一条腿。"愿意，"她微笑着说。

但是他知道她不认识路，附近地区也不熟，又言语不通，也就不提了。

呜润唔唔！——又在轰炸。这一声巨响比较远，声音像播动一只两头小些的大铁桶，洪亮中带点嘶哑。

呜润嗯唔唔！这一声近些。

昨天枪林弹雨中大难不死，今天照样若无其事的炸死你。

咝润唔唔！城中远远近近都有只大铁桶栽倒了，半埋在地下。

咝润嗯嗯唔唔！这次近了，地板都震动，有碎玻璃落地声。

"机关枪有用的，打得下来！"她偶然听见两个男生争论，说起图书馆屋顶平台上的两只机关枪，才知道是这两挺机枪招蜂惹蝶把飞机引了来，怪不得老在头上团团转。

"你下楼去好了，这儿有我听电话，"站长说。

她摇摇头笑笑，尽管她在楼上也不过看小说。现在站长自己记录轰炸时间。

她希望这场战事快点结束，再拖下去，"瓦罐不离井上破，"迟早图书馆中弹，再不然就是上班下班路上中弹片。

希望投降？希望日本兵打进来？

这又不是我们的战争。犯得着为英殖民地送命？

当然这是遁词。是跟日本打的都是我们的战争。

国家主义是二十世纪的一个普遍的宗教。她不信教。

国家主义不过是一个过程。我们从前在汉唐已经有过了的。

这话人家听着总是遮羞的话。在国际间你三千年五千年的文化也没用，非要能打，肯打，才看得起你。

但是没命还讲什么？总要活着才这样那样。

她没想通，好在她最大的本事是能够永远存为悬案。也许要到老才会触机顿悟。她相信只有那样的信念才靠得住，因为是自己体验到的，不是人云亦云。先搁在那里，乱就乱点，整理出来的体系未必可靠。

这大晚上正在房中摸黑坐着，忽然听见楼梯上比比喊着"九莉"，拿着只蜡烛上来了，穿着灰布临时护士服，头发草草的掳在耳后。

"你看我多好，走了这么远的路来看你。"

她分配到湾仔。九莉心里想也许好些，虽然是贫民区，闹市总比荒凉的郊野危险较少，但是是否也是日军登陆的地方？

"你们那儿怎么样？"

比比不经意的喃喃说了声"可怕。"

"怎么样可怕？"

"还不就是那些受伤的人，手臂上戳出一只骨头，之类。"

"柔丝也在这里。"

"嗳，我看见她的。"

问起"你们口粮发了没有？"九莉笑道："还没有。事实是我两天没吃东西了。"

"早知道我带点给你，我们那儿吃倒不成问题。其实我可以把晚饭带一份来的。"

"不用了。我这儿还有三块钱，可以到小店买点花生或是饼干。"

比比略摇了摇头道："不要。又贵又坏，你不说广东话更贵，不犯着。你要是真能再忍两天的话——因为我确实知道你们就要发口粮了，消息绝对可靠。"

比比是精明惯了的，饿死事小，买上当了事大。但是九莉也实在不想去买，较近只有坚道上的一两家，在路旁石壁上挖出店面来，背山面海，灰扑扑的杂货店，倒像乡下的野铺子，公共汽车走过，一瞥间也感到壁垒森严，欺生排外。

"几点了？你还要回去？"

"今天就住在这儿吧。你有没有毯子？"

"没有，我找到些旧杂志拿来盖着。"《生活》杂志够大，就是太光滑，容易掉下地去。

比比去到楼上另一间房里，九莉听见那边的谈笑声。过了一会，她就带了两床军用毯回来。

九莉也没问是跟谁拿的。始终也不知道柔丝住在哪里。

没有被单，就睡在床垫上。吹熄了蜡烛，脱衣上床。在黑暗中，粗糙的毯子底下，九莉的腿碰到比比的大腿，很凉很坚实。她习惯了自己的腿长，对比比的腿有点反感，联想到小时候在北边吃的红烧田鸡腿。也许是饿的原故。但是自从她母亲告诫她不要跟比比同性恋爱，心上总有个疑影子，这才放心了。因为她确是喜欢比比金棕色的小圆脸，那印度眼睛像黑色的太阳。她有时候说："让我揿一揿你的鼻子。"

"干什么？"比比说。但是也送了上来。

九莉轻轻的捺了捺她的鼻尖，就触电似的手臂上一阵麻，笑了起来。

她也常用一只指头在九莉小腿上戳一下，撇着国语说："死人肉！"因为白得泛青紫。她大概也起反感。

她一早走了。九莉去上班，中午站长太太送饭来，几色精致的菜，又盛上一碗火腿蛋炒饭，九莉在旁边一阵阵头晕。屋顶上守着两只机关枪的男生不停的派人下来打听口粮的消息，站长说他屡次打电话去催去问了，一有信息自会告诉他们。

直到下班仍旧音讯杳然。

美以美会宿舍的浴室只装有一只灰色水门汀落地浅缸。围城中节水，缸里的龙头点点滴滴，九莉好容易积了一漱盂的水洗袜子了，先洗一只。天已经黑下来，快看不见了。

"九莉！"柔丝站在浴室门口。"安竹斯先生死了！打死了。"

九莉最初的反应是忽然占有性大发，心里想柔丝刚来了半年，又是读医的，她又知道什么安竹斯先生了。但是面部表情当然是震动，只轻声叫了声"怎么？"

校中英籍教师都是后备军，但是没想到已经开上前线。九莉也没问是哪里来的消息，想必是她哥哥。

柔丝悄悄的走了。

九莉继续洗袜子，然后抽噎起来，但是就像这自来水龙头，震撼抽搐半天才迸出几点痛泪。这才知道死亡怎样了结一切。本来总还好像以为有一天可以对他解释，其实有什么可解释的？但是现在一阵凉风，是一扇沉重的石门缓缓关上了。

她最不信上帝，但是连日轰炸下，也许是西方那句俗语："壕洞里没有无神论者。"这时候她突然抬起头来，在心里对楼上说："你待我太好了。其实停止考试就行了，不用把老师也杀掉。"

次日一早女佣来说唐纳生小姐有请。下楼看见全宿舍的人都聚集在餐室，互祝"快乐的圣诞"。原来今天圣诞节，还是正日，过得连日子都忘了。

近天花板有只小窗户装着铁栅，射进阳光来，照在餐桌上的墨绿漆布上。唐纳生小姐请吃早饭，炼乳红茶，各色饼干糖果。九莉留下几块饼干握在手心里带了出去，去上班，途中遇见个同学告诉她香港投降了，她还不敢相信，去防空站看了，一个人也没有。

在医科教书的一个华侨医生出面主持，无家可归的外埠学生都迁入一个男生宿舍，有大锅饭可吃。搬进去第一天，比比还在湾仔没回来，有人来找九莉。

她下楼去，广大的食堂里桌椅都叠在一边，再也没想到是同班生严明升含笑迎了上来，西装穿得十分齐整，像个太平年月的小书记。他一度跟她竞争过，现在停课了，大家各奔前程，所以来道别，表示没什么芥蒂？她还真有点怕人看见，不要以为他是她的男朋友。比比有一次不知道听见人说她什么话，反正是把她归入严明升一类，非常生气。此地与英美的大学一样，流行"绅士丙"（the gentleman C），不兴太用功的。

寒暄后九莉笑道："你可预备离开这里？"她自己一心想回上海，满以为别人也都打算回家乡，见他脸上有种暧昧的神气，不懂是为什么。那时候她还不知道，投降后一两天内，赛梨等一行人已经翻过山头到重庆去了。走的人很多。

也有人约比比一块走，说愿意也带九莉去。比比告诉她，她觉得有点侮辱性，分明将她当火腿上的一根草绳。

"重庆轰炸得厉害。你不跟我回上海去吗？你家里在那里，总好些，"她向比比说。

上海人总觉得一样沦陷，上海总好些。

比比是无可无不可。常约她出去的陈没走，弄到一块黄油送她，她分给九莉拌饭吃，大概是波斯菜的吃法。又送了一瓶鸡汁酱油。陈与她同是孩儿面，不过白，身材纤瘦，也够高的。九莉有一次问她，她说他孩子气，"自以为他喜欢我。"

她也许比较喜欢另一个姓邝的，也是侨生，喜欢音乐，有时候也约她出去，烦恼起来一个人出去走路，走一夜。这次与赛梨她们一同走了。约比比一块去的极可能也就是他。后来他跟赛梨在内地结婚了。

九莉也没找个地方坐下，就站着跟严明升闲谈了两句。他也没提起安竹斯阵亡的事，根本没提战时的事。那天去跑马地报名，她似乎一个同班生也没看见。这些远道来读文科的侨生明知维大文科不好，不过是来混文凭的，所以比较世故不去冒这险做防空员。

"注册处在外面生了火，"明升忽然说。"在烧文件。"

"为什么？"

他咕哝了一声："销毁文件。日本兵还没开来。"

"哦……嗳。"她抱着胳膊站在玻璃门边，有点茫然，向门外望去，仿佛以为看得见火光。

明升笑道："下去看看吧？好大的火。许多人都去看。"

九莉笑着说不去，明升又道："火好大嗷！不去看看？我陪你去。"

"你去吧，我不去了。"

"所有的文件都烧了，连学生的记录、成绩，全都烧了，"说罢，笑得像个猫。

九莉这才知道他的来意。此地没有成绩报告单，只像发榜一样，贴在布告板上，玻璃罩着，大家围着挤着看。她也从来不好意思多看，但是一眼看见就像烙印一样，再也不会忘记，随即在人丛中挤了出去。分数烧了，确是像一世功名付之流水。

他还再三要陪她去看，她好容易笑着送走了他，回到楼上去，想起小时候有一次发现她的一张水彩画上有人用铅笔打了个横杠子，力透纸背，知道是她弟弟，那心悸的一刹那。

比比回来了之后，陆续听见各救护站的消息，只有一站上有个女侨生，团白脸，矮矮的，童化头发，像个日本小女学生，但是已经女扮男装剪短了头发，穿上男式衬衫长裤，拿着把扫帚在扫院子。一个日本兵走上前来，她见机逃进屋去，跑上楼去站在窗口作势要跳，他倒也就算了。竟是《撒克逊英雄略》里的故事。

不知道是否因为香港是国际观瞻所系，进入半山区的时候已经军纪很好。宿舍大礼堂上常有日本兵在台上叮叮咚咚一只手弹钢琴。有一次有两个到比比九莉的房间来坐在床上，彼此自己谈话，坐了一会就走了。

有一天九莉听见说有个教授住宅里有澡可洗，人当然都进了集中营了，不知道为什么水龙头里有热水。她连忙带了毛巾肥皂赶去，浴室关着门，有人在放洗澡水。她也不敢走远，怕又有人来占了位子，去到半楼梯的小书室看看，一地白茫茫的都是乱纸，半山区平日采樵的贫民来洗劫过了。以前她和比比周末坐在马路边上铁阑干上谈天，两脚悬空宕在树梢头，树上有一球球珍珠兰似的小白花，时而有一阵香气浮上来；底下山坡上白雾中偶然冒出一顶笠帽，帽檐下挂着一圈三寸长的百摺蓝布面幕，是捡柴草的女人——就是她们。

这是她英文教授的房子。她看他的书架，抽出一本毕尔斯莱插画的《莎乐美》，竟把插图全撕了下来，下决心要带回上海去，保存一线西方文明。

久等，浴室闩着门，敲门也不应，也不知道是在洗衣服还是泡得舒服，睡着了。等来等去，她倒需要去浴室了。到别处去，怕浴室了空档被人抢了去，白等这些时，只得掩上房门蹲下来。空心的纸团与一层层纸页上沙沙的一阵雨声。她想起那次家里被贼偷了，临去拉了泡屎，据说照例都是这样，为了运气好。是不是做了贼就是贼的行径？

项八小姐与毕先生来看过她，带了一包腐竹给她。她重托了他们代打听船票的消息。

项八小姐点头道："我们也要走。"

电话不通，她隔些时就去问一声，老远的走了去。他们现在不住旅馆了，租了房子同居。

主持救济学生的李医生常陪着日本官员视察。这李医生矮矮的，也是马侨，搬到从前舍监的一套房间里住，没带家眷。手下管事的一批学生都是他的小同乡，内中有个高头大马很肉感的一脸横肉的女生似乎做了压寨夫人。大家每天排队领一盘黄豆拌罐头牛肉饭，拿着大匙子分发的两个男生越来越横眉竖目，仿佛是吃他们的。而这也是实情。夜里常听见门口有卡车声，是来搬取黑市卖出的米粮罐头——从英政府存粮里拨出来的。

"婀坠跟李先生要结婚了，"比比说。"就注个册，宿舍里另拨一间房给他们住。"

九莉知道她替婀坠觉得不值得。

况且橡胶园也许没有了，马来亚也陷落了。蕊秋从星加坡来过信——当然没提劳以德——现在也不知道她还在那里不在。

九莉跟比比上银行去，银行是新建的白色大厦，一进门，光线阴暗，磁砖砌的地上一大堆一大堆的屎，日本兵拉的。黄铜栅栏背后，行员倒全体出动，一个个书桌前都有人坐着，坐得最近的一个混血儿皱着眉，因为空气太难闻。他长袖衬衫袖子上勒着一条宽紧带，把袖口提高，便于工作，还是廿世纪初西方流行的，九莉见了恍如隔世。

她还剩十三块钱存款，全提了出来。比比答应借钱给她买船票，等有船的时候。

"留两块，不然你存摺没有了，"比比说。

"还要存摺干什么？"

比比没有她的世界末日感。

人行道上一具尸首，规规矩矩躺着，不知道什么人替他把胳膊腿都并好，一身短打与鞋袜都干干净净。如果是中流弹死的，这些天了，还在。

比比忙道："不要看。"她也就别过头去。

上城一趟，不免又去顺便买布。她新发现了广东土布，最刺目的玫瑰红地子上，绿叶粉红花朵，用密点渲染阴影，这种图案除了日本衣料有时候有三分像，中国别处似乎没有。她疑心是从前原有的，湮灭了。

中环后街，倾斜的石板路越爬越高。战后布摊子特别多，人也特别挤，一匹匹桃红葱绿映着高处的蓝天，像山城的集市。比比帮她挑拣讲价，摊贩口口声声叫"大姑"。比比不信不掉色，蘸了点唾沫抹在布上一阵猛揉。九莉像给针戳了一下，摊贩倒没作声。

人丛中忽然看见剑妮与魏先生，大家招呼。魏先生没开口，靠后站着。剑妮大着肚子，天暖没穿大衣，把一件二蓝布旗袍撑得老远，看上去肚子既大又长，像昆虫的腹部。九莉竭力把眼睛钉在她脸上，不往下看，但是她那鲜艳的蓝袍实在面积太大了，尽管不看它，那蓝色也浸润到眼底，直往上泛。也许是它分散了注意力，说话有点心不在焉。

"我以为你们一定走了，"九莉说。

见剑妮笑了，脸上掠过一丝诡秘的阴影，她还不懂为什么，就没想到现在"走"是去重庆的代名词，在稠人广众中有危险性的话。而且他们要走当然是去重庆。他在家乡又有太太，他们不会回去。就是要去，火车船票也都买不到，不会已经走了。

"走是当然也想走，"剑妮终于拖长了声音说。"可是也麻烦，他们老太爷老太太年纪大了,得要保重些……"随即改用英文问比比她们现在的住处的情况,谈了两句就点头作别。

他们一走,比比就鼓起腮帮子像含着一口水似的,忍笑与九莉四目相视,二人都一语不发。

三

自从日本人进了租界，楚娣洋行里留职停薪，过得很省。九莉回上海那天她备下一桌饭菜，次日就有点不好意思的解释："我现在就吃葱油饼，省事。"

"我喜欢吃葱油饼，"九莉说。

一天三顿倒也吃不厌，觉得像逃学。九莉从小听蕊秋午餐训话讲营养学，一天不吃蔬果鱼肉就有犯罪感。

有个老秦妈每天来洗衣服打扫，此外就是站在煤气灶前煎葱花薄饼，一张又一张。她是小脚，常抱怨八层楼上不沾地气，所以腿肿。

蕊秋走的时候，公寓分租给两个德国人，因为独身汉比较好打发，女人是非多。楚娣只留下一间房，九莉来了出一半膳宿费，楚娣托亲戚介绍她给两个中学女生补课。她知道她三姑才享受了两天幽独的生活，她倒又投奔了来，十分抱歉。

楚娣在窗前捉到一只鸽子，叫她来帮着握住它，自己去找了根绳子来，把它一只脚拴在窗台上。鸽子相当肥大，深紫闪绿的肩脖一伸一缩扭来扭去，力气不打一处来，叫人使不上劲，捉在手里非常兴奋紧张。两人都笑。

"这要等老秦妈明天来了再杀，"楚娣说。

九莉不时去看看它。鸽子在窗外团团转，倒也还安静。

"从前我们小时候养好些鸽子，奶奶说养鸽子眼睛好，"楚娣说。

想必因为看它们飞，习惯望远处，不会近视眼，但是他们兄妹也还是近视。

谁知这只鸽子一夜忧煎，像伍子胥过昭关，虽然没变成白鸽，一夜工夫瘦掉一半。次日见了以为换了只鸟。老秦妈拿到后廊上杀了，文火炖汤，九莉吃着心下惨然，楚娣也不作声。不搁茴香之类的香料，有点腥气，但是就这一次的事，也不犯着去买。

项八小姐与毕先生从韶关坐火车先回来了。毕大使年纪大了，没去重庆。他们结了婚。项八小姐有时候来找楚娣谈天。她有个儿子的事没告诉他。

楚娣悄向九莉笑道："项八小姐的事，倒真是二婶作成了她。毕先生到香港去本来是为了二婶。因为失望，所以故意跟项八小姐接近，后来告诉二婶说是弄假成真了。"

"二婶生气，闹间谍嫌疑的时候，毕先生不肯帮忙。"

"那他是太受刺激的原故。"

"那次到底也不知道是怎么回事，会疑心二婶是间谍。"

"我也不清楚，"楚娣有点迟疑。"项八小姐说是因为跟英国军官来往，所以疑心是打听情报。说就是那英国军官去报告的。"

就是那海边一同游泳的年青人，九莉心里想。原来是他去检举邀功。怪不得二婶临走的时候那么生气。

也怪不得出了事毕先生气得不管了。

"劳以德在星加坡？"

她只知道星加坡陷落的时候二婶坐着难民船到印度去了。

"劳以德打死了。死在星加坡海滩上。从前我们都说他说话说了一半就笑得听不见说什么了，不是好兆头。"

在九莉心目中，劳以德是《浮华世界》里单恋阿米丽亚的道彬一型的人物，等了一个女人许多年，一定是要跟她结婚的。不过一直不确定他是在星加坡，而且她自从那八百港币的事之后，对她母亲极度淡漠，不去想她，甚至于去了星加坡一两年，不结婚，也不走，也都从来没想到是怎么回事。

听上去是与劳以德同居了。既然他人也死了，又没结婚，她就没提蕊秋说要去找个归宿的话。

楚娣见她仿佛有保留的神气，却误会了，顿了一顿，又悄悄笑道："二婶那时候倒是为了简炜离的婚。可是他再一想，娶个离了婚的女人怕妨碍他的事业，他在外交部做事。在南京，就跟当地一个大学毕业生结婚了。后来他到我们那儿去，一见面，两人眼睁睁对看了半天，一句话都没说。"

她们留学时代的朋友，九莉只有简炜没见过，原来有这么一段悲剧性的恋史。不知道那次来是什么时候？为了他离婚，一进行离婚就搬了出去，那就是在她们的公寓里。但是蕊秋回来了四年才离婚，如果是预备离了婚去嫁他，不会等那么久。总是回国不久他已经另娶，婚后到盛家来看她，此后拖延了很久之后，她还是决定离婚。

是不是这样，也没问楚娣。在她们这里最忌好奇心，要不然她三姑也不会告诉她这些话。她弟弟楚娣就说他"贼"——用了个英文字"sneaky"，还不像"贼"字带慧黠的意味。其实九莉知道他对二婶三姑一无所知，不过他那双猫儿眼总仿佛看到很多。

蕊秋有一次午餐后讲话，笑道："你二叔拆别人的信。"楚娣在旁也攒眉笑了起来。九莉永远记得那弦外之音：自己生活贫乏的人才喜欢刺探别人的私事。

但是简炜到她家里来的那最后一幕，她未免有点好奇，因为是她跟她母亲比较最接近的时期。同在一个屋檐下，会一点都不知道。有客来，蕊秋常笑向楚娣道："小莉还好，叫二婶，要是小林跑进来，大叫一声妈妈，那才真——！"其实九林从来没有大声叫过妈妈，一直羡慕九莉叫二婶。

她也不过这么怔忪了一下，向来不去回想过去的事。回忆不管是愉快还是不愉快的，都有一种悲哀，虽然淡，她怕那滋味。她从来不自找伤感，实生活里有的是，不可避免的。但是光就这么想了想，就像站在个古建筑物门口往里张了张，在月光与黑影中断瓦颓垣千门万户，一瞥间已经知道都在那里。

离婚的时候蕊秋向九莉说："有些事等你大了自然明白了。我这次回来是跟你二叔讲好的，我回来不过是替他管家。"

回国那天，一个陪嫁的青年男仆毓恒去接船，是卞家从前的总管的儿子，小时候在书房伴读的。不知怎么没接到，女佣们都皇皇然咬耳朵。毓恒又到码头上去了，下午终于回来了，说被舅老爷家接了去了，要晚上才回来。

九莉九林已经睡了，又被唤醒穿上衣服，觉得像女佣们常讲的"跑反"的时候，夜里动身逃难。三开间的石库门房子，正房四方，也不大，地下竖立着许多大箱子，蕊秋楚娣隔着张茶几坐在两张木椅上。女佣与陪嫁的丫头碧桃都挤在房门口站着，满面笑容，但是黯淡的灯光下，大家脸上都有一团黑气。

九莉不认识她们了。当时的时装时行拖一片挂一片，两人都是泥土色的软绸连衫裙，一深一浅。蕊秋这是唯一的一次也戴着眼镜。

蕊秋嗤笑道："嗳哟！这袜子这么紧，怎么还给她穿着？"九莉的英国货白色厚洋毛袜洗得次数太多，硬得像一截洋铁烟囱管。

韩妈笑道："不是说贵得很吗？"

"太小了不能穿了！"蕊秋又拨开她的前溜海。"嗳哟，韩大妈，怎么没有眉毛？前溜海太长了，荽住眉毛长不出来。快剪短些。"

九莉非常不愿。半长不短的前溜海傻相。

"我喜欢这漂亮的年青人，"楚娣说着便把九林拉到身边来。

"小林怎么不叫人？"

"叫了。"韩妈俯下身去低声叫他再叫一声。

"嗳哟，小林是个哑吧。他的余妈怎么走了？"

"不知道嘛，说年纪大了回家去了。"韩妈有点心虚，怕当是她挤走了的。

"韩大妈倒是不见老。"

"老喽，太太！在外洋吃东西可吃得惯？"

楚娣习惯的把头一摔，鼻子不屑的略嗅一嗅。"吃不惯自己做。"

"三小姐也自己做？"

"不做哠（怎样）搞啊？"楚娣学她的合肥土白。

"三小姐能干了。"

楚娣忽道："嗳，韩大妈，我们今天哠睡啊？"半开玩笑而又带着点挑战的口吻。

"哠睡呀？要哠睡就哠睡！都预备好了。"

"都预备好了"这句话似乎又使楚娣恐慌起来，正待开口，临时又改问："有被单没有啊？"

"怎么没有？"

"干净不干净？"

"啊啊啊呃——！"合肥话拖长的"啊"字，卷入口腔上部，挽入咽喉深处粗厉的吼声，从半开的齿缝里迸出来，不耐烦的表示"哪有这等事？""新洗的，怎么会不干净？"

九莉觉得奇怪，空气中有一种紧张。蕊秋没作声，但是也在注意听着。

她父亲上楼来了，向蕊秋楚娣略点了点头，就绕着房间踱圈子，在灯下晃来晃去，长衫飘飘然，手里夹着雪茄烟。随便问了两句路上情形，就谈论她舅舅与天津的堂伯父们。

一直是楚娣与他对答，蕊秋半晌方才突然开口说："这房子怎么能住？"气得声音都变了。

他笑道："我知道你们一定要自己看房子，不然是不会合意的，所以先找了这么个地方将就住着。"再跟楚娣谈了两句，便道："你们也早点歇着吧，明天还要早点出去看房子。我订了份新闻报，我叫他们报来了就送上来。"说着自下楼去了。

室中寂静片刻，簇拥在房门口的众妇女本来已经走开了，碧桃又回来了，手抄在衣襟下倚门站着。

蕊秋向韩妈道："好了，带他们去睡吧。"

韩妈忙应了一声，便牵着两个孩子出来了。

在新房子里，她父亲也是自己住一间房，在二楼，与楚娣的卧室隔着一间，蕊秋又住在楚娣隔壁。孩子们与教中文的白胡子老先生住四楼，女佣住三楼，隔开了两代，防夜间噪闹。

"你们房间跟书房的墙要什么颜色，自己拣，"蕊秋说。

九莉与九林并坐着看颜色样本簿子，心里很怕他会一反常态，发表起意见来。照例没开口。九莉拣了深粉红色，隔壁书房漆海绿。第一次生活在自制的世界里，狂喜得心脏都要绷裂了，住惯了也还不时的看一眼就又狂喜起来。四楼"阁楼式"的屋顶倾斜，窗户狭小，光线阴暗，她也喜欢，像童话里黑树林中的小屋。

中午下楼吃饭，她父亲手夹着雪茄，绕着皮面包铜边方桌兜圈子，等蕊秋楚娣下来。

楚娣在饭桌上总是问他："杨兆霖怎么样了？""钱老二怎么样了？"打听亲戚的消息。

他的回答永远是讽刺的口吻。

楚娣便笑道："反正你们这些人——！"

又道："也是你跟他拉近户。"

蕊秋难得开口，只是给孩子们夹菜的时候偶而讲两句营养学。在沉默中，她垂着眼睑，脸上有一种内向的专注的神气，脉脉的情深一往，像在浅水湾饭店项八小姐替毕先生整理领带的时候，她在橱窗中反映的影子。

他总是第一个吃完先走，然后蕊秋开始饭后训话：受教育最要紧，不说谎，不哭，弱者才哭，等等。"我总是跟你们讲理，从前我们哪像这样？给外婆说一句，脸都红破了，眼泪已经掉下来了。"

九莉有点起反感，一个人为什么要这样怕另一个人，无论是谁？

"外婆给你舅舅气的，总是对我哭，说你总要替我争口气。"

楚娣吃完了就去练琴，但是有时候懒得动，也坐在旁边听着。所以有一天讲起恋爱，是向楚娣笑着说的："只要不发生关系，等到有一天再见面的时候，那滋味才叫好呢！一有过关系，那就完全不对了，"说到末了声音一低。

又道："小林啊！你大了想做什么事？姐姐想做钢琴家，你呢？你想做什么？唔？"

"我想学开车，"九林低声说。

"你想做汽车夫？"

他不作声。

"想做汽车夫还是开火车的？"

"开火车的，"他终于说。

"小林你的眼睫毛借给我好不好？"楚娣说。"我明天要出去，借给我一天就还你。"

他不作声。

"肯不肯，呃？这样小器，借给我一天都不肯？"

蕊秋忽然笑道："乃德倒是有这一点好，九林这样像外国人，倒不疑心。其实那时候有那教唱歌的意大利人……"她声音低下来，宕远了。

"乃德"是爱德华的昵称，比"爱德""爱迪"古色古香些。九莉看见过她父亲的名片，知道另有名字，但是只听见她母亲背后称他为乃德，而且总是亲昵的声口，她非常诧异。

蕊秋叫女佣拿蓖麻油来，亲自用毛笔蘸了给九莉画眉毛，使眉毛长出来。

吃完了水果喝茶，蕊秋讲起在英国到湖泊区度假，刚巧当地出了一件谋杀案，是中国人，跟她们前脚后脚去的。

"真气死人，那里的人对中国什么都不知道，会问'中国有鸡蛋没有？'偏偏在这么个小地方出个华人杀妻案，丢人不丢人？"

"还是个法学博士，"楚娣说。

"他是留美的，蜜月旅行环游世界。他们是在纽约认识的。"

楚娣把头一摔,不屑的把鼻子略嗅了嗅。"那匡小姐丑。"作为解释。

"年纪也比他大,这廖仲义又漂亮,也不知道这些外国人看着这一对可觉得奇怪,也许以为中国人的眼光不同些。这天下午四五点钟他一个人回旅馆来,开旅馆的是个老小姐,一块吃茶。他怎么告诉她的?楚娣啊?"

"说他太太上城买东西去了。"

"嗳,说去买羊毛衬衫裤去了,没想到天这么冷。——后来找到了,正下雨,先只看见她的背影,打着伞坐在湖边。"

极自然的一个镜头,尤其在中国,五四以来无数风景照片中拍摄过的。蕊秋有点神经质的笑了起来。

"把她一只丝袜勒在颈子上勒死的,"她轻声说,似乎觉得有点秽亵。"赤着脚,两只脚浸在湖里。还不是她跟他亲热,他实在受不了了。嗳哟,没有比你不喜欢的人跟你亲热更恶心的了!"她又笑了起来,这次是她特有的一种喘不过气来的羞笑。

又道:"说她几张存摺他倒已经都提出来了。"

楚娣悻悻然道:"也真莫名其妙,偏拣这么个地方,两个中国人多戳眼。"

"所以我说是一时实在忍不住了,事后当然有点神经错乱。——都说廖仲义漂亮,在学生会很出风头的,又有学位,真是前途无量,多不犯着!"

九莉当时也就知道"你不喜欢的人跟你亲热最恶心"是说她父亲。她也有点知道楚娣把那丑小姐自比,尽管羞与为伍。

很久以后她看到一本苏格兰场文斯雷探长的回忆录,提起当年带他太太去湖泊区度假,正跟太太说湖上是最理想的谋杀现场。

他看见过这一对中国新夫妇，这天下午碰见男的身上挂着照相机，一个人过桥回来，就留了个神。当晚听见说女的还没回来，就拿着个手电筒到桥那边去找。雨夜，发现湖边张着把伞，尸身躺在地下，检验后知道她是从一块大石上滑下来的。是坐在大石上的时候，并坐或是靠近站在她背后的人勒死她的，显然是熟人。她衣服也穿得很整齐，没有被非礼。

文斯雷会同当地的警探去找他的时候，才九点钟，他倒已经睡了。告诉他他太太被杀，他立刻说："有没有捉到杀我太太的强盗？"侦探说："我并没说她被抢劫。"

她戴着几只钻戒，旅馆里的人都看见的。湖边尸首上没有首饰。在他行李里搜出她的首饰与存摺，但是没有钻戒。他说："按照中国的法律她的东西都是我的。"把他的照相机拿去，照片冲洗出来都是风景。末了在一筒软片里找到了那几只钻戒。

回忆录没说死者丑陋，大概为了避免种族观念的嫌疑，而且不是艳尸也杀风景，所以只说是他"见过的最矮小的女太太。"她父亲是广州富商，几十个子女，最信任她，从十几岁起就交给她管家，出洋后又还在纽约做古玩生意。他追求她的时候，把两百元存入一家银行，又提出一大部份，存入另一家银行，这样开了许多户头，预备女家调查他。

结婚那天，她在日记上写道："约定一点半做头发。我想念我的丈夫。"

蕊秋似乎猜对了，这是个西方化的精明强干的女人，不像旧式的小姐们好打发。

但是日记上又有离开美国之前医生给她的噩耗：她不能生育。探长认为她丈夫知道了之后，不孝有三，无后为大，所以杀了她。

这是自以为了解中国人的心理。

蕊秋回国后游西湖，拍了一张照片，在背面题道：

"回首英伦，黛湖何在？

想湖上玫瑰

依旧娇红似昔，

但毋忘我草

却已忘侬，

惆怅恐重来无日。

支离病骨，

还能几度秋风？

浮生若梦，

无一非空。

即近影楼台

亦转眼成虚境。"

看来简炜也同去湖泊区。

带回来的许多照片里面，九莉看到她父亲寄到国外的一张，照相馆拍的，背面也题了首七绝，她记不全了：

"才听津门□□鸣，

又闻塞上鼓鼙声。

书生□□□□□，

两字平安报与卿！"

看得哈哈大笑。

楚娣有一天说某某人做官了，蕊秋失笑道："现在怎么还说做官，现在都是公仆了。"九莉听了也差点笑出声来。她已经不相信报纸了。

这时候简炜大概还没结婚。

午饭后她跟上楼去，在浴室门口听蕊秋继续餐桌讲话。磅秤上搁着一双黑鳞纹白蛇皮半高跟扣带鞋，小得像灰姑娘失落的玻璃鞋。蕊秋的鞋都是定做的，脚尖也还是要塞棉花。再热的天，躺在床上都穿丝袜。但是九莉对她的缠足一点也不感到好奇，不像看余妈洗脚的小脚有怪异感。

乃德有人请客，叫条子，遇见在天津认识的一个小老七，是他的下堂妾爱老三的小姊妹。小老七怀念起爱老三来，叫她的人就叫她转局，坐到乃德背后去，说话方便些。席上也有蕊秋的弟弟云志，当个笑话去告诉蕊秋。已经公认爱老三老，这小老七比她还大几岁，身材瘦小，满面烟容，粉搽得发青灰色，还透出雀班来，但是乃德似乎很动了感情。

也就是这两天，女佣收拾乃德的卧室，在热水汀上发现一只银灰色绸伞，拿去问楚娣蕊秋，不是她们的。蕊秋叫她拿去问乃德，也说不知道哪来的。女佣又拿来交给蕊秋，蕊秋叫她"还搁在二爷房里水汀上。"

过了两天，这把伞不见了。蕊秋楚娣笑了几天。

下午来客，大都是竺家的表大妈带着表哥表姐们，他们都大了，有时候陪着蕊秋楚娣出去茶舞，再不然就在家里开话匣子跳舞。如果是表大妈妯娌们同来，就打麻将。蕊秋高起兴来会下厨房做藤萝花饼，炸玉兰片，爬丝山药。乃德有时候也进来招呼，踱两个圈子又出去了。

竺家的纯姐姐蕴姐姐二十一二岁，姊妹俩同年，蕴姐姐是姨太太生的。有次晚上两人都穿着苹果绿轻纱夹袍，长不及膝，一个在左下角，一个在襟上各缀一朵洒银粉淡绿大绢花。人都说纯姐姐圆脸，甜，蕴姐姐鹅蛋脸，眼睛太小一点，像古美人。九莉也更崇拜纯姐姐，她开过画展，在《字林西报》上登过照片，是个名媛。

九莉现在画小人，画中唯一的成人永远像蕊秋，纤瘦，尖脸，铅笔画的八字眉，眼睛像地平线上的太阳，射出的光芒是睫毛。

"喜欢纯姐姐还是蕴姐姐？"楚娣问。

"都喜欢。"

"不能说都喜欢。总有一个更喜欢的。"

"喜欢蕴姐姐。"因为她不及纯姐姐，再说不喜欢她，不好。纯姐姐大概不大在乎。人人都喜欢她。

蕊秋楚娣刚回来的时候，竺大太太也问：

"喜欢二婶还是三姑？"

"都喜欢。"

"都喜欢不算。两个里头最喜欢哪个？"

"我去想想。"

"好，你去想吧。"

永远"二婶三姑"一口气说，二位一体。三姑后来有时候说："从前二婶大肚子怀着你的时候，"即使纯就理智上了解这句话都费力。

"想好了没有？"

"还没有。"

但是她知道她跟二婶有点特殊关系，与三姑比较远些，需要拉拢。二婶要是不大高兴也还不要紧。

"想好了没有？"

"喜欢三姑。"

楚娣脸上没有表情，但是蕊秋显然不高兴的样子。

早几年乃德抱她坐在膝上，从口袋里摸出一只金镑，一块银洋。"要洋钱还是要金镑？"

老金黄色的小金饼非常可爱，比雪亮的新洋钱更好玩。她知道大小与贵贱没关系，可爱也不能作准。思想像个大石轮一样推不动。苦思了半天说："要洋钱。"

乃德气得把她从膝盖上推下来，给了她一块钱走了。

表大妈来得最勤。她胖，戴着金丝眼镜，头发剪得很短。蕊秋给大家取个别号，拣字形与脸型相像的：竺大太太是瓜瓜，竺二太太是豆豆，她自己是青青，楚娣是四四。

"小莉老实，"竺大太太常说。"忠厚。"

"'忠厚乃无用之别名，'知道不知道？"蕊秋向九莉说。

"她像谁？小林像你。像不像三姑？"竺大太太说。

"可别像了我，"楚娣说。

"她就有一样还好，"蕊秋说。

在小说里，女主角只有一样美点的时候，永远是眼睛。是海样深、变化万端的眼睛救了她。九莉自己知道没有，但是仍旧抱着万一的希望。

"嗯，哪样好？"竺大太太很服从的说。

"你猜。"

竺大太太看了半天。"耳朵好？"

耳朵！谁要耳朵？根本头发遮着看不见。

"不是。"

她又有了一线希望。

"那就不知道了。你说吧，是什么。"

"她的头圆。"

不是说"圆颅方趾"吗，她想。还有不圆的？

竺大太太摸了摸她的头顶道："噯，圆，"仿佛也有点失望。

蕊秋难得单独带她上街，这次是约了竺大太太到精美吃点心，先带九莉上公司。照例店伙搬出的东西堆满一柜台，又从里面搬出两把椅子来。九莉坐久了都快睡着了，那年才九岁。去了几个部门之后出来，站在街边等着过马路。蕊秋正说"跟着我走；要当心，两头都看了没车子——"忽然来了个空隙，正要走，又踌躇了一下，仿佛觉得有牵着她手的必要，一咬牙，方才抓住她的手，抓得太紧了点，九莉没想到她手指这么瘦，像一把细竹管横七竖八夹在自己手上，心里也很乱。在车缝里匆匆穿过南京路，一到人行道上蕊秋立刻放了手。九莉感到她刚才那一刹那的内心的挣扎，很震动。这是她这次回来唯一的一次形体上的接触。显然她也有点恶心。

九莉讲个故事给纯姐姐听，是她在《小说月报》上看来的，一个翻译的小说。这年青人隔壁邻居有三姊妹，大姐黑头发，二姐金黄头发，三妹纤弱多病，银色头发。有一天黄昏时候，他在她们花园里遇见一个女孩子，她发疯一样的抱得他死紧，两人躺在地下滚来滚去的疯。那地方黑，他只知道是三姊妹中的一个，不知道是哪一个，她始终没开口。第二天再到她们家去，留神看她们的神气，听她们的口气，也还是看不出来。到底是沉静的大姐，还是活泼热情的二姐，还是羞怯的三妹？

纯姐姐定睛听着，脸上不带笑容。她对这故事特别有兴趣，因为她自己也是姊妹花。追求她的人追不到，都去追她妹妹。

"后来呢？"

"底下我不记得了，"九莉有点忸怩的说。

纯姐姐急了，撒起娇来，呻吟道："唔……你再想想。怎么会不记得？"

九莉想了半天。"是真不记得了。"

要不是她实在小，不会懂，纯姐姐还真以为她是不好意思说下去，推说忘了。

她十分抱歉，把前两年的《小说月报》都找了出来，堆在地下两大叠，蹲在地下一本本的翻，还是找不到。纯姐姐急得眼都直了。

多年后她又看到这篇匈牙利短篇小说，奇怪的是仍旧记不清楚下文，只知道是三妹——仿佛叫叶丽娜。是叶丽娜病中他去探病，还是他病了她看护他……？大概不是她告诉他的，不知道怎么一来透露了出来。他随即因事离开了那城市，此后与她们音讯不通。

会两次忘了结局，似乎是那神秘的憧憬太强有力了，所以看到后来感到失望。其实当然应当是三妹。她怕她自己活不到恋爱结婚的年龄。

来不及告诉纯姐姐了。讲故事那时候不知道纯姐姐也就有病，她死后才听见说是骨痨。病中一直没看见过她，办丧事的时候去磕头，灵堂上很简单的搭着副铺板，从头到脚盖着白布，直垂到地下，头上又在白布上再覆着一小方红布。与纯姐姐毫无关系，除了轻微的恐怖之外，九莉也毫无感觉。

"那样喜欢纯姐姐，一点也不什么，"她回家后听见蕊秋对楚娣说，显然觉得寒心。

蕊秋逼着乃德进戒烟医院戒掉了吗啡针，方才提出离婚。

"医生说他打得够毒死一匹马，"她说。

乃德先说"我们盛家从来没有离婚的事，"临到律师处签字又还反悔许多次，她说那英国律师气得要打他。当然租界上是英国律师占便宜，不然收到律师信置之不理了。

蕊秋楚娣搬了出来住公寓,九莉来了,蕊秋一面化妆,向浴室镜子里说道:"我跟你二叔离婚了。这不能怪你二叔,他要是娶了别人,会感情很好的。希望他以后遇见合适的人。"

九莉倚门含笑道:"我真高兴。"是替她母亲庆幸,也知道于自己不利,但是不能只顾自己。同时也得意,家里有人离婚,跟家里出了个科学家一样现代化。

"我告诉你不过是要你明白,免得对你二叔误会。"蕊秋显然不高兴,以为九莉是表示赞成。她还不至于像有些西方父母,离婚要征求孩子们的同意。

乃德另找房子,却搬到蕊秋娘家住的衖堂里,还痴心指望再碰见她,她弟弟还会替他们拉拢劝和。但是蕊秋手续一清就到欧洲去了。这次楚娣没有同去,动身那天带着九莉九林去送行,云志一大家子人都去了,包围着蕊秋。有他们做隔离器,仿佛大家都放心些。九莉心里想:好像以为我们会哭还是怎么?她与九林淡然在他们舅舅家的边缘上徘徊,很无聊。甲板上支着红白条纹大伞,他们这一行人参观过舱房,终于在伞下坐了下来,点了桔子水喝,孩子们没有座位。

在家里,跟着乃德过,几乎又回复到北方的童年的平静。乃德脾气非常好,成天在他房里踱来踱去转圈子,像笼中的走兽,一面不断的背书,滔滔汩汩一泻千里,背到末了大声吟哦起来,末字拖长腔拖得奇长,殿以"嗷……!"衷气极足。只要是念过几本线装书的人就知道这该费多少时间精力,九莉替他觉得痛心。

楚娣有一次向她讲起她伯父,笑道,"大爷听见废除科举了,大哭。"

九莉却同情他,但是大爷至少还中过举。当然楚娣是恨他。

她与乃德是后妻生的，他比他们兄妹大二十几岁，是他把这两个孤儿带大的。

"大爷看电影看到接吻就捂着眼睛，"楚娣说。"那时候梅兰芳要演《天女散花》，新编的。大爷听见说这一出还好，没有什么，我可以去看。我高兴得把戏词全背了出来，免得看戏的时候拿在手里看，耽误了看戏。临时不知道为什么，又不让去。

"大爷老是说我不出嫁，叫他死了怎么见老太爷老太太，对我哭。总是说我不肯，其实也没说过两回亲。

"大妈常说：'二弟靠不住，你大哥那是不会的！'披着嘴一笑，看扁了他。大爷天天晚上眯䁆着眼睛叫'来喜啊！拿洗脚水来。'哪晓得伺候老爷洗脚，一来二去的，就背地里说好了；来喜也厉害，先不肯，答应她另外住，知道太太厉害。就告诉大妈把来喜给人了，一夫一妻，在南京下关开鞋帽庄的，说得有名有姓。大妈因为从小看她长大的，还给她办嫁妆，嫁了出去。生了儿子还告诉她：'来喜生了儿子了！'也真缺德。"

自从蕊秋楚娣为了出国的事与大房闹翻了不来往，九莉也很少去，从前过继过去的事早已不提了。乃德离婚后那年派他们姐弟去拜年，自己另外去。大爷在楼下书房里独坐，戴着瓜皮帽与眼镜，一张短脸，稀疏花白的一字须，他们磕头他很客气，站起来伸手拦着，有点雌鸡喉咙，轻声喊喊喳喳一句话说两遍："吃了饭没有？吃了饭没有？看见大妈啦？楼上去过没？看见大妈啦？"又低声嘱咐仆人："去找少爷。去找少爷来，嗯？"他原有的一个儿子已经十几岁了。"楼上去过没？——去叫少爷来，哈？"

乃德又叫韩妈带孩子们到大房的小公馆去拜年。那来喜白净朴素，也确是像个小城里的鞋帽庄老板娘，对韩妈也还像从前一样，不拿架子，因此背后都夸姨太好。

年前乃德忘了预备年事，直到除夕晚上才想起来，从口袋里掏出一张十元钞票，叫九莉乘家里汽车去买腊梅花。幸而花店还开门，她用心挑选了两大枝花密蕊多的，付了一块多钱，找的钱带回来还他，他也说花好。平时给钱没那么爽快，总要人在烟铺前站很久等着。楚娣说他付账总是拖，"钱搁在身上多渥两天也是好的。"九莉可以感觉到他的恐怖。

"二爷现在省得很，"洗衣服的李妈说。

韩妈笑道："二爷现在知道省了。'败子回头金不换'嘿！"

他这一向跑交易所买金子，据说很赚钱。他突然成为亲戚间难得的择偶对象了。失婚的小姐们尽多。

有一天他向九莉笑道："跟我到四姑奶奶家去。也该学学了！"

四姑奶奶家里有个二表姑，不知道怎么三表姑已经结了婚，二表姑还没有。她不打扮，穿得也寒素，身材微丰，年纪不上三十，微长的宽脸，温驯的大眼睛，头发还有点余鬈，堆在肩上。乃德有点不好意思的向她勾了勾头，叫了声二表妹。他和他姨父姨妈谈天，她便牵着九莉的手出来，到隔壁房里坐。

这间房很大而破烂，床帐很多。两人坐在床沿上，她问长问短，问除了上学还干什么，"还学钢琴？"说时带着奇异的笑容，显然视为豪举。

她老拉着手不放，握得很紧。

"我愿意她做我的后母吗？"九莉想。"不知道。"

她想告诉她，她父亲的女人都是"燕瘦"而厉害的。

二表姑显然以为她父亲很喜欢她，会听她的话。

他也是喜欢夹菜给她，每次挖出鸭脑子来总给她吃。他绕室兜

84

圈子的时候走过，偶而伸手揉乱她头发，叫她"秃子。"她很不服，因为她头发非常多，还不像她有个表姐夏天生疮疖，剃过光头。多年后才悟出他是叫她Toots。

很不容易记得她父母都是过渡时代的人。她母亲这样新派，她不懂为什么不许说"碰"字，一定要说"遇见"某某人，不能说"碰见"。"快活"也不能说。为了《新闻报》副刊"快活林"，不知道有过多少麻烦。九莉心里想"快活林"为什么不叫"快乐林"？她不肯说"快乐"，因为不自然，只好永远说"高兴"。稍后看了《水浒传》，才知道"快活"是性的代名词。"干"字当然也忌。此外还有"坏"字，有时候也忌，这倒不光是二婶，三姑也忌讳，不能说"气坏了，""吓坏了。"也是多年后才猜到大概与处女"坏了身体"有关。

乃德订阅《福星》杂志，经常收到汽车图片广告，也常换新车。买了两件办公室家具，钢制书桌与文件柜，桌上还有个打孔机器，从来没用过。九莉在一张纸上打了许多孔，打出花样来，做镂空纸纱玩。他看了一怔，很生气的说："胡闹！"夺过机器，似乎觉得是对他的一种讽刺。

书桌上还有一尊拿破仑石像。他讲英文有点口吃，也懂点德文，喜欢叔本华，买了希特勒《我的奋斗》译本与一切研究欧局的书。虽然不穿西装，采用了西装背心，背上藕灰软缎，穿在汗衫上。

他订了份《旅行杂志》。虽然不旅行——抽大烟不便——床头小几上搁着一只"旅行钟"，嵌在皮夹子里可以摺起来。

九莉觉得他守旧起来不过是为了他自己的便利。例如不送九林进学校，明知在家里请先生读古书是死路一条，但是比较省，藉口"底子要打好，"再拖几年再说。蕊秋对九林的事没有力争，以为他就这一个儿子，总不能不给他受教育。

蕊秋上次回国前，家里先搬到上海来等着她，也是她的条件之一。因为北边在他堂兄的势力圈内，怕离不成婚。到了上海，乃德带九莉到她舅舅家去，他们郎舅感情不错，以前常一块出去嫖的。

云志刚起来，躺在烟铺上过瘾。对过两张单人铁床，他太太在床上拥被而坐，乃德便在当地踱来踱去。一个表姐拉九莉下楼去玩，差她妹妹到衖口去租书，买糖。

"带三毛钱鸭肫肝来，"她二姐在客厅里叫。

"钱呢？"

"去问刘嫂子借。"

客厅中央不端不正摆着张小供桌，不知道供奉什么，系着绣花大红桌围，桌上灰尘满积，连烛泪上都是灰。三表姐走过便匆匆一合掌，打了个稽首。烛台旁有只铜磬，九莉想敲磬玩，三表姐把磬槌子递给她，却有点迟疑，仿佛乱敲不得的，九莉便也只敲了一下。却有个老女佣闻声而来，她已经瞎了，人异常矮小，小长脸上阖着眼睛，小脚伶仃，还是晚清装束，一件淡蓝布衫长齐膝盖，洗成了雪白，打着补钉，下面露出紧窄的黑裤管。罩在脚面上，还是自己缝制的白布袜，不是"洋袜"。

"我也来磕个头。"她扶墙摸壁走进来。

"这老二姑娘顶坏了。专门偷香烟。你当她眼睛看不见啊？"二表姐恨恨的说，把茶几上的香烟罐打开来检视。

老二姑娘不作声，还在摸来摸去。

"好了，我来搀你。"

"还是三姐好！"老二姑娘说。

三表姐把她搀到沙发前蜷卧的一只狼狗跟前跪下，拍着手又是笑又是跳。"老二姑娘给狗磕头噢！老二姑娘给狗磕头噢！"

云志怕绑票，雇了个退休的包打听做保镖，家里又养着狼狗。

老二姑娘嘟囔着站起身来走开了。

四表姐租了《火烧红莲寺》连环图画全集，买了鸭肫肝香烟糖来。"书摊子说下次不赊了。"

她们卧室在楼下，躺到床上去一面吃一面看书。香烟糖几乎纯是白糖，但是做成一枝烟的式样，拿在手里吃着有禁果的感觉。房里非常冷，大家盖着大红花布棉被。垢腻的被窝的气味微带咸湿，与鸭肫肝的滋味混合在一起，有一种异感。

"你多玩一会，就住在这儿不要回去了。四妹你到楼上看看，姑爹要走就先来告诉我们，好躲起来。"

九莉也舍不得走，但是不敢相信真能让她住下来。等到四表姐下来报信，三表姐用力拉着她一步跨两级，抢先跑上楼去，直奔三楼。姨奶奶住三楼，一间极大的统间，疏疏落落摆着一堂粉红漆大床梳妆台等。

"姨奶奶让表妹在这儿躲一躲，姑爹就要走了。"把她拖到一架白布屏风背后，自己又跑下楼去了。

她在屏风后站了很久，因为惊险紧张，更觉得时间长。姨奶奶非常安静，难得听见远处微微窸窣有声。她家常穿着袄裤，身材瘦小，除了头发烫成波浪形，整个是个小黄脸婆。

终于有人上楼来了。

姨奶奶在楼梯口招呼"姑老爷。"

乃德照例绕圈子大踱起来，好在这房间奇大。九莉知道他一定看上去有点窘，但是也乐意参观她这香巢。

"李妈！倒茶，"她喊了声。

"不用倒了，我就要走了。小莉呢？——出来出来！"带笑不耐烦的叫，一面继续踱着。

"出来出来！"

最后大概姨奶奶努了努嘴。他到屏风后把九莉拖了出来。她也笑着没有抵抗。

乘人力车回去，她八岁，坐在他身上。

"舅舅的姨奶奶真不漂亮——舅母那么漂亮，"她说。

他笑道："你舅母笨。"

她很惊异，一个大人肯告诉孩子们这些话。

"你舅舅不笨，你舅舅是不学无术。"

她从此相信他，因为他对她说话没有作用，不像大人对孩子们说话总是训诲，又要防他们不小心泄漏出来。

他看报看得非常仔细，有客来就谈论时事。她听不懂，只听见老阎老冯。客人很少插嘴，不过是来吃他的雅片烟，才听他分析时局。

他叫她替他剪手指甲。"剪得不错，再圆点就好了。"

她看见他细长的方头手指跟她一模一样，有点震动。

他把韩妈叫来替他剪脚趾甲，然后韩妈就站在当地谈讲一会，大都是问起年常旧规。

她例必回答："从前老太太那时候……"

有时候他叫韩妈下厨房做一碗厨子不会做的菜，合肥空心炸肉圆子，火腿萝卜丝酥饼。过年总是她蒸枣糕，碎核桃馅，枣泥拌糯米面印出云头蝙蝠花样，托在小片粽叶上。

"韩妈小时候是养媳妇，所以胆子小，出了点芝麻大的事就吓死了，"他告诉九莉。楚娣也说过。他们兄妹从小喜欢取笑她是养

88

媳妇。

她自己从来不提做养媳妇的时候,也不提婆婆与丈夫,永远是她一个寡妇带着一儿一女过日子,像《旧约圣经》上的寡妇,跟在割麦子的人背后拣拾地下的麦穗。

"家里没的吃,咯搞呢? 去问大伯子借半升豆子,给他说了半天,眼泪往下掉。"

九莉小时候跟她弟弟两个人吃饭,韩妈总是说:"快吃,乡下霞(孩)子没的吃呵!"每饭不忘。又道:"乡下霞子可怜喏!实在吵得没办法,舀碗水蒸个鸡蛋骗骗霞子们。"

她讲"古",乡下有一种老秋虎子,白头发,红眼睛,住在树上,吃霞子们。讲到老秋虎子总是于嗤笑中带点羞意,大概联想到自己的白头发。也有时候说:"老喽! 变老秋虎子了。"似乎老秋虎子是老太婆变的。九莉后来在书上看到日本远古与爱斯基摩人弃老的风俗,总疑心老秋虎子是被家人遗弃的老妇——男人大都死得早些——有的也许真在树上栖身,成了似人非人的怪物,吃小孩充饥,因为比别的猎物容易捕捉。

韩妈三十来岁出来"帮工",把孩子们交给他们外婆带。"舍不得呵!"提起来还眼圈红了。

男仆邓升下乡收租回来,她站在门房门口问:"邓爷,乡下现在怎么样?"

他们都是同乡,老太太手里用的人。田地也在那一带。

"乡下闹土匪。现在土匪多得很。"

"哦……现在人心坏,"她茫然的说。

她儿子女儿外孙女轮流上城来找事,都是在盛家住些时又回去了。她儿子进宝一度由盛家托人荐了个事,他人很机灵,长得又漂亮，那时候二十几岁，枪花很大，出了碴子，还是韩妈给求了下来。从此一失足成千古恨，再也无法找事了，但是他永远不死心。瘦得下半个脸都蚀掉了，每次来了，在乃德烟铺前垂手站着，听乃德解释现在到处都难——不景气。

"还是求二爷想想办法。"

九莉看见他在厨房外面穿堂里，与韩妈隔着张桌子并排坐着，仿佛正说了什么，他这样憔悴的中年人，竟撅着嘴，像孩子撒娇似的"唔……"了一声。

李妈也是他们同乡，在厨房里洗碗，向九莉笑道："进宝会打镰枪，叫进宝打镰枪给你看。"

"小时候看进宝打镰枪，记不记得了？"韩妈说。

进宝不作声，也不朝谁看，脸上一丝笑意也没有。九莉觉得他妒忌她。她有点记得他打镰枪的舞姿，拿着根竹竿代表镰枪，跨上跨下。镰枪大概是长柄的镰刀。

他姐姐一张长脸，比较呆笨。都瘦得人干一样，晒成油光珵亮的深红色。从哪里来的，这枣红色的种族？

韩妈称她女儿"大姐"。只有《金瓶梅》里有这称呼。她也叫九莉"大姐"，所以讲起她女儿来称为"我家大姐"，以资识别。但是有时候九莉搂着她跟她亲热，她也叫她"我家大姐嗷！"

韩妈回乡下去过一次，九莉说："我也要去。"她那时候还小，也并没闹着要去，不过这么说了两遍，但是看得出来韩妈非常害怕，怕她真要跟去了，款待不起。

韩妈去了两个月回来了，也晒得红而亮，带了他们特产的紫晕豆酥糖与大麻饼来给她吃。

有一天家里来了贵客。仆人们轻声互相告诉："大爷来了。"亲戚间只有竺家有个大爷到处都称"大爷"而不名。他在前清袭了爵，也做过官，近年来又出山，当上了要人。表大妈是他太太，但是一直带着绪哥哥另外住，绪哥哥也不是她生的。九莉从来没见过表大爷。

这一天她也只在洋台上听见她父亲起坐间里有人高谈阔论，意外的却是一口合肥话，竺家其他男女老少都是一口京片子。后来她无意中在玻璃门内瞥见他踱到洋台上来，瘦长条子，只穿着一身半旧青绸短打，夹袄下面露出垢腻的青灰色板带。苍白的脸，从前可能漂亮过，头发中分，还是民初流行的式样，油垢得像两块黑膏药贴在额角。

此后听见说表大爷出了事，等到她从学校里回来，头条新闻的时期已经过去了，报上偶有续发的消息，也不详细：亏空巨款——在她看来是天文学上的数字，大得看了头晕，再也记不得——调查，免职，提起公诉。

表大妈住着个奇小的西班牙式衖堂房子，楼上摆着一堂民初流行的白漆家具，养着许多猫。绪哥哥大学毕了业，在银行做事，住在亭子间里。九莉向来去了就跟猫玩。她很喜欢那里，因为不大像份人家，像两个孩子凑合着同住，童话里的小白房子，大白猫。所以她并不诧异三姑也搬了去，分租他们三楼，楼梯口装上一扇纱门，钩上了猫进不来。里面也跟公寓差不多，有浴室冰箱电话，楚娣常坐在电话旁边一打打半天，她也像乃德一样，做点金子股票。

九莉去了她照例找出一大叠旧英文报纸，让她坐在地毯上剪贴明星照片。

"表大爷的官司，我在帮他的忙，"她悄然说。

九莉笑道："噢，"心里想，要帮为什么不帮韩妈她们，还要不了这么些钱。

"奶奶从前就喜欢他这一个侄子,说他是个人才,"楚娣有点自卫的说。"说只有他还有点像他爷爷。"

九莉也听见过楚娣与乃德讲起大爷来。也是因为都说他"有祖风,"他祖父自己有儿子,又过继了一个侄子,所以他也过继了一个庶出的侄子寄哥儿。此外在他那里拿月费月敬的人无其数。

"他现在就是那老八?"楚娣问乃德。

"嗯。"

寄哥儿会拍老八的马屁,因此很得宠,比自己的儿子喜欢。

"那寄哥儿都坏透了,"楚娣也说。"大太太都恨死了。"

"表大爷的事我看见报上,"九莉说。"到底是怎么回事?"

"是孟晓筠害他的。起初也就是孟晓筠拉他进去的,出了纰漏就推在他身上。所以说'朝中无人莫做官,'只有你没有靠山,不怪你怪谁?"

"现在表大爷在哪里?"

楚娣忙道:"在医院里,"免得像是已经拘押了起来。"他也是有病,肝炎,很厉害的病。"默然了一会,又道:"他现在就是亏空。"

又道:"我搬家也是为了省钱。"

九莉在她那里吃了晚饭,饭后在洋台上乘凉,有人上楼来敲纱门,是绪哥哥。

小洋台狭窄得放张椅子都与铁阑干扞格,但是又添了张椅子。没点灯,免得引蚊子。

楚娣笑问道:"吃了饭没有?"一面去绞了个手巾把子来。

绪哥哥笑叹了一声,仿佛连这问题都一言难尽,先接过毛巾兜脸一抹,疲倦到极点似的,坐了下来。

绪哥哥矮，九莉自从蹿高了一尺，简直不敢当着他站起来，怕他窘。但是她喜欢这样坐在黑暗中听他们说话。他们是最明白最练达的成年人。他在讲刚才去见某人受到冷遇，一面说一面噗嗤噗嗤笑。她根本听不懂，他们讲的全是张罗钱的事。轻言悄语，像走长道的人刚上路。她也不能想像要多少年才凑得出那么大的数目。

下午他到医院去见过表大爷。他一提起"爸爸"，这两个字特别轻柔迷濛，而带着一丝怨意。九莉在楚娣的公寓里碰见过他，他很少叫"表姑"，叫的时候也不大有笑容，而且声音总低了一低，有点悲哀似的。他一点也不像他父亲，苍黑的小长脸，小凸鼻子，与他父亲唯一的联系只是大家称他"小爷"，与大爷遥遥相对。

不知道怎么，忽然谈起"有没有柏拉图式的恋爱"的问题。

"有。"九莉是第一次插嘴。

楚娣笑道："你怎么知道？"

"像三姑跟绪哥哥就是的。"

一阵寂静之后，楚娣换了话题，又问他今天的事。

九莉懊悔她不应当当面这样讲，叫人家觉得窘。

有一天楚娣又告诉她："我们为分家的事，在跟大爷打官司。"

"不是早分过家了？"

"那时候我们急着要搬出来，所以分得不公平。其实钱都是奶奶的，奶奶陪嫁带过来的。"

"那现在还来得及？还查得出？"

"查得出。"

她又有个模糊的疑问：怎么同时进行两件诉讼？再也想不到第二件也是为了第一件，为了张罗钱，营救表大爷。

"你二叔要结婚了，"楚娣告诉她。"耿十一小姐——也是七姑她们介绍的。"

楚娣当然没告诉她耿十一小姐曾经与一个表哥恋爱,发生了关系,家里不答应,嫌表哥穷,两人约定双双服毒情死。她表哥临时反悔,通知她家里到旅馆里去接她回来。事情闹穿了,她父亲在清末民初都官做得很大,逼着她寻死,经人劝了下来,但是从此成了个黑人,不见天日。她父亲活到七八十岁,中间这些年她抽上了雅片烟解闷,更嫁不掉了。这次跟乃德介绍见面,打过几次牌之后,他告诉楚娣:"我知道她从前的事,我不介意。我自己也不是一张白纸。"

楚娣向九莉道:"你二叔结婚,我很帮忙,替他买到两堂家具,那是特价,真便宜。我是因为打官司分家要联络他。"她需要解释,不然像是不忠于蕊秋。

她对翠华也极力敷衍,叫她"十一姐"。翠华又叫她"三姐"。叙起来也都是亲戚。乃德称翠华"十一妹",不过他怕难为情,难得叫人的。做媒的两个堂妹又议定九莉九林叫"娘"。

楚娣在背后笑道:"你叫'二叔',倒像叔接嫂。"

她这一向除了忙两场官司与代乃德奔走料理婚事,又还要带九莉去看医生。九莉对于婆后母的事表面上不怎样,心里担忧,竟急出肺病来,胳肢窝里生了个皮下枣核,推着是活动的,吃了一两年的药方才消褪。

喜期那天,闹房也有竺大太太,出来向楚娣说:"新娘子太老了没意思,闹不起来。人家那么老气横秋敬糖敬瓜子的。二弟弟倒是想要人闹。"

卞家的表姊妹们都在等着看新娘子,衖堂里有人望风。乃德一向说九林跟他们卞家学的,都是"马路巡阅使"。

"看见你们娘，"她们后来告诉九莉。"我说没什么好看，老都老了。"

过门第二天早上，九莉下楼到客室里去，还是她小时候那几件旧摆设，赤凤团花地毯，熟悉的淡淡的灰尘味夹着花香——多了两盆花。预备有客来，桌上陈列着四色糖果。她坐下来便吃，觉得是贿赂。

九林走来见了，怔了一怔，也坐下来吃。二人一声也不言语，把一盘蓝玻璃纸包的大粒巧格力花生糖都快吃光了。陪房女佣见了，也不作声，忙去开糖罐子另抓了两把来，直让他们吃。他二人方才微笑抽身走开了。

婚后还跟前妻娘家做近邻，出出进进不免被评头品足的，有点不成体统，随即迁入一幢大老洋房，因为那地段贬值，房租也还不贵。翠华饭后到洋台上去眺望花园里荒废的网球场，九莉跟了出去。乃德也踱了出来。风很大，吹着翠华的半旧窄紫条纹薄绸旗袍，更显出一捻腰身，玲珑突出的胯骨。她头发溜光的全往后，梳个低而扁的髻，长方脸，在阳光中苍白异常，长方的大眼睛。

"咦，你们很像，"乃德笑着说，有点不好意思，仿佛是说他们姻缘天定，连前妻生的女儿都像她。

但是翠华显然听了不高兴，只淡笑着"唔"了一声，嗓音非常低沉。

九莉想道："也许粗看有点像。——不知道。"

她有个同班生会做旧诗，这年咏中秋："塞外忽传三省失，江山已缺一轮圆！"国文教师自然密圈密点，举校传诵。九莉月假回家，便笑问她父亲道："怎么还是打不起来？"说着也自心虚。她不过是听人说的。

"打？拿什么去打？"乃德悻悻然说。

又一次她回来，九林告诉她："五爸爸到满洲国做官去了。"

这本家伯父五爷常来。翠华就是他两个妹妹做的媒。他也抽大烟。许多人都说他的国画有功力。大个子，黑马脸，戴着玳瑁边眼镜，说话柔声缓气的。他喜欢九莉，常常摩挲着她的光胳膊，恋恋的叫："小人！"

"五爸爸到满洲国去啦？"她笑着问她父亲。

"他不去怎么办？"乃德气吼吼的就说了这么一句。

她先还不知道是因为五爷老是来借钱。他在北洋政府当过科长，北伐后就靠他两个妹妹维持，已经把五奶奶送回老家去了，还有姨奶奶这边一份家，许多孩子。

九莉也曾经看见他摩挲楚娣的手臂，也向她借钱。

"我不喜欢五爸爸，"她有一天向楚娣说。

"也奇怪，不喜欢五爸爸，"楚娣不经意的说。"他那么喜欢你。"

竺大太太在旁笑道："五爷是名士派。"

乃德一时高兴，在九莉的一把团扇上题字，称她为"孟媛"。她有个男性化的学名，很喜欢"孟媛"的女性气息，完全没想到"孟媛"表示底下还有女儿。一般人只有一个儿子觉得有点"悬"，女儿有一个也就够了，但是乃德显然预备多生几个子女，不然怎么四口人住那么大的房子。

"二叔给我起了个名字叫孟媛，"她告诉楚娣。

楚娣攒眉笑道："这名字俗透了。"

九莉笑道："哦？"

楚娣又笑道："二婶有一百多个名字。"

九莉也在她母亲的旧存摺上看见过一两个：卞漱梅、卞姵兰……结果只用一个英文名字，来信单署一个"秋"字。

现在总是要楚娣带笑催促："去给二婶写封信，"方才讪讪的笑着坐到楚娣的书桌前提起笔来。想不出话来说，永远是那两句，"在用心练琴，""又要放寒假了"……此外随便说什么都会招出一顿教训。其实蕊秋的信也文如其人。不过电影上的"意识"是要用美貌时髦的演员来表达的。不形态化，就成了说教。

九莉一面写，一面喝茶，信上滴了一滴茶，墨水晕开来成为一个大圆点。

楚娣见了笑道："二婶看了还当是一滴眼泪。"

九莉非常不好意思，忙道："我去再抄一遍。"

楚娣接过去再看了看，并没有字迹不清楚，便道："行，用不着再抄了。"

九莉仍旧讪讪的笑道："还是再抄一张的好。我情愿再抄一遍。"

楚娣也有点觉得了，知道是她一句玩话说坏了，也有三分不快，粗声道："行了，不用抄了。"

九莉依旧踌躇，不过因为三姑现在这样省，不好意思糟塌一张精致的布纹笺，方才罢了。

冬天只有他们吸烟的起坐间生火炉。下楼吃午饭，翠华带只花绸套热水袋下来。乃德先吃完了，照例绕室兜圈子，走过她背后的时候，把她的热水袋搁在她颈项背后，笑道："烫死你！烫死你！"

"别闹。"她偏着头笑着躲开。

下午九莉到他们起坐间去看报，见九林斜倚在烟铺上，偎在翠华身后。他还没长高，小猫一样，脸上有一种心安理得的神气，仿佛终于找到了一个安身立命的角落。她震了一震，心里想是几时孟光接了梁鸿案。烟铺上的三个人构成一幅家庭行乐图，很自然，显然没有她在内。

楚娣给过她一只大洋娃娃，沉甸甸的完全像真的婴儿，穿戴着男婴的淡蓝绒线帽子衫裤，楚娣又替它另织了一套淡绿的。她觉得是楚娣自己想要这么个孩子。

翠华笑道："你那洋娃娃借给我摆摆。"

她立刻去抱了来，替换的毛衣也带了来。翠华把它坐在烟铺上。

她告诉楚娣，楚娣笑道："你娘想要孩子想得很呢。"

九莉本来不怎么喜欢这洋娃娃，走过来走过去看见它坐在那里，张开双臂要人抱的样子，更有一种巫魇的感觉，心里对它说："你去作法好了！"

与大房打官司拖延得日子久了，费用太大，翠华便出面调解，劝楚娣道："你们才兄弟三个，我们家兄弟姊妹二三十个，都和和气气的。"她同母的几个都常到盛家来住。她母亲是个老姨太，随即带了两个最小的弟妹长住了下来。九莉他们叫她好婆。

楚娣不肯私了，大爷也不答应，拍着桌子骂："她几时死了，跟我来拿钱买棺材，不然是一个钱也没有！"

翠华节省家用，辞歇了李妈，说九莉反正不大在家，九林也大了，韩妈带看着他点，可以兼洗衣服。其实九莉住校也仍旧要她每周去送零食，衣服全都拿回来洗。

当时一般女佣每月工资三块钱，多则五块。盛家一向给韩妈十块，因为是老太太手里的人。现在减成五块。韩妈仍旧十分巴结，在饭桌前回话，总是从心深处叫声"太太！"感情滂溥的声气。她"老缩"了，矮墩墩站在那里，面容也有变狮子脸的趋势，像只大狗蹲坐着仰望着翠华，眼神很紧张，因为耳朵有点聋，仿佛以为能靠眼睛来补救。

她总是催九莉"进去，"指起坐间吸烟室。

她现在从来不说"从前老太太那时候，"不然就像是怨言。

九莉回来看见九林忽然拔高，细长条子晃来晃去，一件新二蓝布罩袍，穿在身上却很臃肿。她随即发现他现在一天一个危机，永远不知道什么时候会爆发。

"刚才还好好的嚜！"好婆低声向女佣们抱怨。"这孩子也是——！叫他不来。倒像有什么事心虚似的。"又道："叫我们做亲戚的都不好意思。"

乃德喜欢连名带姓的喊他，作为一种幽默的昵称："盛九林！去把那封信拿来。"他应了一声，立即从书桌抽屉里找到一只业务化的西式长信封，递给他父亲，非常干练熟悉。

有一次九莉刚巧看见他在一张作废的支票上练习签字。翠华在烟铺上低声向乃德不知道说了句什么，大眼睛里带着一种顽皮的笑意。乃德跳起来就刷了他一个耳刮子。

又有一回又是"叫他不来，"韩妈与陪房女佣两人合力拖他，他赖在地下扳着房门不放。

"喀哎嗳，"韩妈发出不赞成的声音。

结果罚他在花园里"跪砖"，"跪香"，跪在两只砖头上，一枝香的时间。九莉一个人在楼下，也没望园子里看。她恨他中了人家"欲取姑予"之计，又要这样怕。他进来了也不理他。他突然愤怒的睁大了眼睛，眼泪汪汪起来。

邓升看不过去，在门房里叫骂："就这一个儿子，打丫头似的天天打。"乃德也没怎样，隔了些时派他下乡去，就长驻在田上，没要他回来。老头子就死在乡下。

九莉在阴暗的大房间里躺着看书，只有百叶窗上一抹阳光。她有许多发财的梦想，要救九林韩妈出去。听见隔壁洗衣间的水泥池子里，搓衣板格噔格噔撞着木盆的声音，韩妈在洗被单帐子。

楚娣来联络感情，穿着米黄丝绒镶皮子大衣，回旋的喇叭下摆上一圈麝鼠，更衬托出她完美的长腿。蕊秋说的："你三姑就是一双腿好，"比玛琳黛德丽的腿略丰满些，柔若无骨，没有膝盖。她总是来去匆匆的与韩妈对答一两句，撇着合肥土白打趣她："嗳，韩大妈！好啊？我好嗷！"然后习惯的鼻子略嗅一嗅，表示淡漠。但是她有一次向九莉说："我在想，韩妈也是看我们长大的，怎么她对我们就不像对你一样。"

九莉想不出话来说，笑道："也许因为她老了。像人家疼儿子总不及疼孙子。"

翠华从娘家带来许多旧衣服给九莉穿，领口发了毛的线呢长袍，一件又一件，永远穿不完，在她那号称贵族化的教会女校实在触目。她很希望有校服，但是结果又没通过。

楚娣笑道："等你十八岁我替你做点衣裳。"

不知道为什么，十八岁异常渺茫，像隔着座大山，过不去，看不见。

楚娣说过："我答应二婶照应你的。"不要她承她的情。

"我们官司打输了，"楚娣轻快的说。

"是怎么的？"九莉轻声问，有点恐惧迷茫。

"他们塞钱。——我们也塞钱。他们钱多。"

楚娣没告诉她打输的另一个原因是她父亲倒戈，单独与大爷私了了。

"说弟弟偷东西，"她告诉楚娣。

"偷了什么？"

"钱。"

楚娣默然片刻道："小孩子看见零钱搁在那里，拿了去也是常有的事，给他们耿家说出去就是偷了。"

明年校刊上要登毕业生的照片，九莉去照了一张，头发短齐耳朵，照出来像个小鸡。翠华见她自己看了十分懊丧，便笑道："不烫头发都是这样的呀！你要不要烫头发？"

"娘问我要不要烫头发，"她告诉楚娣。

楚娣笑道："你娘还不是想嫁掉你。"

她也有戒心。

有个吕表哥是耿家的穷亲戚，翠华的表侄，常来，跟乃德上交易所历练历练，生得面如冠玉，唇若涂朱，剑眉星眼，玉树临风，所有这些话都用得上，穿件藏青绸袍，过来到九莉房里，招呼之后坐下就一言不发，翻看她桌上的小说。她还搭讪着问他看过这本没有，看了哪张电影没有，他总是顿了顿，微笑着略摇摇头。她想不出别的话说，他也只低着头掀动书页，半晌方起身笑道："表妹你看书，不搅糊你了。"

耿家有个表姐笑嚷道："这吕表哥讨厌死了！听六姐说，也是到他们那儿去一坐坐了半天，一句话也不说。六姐说讨厌死了！"那是耿家的阔亲戚，家里两个时髦小姐，二十几岁。耿家自己因为人太多，没钱，吕表哥也不去默坐。

九莉觉得她是酸葡萄，但是听见说他对"六姐"姊妹俩也这样，不禁有点爽然若失。后来听九林说吕表哥结婚了，是个银行经理的女儿。又听见九林说他一发迹就大了肚子，又玩舞女，也感到

101

一丝庆幸。

九林对吕表哥的事业特别注意。他跟九莉相反，等不及长大。翠华有个弟弟给了他一套旧衬衫，黄卡其裤，配上有油渍的领带，还是小时候楚娣送他的一条，穿着也很英俊，常在浴室里照着镜子，在龙头下蘸湿了梳子，用水梳出高耸的飞机头。十二岁那年有一次跟九莉去看电影，有家里汽车接送，就是他们俩，散场到惠尔康去吃冰淇淋，他就点啤酒。

"大爷死了，"九莉放假回来他报告。"据说是饿死的。"

九莉骇异道："他那么有钱，怎么会饿死？"

"他那个病，医生差不多什么都不叫吃。饿急了，不知怎么给他跑了出来，住到小公馆去。姨太说'我也不敢给他吃，不然说我害死的。'还是没的吃。所以都说是饿死的。"

她知道西医忌嘴之严，中国人有时候不大了解，所以病死了以为是饿死的，但是也是亲戚间大家有这么个愿望。

"韩妈乡下有人来，说进宝把他外婆活埋了，"九林又闲闲的报道。"他外婆八九十岁了，进宝老是问她怎么还不死。这一天气起来，硬把她装在棺材里。说是她手扳着棺材沿不放，他硬把手指头一个个扳开来往里塞。"

九莉又骇然，简直不吸收，恍惚根本没听见。"韩妈怎么说？"

"韩妈当然说是没有的事，说她母亲实在年纪大了，没听见说有病，就死了，所以有人造谣言。"

"少爷！老爷叫！"陪房女佣在楼梯上喊。

"哦，"他高声应了一声，因为不惯大声，声带太紧，听上去有点不自然，但是很镇静敏捷的上楼去了。

韩妈没提她母亲死了的事，九莉也没问她。

她晚上忽然向九莉说："我今天在街上看见个老叫化子，给了他两毛钱。人老了可怜咧！韩妈要做老叫化子了，"说着几乎泪下。

九莉笑道："那怎么会？不会的，"也想不出别的话安慰她。她不作声。

"怎么会呢？"九莉又说，自己也觉得是极乏的空话。

她陪着九莉坐在灯下，借此打个盹。九莉画了她一张铅笔像，虽然银白头发稀了，露出光闪闪的秃顶来，五官都清秀，微阖着大眼睛。

"韩妈你看我画的你。"

她拿着看了一会，笑道："丑相！"

九莉想起小时候抱着猫硬逼它照镜子，它总是厌恶的别过头去，也许是嫌镜子冷。

起先翠华不知道网球场有许多讲究，修理起来多么贵，还说九莉可以请同学来打网球。一直没修，九林仍旧是对着个砖墙打网球，用楚娣给他的一只旧球拍。

翠华在报纸副刊上看到养鹅作为一种家庭企业，想利用这荒芜的花园养鹅，买了两只，但是始终不生小鹅。她与乃德都常站在楼窗前看园子里两只鹅踱来踱去，开始疑心是买了两只公的或是两只母的。但是两人都不大提这话，有点忌讳——连鹅都不育？

"二婶要回来了，"楚娣安静的告诉九莉，脸上没有笑容。

九莉听了也心情沉重，有一种预感。

好婆长得一点也不像她女儿，冬瓜脸，矮胖，穿着件月白印度绸旗袍，挺着个大肚子。翠华也常说她："妈就是这样！"瓮声瓮气带着点撒娇的口吻，说得她不好意思，嘟嘟嚷嚷的走出起坐间。

这一天她在楼梯口叫道："我做南瓜饼，咱们过阴天儿哪！"

只有《儿女英雄传》上张金凤的母亲说过"过阴天儿"的话。她下厨房用南瓜泥和面煎一大叠薄饼，没什么好吃，但是情调很浓。

"我们小时候那时候闹义和拳，吓死了，那时候我们在北京，都扒着那栅栏门往外看。看啊，看嗷！看那些义和拳喽！"她说。她是小家碧玉出身，家里拉大车。

她曾经跟翠华的父亲出国做公使夫人，还能背诵德文字母："啊，贝，赛，代。""那时候使馆请客，那些洋女人都光着膀子，戴着珍珠宝石金刚钻脖链儿，搂搂抱抱的跳。跳舞嘛！楼梯上有个小窗户眼儿，我们都扒在那窗户眼儿上看。"

这两天她女儿女婿都在谈讲新出的一本历史小说，写晚清人物的《清夜录》，里面赛金花从良后，也是代表太太出国做公使夫人，显然使她想起自己的身世来。

九莉也看了《清夜录》，听见说里面有她祖父，看着许多影射的人名有点惝惝然，不知道是哪一个，是为了个船妓丢官的还是与小旦同性恋爱的？

"爷爷名字叫什么？"她问九林，又道："是哪两个字？"

他写给她看。不知道他怎么知道的。乃德从来不跟他们提起他父亲，有时候跟访客大谈"我们老太爷"，但是当然不提名道姓的。楚娣更不提这些事，与蕊秋一样认为不民主。

她赶紧去翻来看，惊喜交集看到那传奇化的故事。她祖父的政敌不念旧恶，在他倒霉的时候给他做师爷，还又把女儿给了他。

乃德绕着圈子踱着，向烟铺上的翠华解释"我们老太爷"不可能在签押房惊艳，撞见东翁的女儿，仿佛这证明书中的故事全是假的。翠华只含笑应着"唔。……唔。"

"你讲点奶奶的事给我听，"九莉向韩妈说。韩妈没赶上看见老太爷。

她想了想。"从前老太太省得很喏！连草纸都省。"

九莉听着有点刺耳，但是也可以想像，与她父亲的恐怖一样，都是永远有出无进的过日子。

"三小姐小时候穿男装，给二爷穿女装。十几岁了还穿花鞋，镶滚好几道，都是没人穿了的。二爷出去，夹着个小包，"韩妈歪着头，双肩一高一低，模仿乃德遮掩胁下的包裹的姿势，"一溜溜出去，还没到二门，在檐下偷偷的把脚上的鞋脱下来换一双。我们在楼上看见笑，"她悄悄笑着说，仿佛怕老太太听见。

"二爷背书，老太太打呵！

"老太太倒是说我心细。说'老韩有耐心。'"

她以前替九莉篦头，问疼不疼，也常说："从前老太太倒是说我手轻。"

她在女仆间算是后进，但是老太太后来最信任她。

九莉又问三姑关于奶奶的事，爷爷她不记得了，死的时候她太小。

楚娣也看了《清夜录》，笑道："奶奶那首诗是假的。集子里唱和的诗也都是爷爷做的。奶奶只有一首集句，自己很喜欢：'四十明朝过，犹为世网萦。蹉跎暮容色，煊赫旧家声。'想想真是——从前那时候四十岁已经老了，奶奶死的时候也不过四十几岁，像我们现在倒已经三十几了。

"奶奶非常白，我就喜欢她身上许多红痣，其实那都是小血管爆炸，有那么个小红点子。我喜欢摸它。

"大爷非常怕奶奶。奶奶总是骂他。"

她死后他侵吞两个孤儿的财产，报了仇，九莉心里想。

"韩妈说二叔十几岁还穿花鞋，穿不出去，带一双出去换。"

"是都说奶奶后来脾气古怪，不见人。也是故意要他不好意思见人，要他怕人——怕他学坏了。"楚娣默然了一会，又道："替奶奶想想也真是，给她嫁个年纪大那么许多的，连儿子都比她大。她未见得能像老爹爹那样赏识他。当然从前的人当然相信父亲……"

九莉不愿意这样想。"不是说他们非常好吗？"

"当然是这么说，郎才女貌的。"

楚娣找出她母亲十八岁的时候的照片，是夏天，穿着宽博的轻罗衫裤，长挑身材，头发中分，横V字头路，双腮圆鼓鼓的鹅蛋脸，眉目如画，眼睛里看得出在忍笑——笑那叫到家里来的西洋摄影师钻在黑布底下？

但是九莉想起纯姐姐蕴姐姐有点像她，是她的侄孙女。蕊秋楚娣都说她们俩"爱笑人。"她们的确是容易看不起人。奶奶嫁给爷爷大概是很委曲。在他们的合影里，她很见老，脸面胖了，几乎不认识了，尽管横V字头路依旧。并没隔多少年，他们在一起一共也不过十几年，又一直过着伊甸园的生活，就是他们两个人在自己盖的大花园里。

这样看来，他们的罗曼斯是翁婿间的。这也更是中国的。

"爷爷是肝病，"楚娣说。"喝酒喝得太多。"

他称为"恩师"的丈人百般援引，还是没有出路，他五十几岁就死了。

楚娣忽然好奇的笑道："你为什么这样有兴趣？我们这一代已经把这些都摞开了，到了你们更应当往前看了。"

九莉笑道："我不过因为忽然在小说上看到他们的事。"

她爱他们。他们不干涉她，只静静的躺在她血液里，在她死的时候再死一次。

这次她母亲一回国就在看《清夜录》。她就从来没对蕊秋提起这本书。她知道她母亲恨他们,尤是没见过面的婆婆。

蕊秋到后,九莉放月假才见到她,已经与楚娣搬进一家公寓。第一次去,蕊秋躺在床上,像刚哭过,喉咙还有点沙哑。第二天再去,她在浴室里,楚娣倚在浴室门边垂泪,对着门外的一只小文件柜,一只手扳着抽屉柄,穿着花格子绸旗袍,肚子上柔软的线条还在微微起伏,刚抽噎过。见九莉来了,便走开了。

碧桃来了,也是倚在浴室门框上流泪。上次蕊秋临走,因为碧桃也有十七八、十八九岁了——从小买来的丫头,不知道确实岁数——留着她又是件未了的事。毓恒还没娶亲,虽然年纪比她大,两人可以说是从小在一起长大的,自己也都愿意,就把她嫁了给毓恒,又给了一笔钱作为嫁妆。但是婚后开的一爿小店蚀本,把碧桃的钱也茹进去蚀掉了。婆婆又嫌她没有孩子,家里常吵闹,毓恒到镇江找事就没回来,听说在那边有了。碧桃现在就是一个人在上海帮佣,也一度在楚娣这里做过。她紫棠脸,圆中见方,很秀丽,只是身材太高大,板门似的,又黑,猛一看像个黑大汉站在人前,吓人一跳。

九莉来了也是在浴室倚门诉说家里的情形。只有下午在浴室化妆是个空档。

蕊秋一面刷着头发,含酸道:"不是说好得很吗?跟你三姑也好,还说出去总带着小林,带东带西,喜欢得很。"

九莉觉得惊异,她母亲比从前更美了,也许是这几年流行的审美观念变了。尤其是她蓬着头在刷头发,还没搽上淡红色瓶装水粉,秀削的脸整个是个黄铜雕像。谈话中,她永远倒身向前,压在脸盆边上，把轻倩的背影对着人，向镜子里深深注视着。

九莉那天回去，当着翠华向乃德说："三姑说好久没看见弟弟，叫我明天跟他一块去。"

"唔。"

当然他们也早已听见说蕊秋回来了。

蕊秋备下茶点，楚娣走开了，让他们三个人坐下吃茶。

"小林你的牙齿怎么回事？"

他不作声。九莉也注意到他牙齿很小，泛绿色，像搓衣板一样粼粼的，成为锯齿形。她想是营养缺乏，他在饭桌上总是食不下咽的样子。

有一天她走进餐室，见他一个人坐在那里，把头抵在皮面方桌的铜边上。

"你怎么了？"

"头昏。"他抬起头来苦着脸说："闻见雅片烟味就要吐。"

她不禁骇笑，心里想我们从小闻惯的，你更是偎灶猫一样成天偎在旁边，怎么忽然这样娇嫩起来？

蕊秋讲了一段营养学，鼓励的说他够高的，只需要长宽，但是末了叫他去照 X 光验肺，到某医院去，向挂号处说下小姐讲好的，账单寄给她。九莉觉得这安排恐怕太"悬"，医院里搅不清楚，尤其是她弟弟，更不好意思去跟人说。又是某小姐代付费，倒像是他靠一个年纪较大的女朋友养活他。

他先走，她要在晚饭前直接回学校去。蕊秋又去洗脸，九莉站在浴室门边拭泪，哭道："我要……送他去学骑马。"

蕊秋笑了。"这倒不忙，先给他进学校，哪有这么大的人不进学校的。"

她替九莉把额前的头发梳成却尔斯王子的横云度岭式。直头发不持久，回到学校里早已塌下来了，她舍不得去碰它，由它在眼前披拂，微风一样轻柔。

"痴头怪脑的，"饭桌上一个同班生嗤笑着说。她这才笑着把头发掠上去。

自从乃德倒戈，楚娣不跟他来往了。这时候刚巧五爷回来了，就托五爷去说，送九林进学校，送九莉出洋。五爷在满洲国不得意，娶了个十六岁的班子里姑娘带回来，说看她可怜，也是流落在东北。所以现在又是两份家，他两个姑奶奶对他十分不满。

又是在下午无人的餐室里，九林走来笑道："你要到英国去啦？"惊奇得眼睛睁得圆圆的。

"不知道去得成去不成，"九莉说。

"你去我想不成问题，"他很斟酌的说，她觉得有点政客的意味。

她因为二婶三姑，一直总以为她也有一天可以出洋，不过越大越觉得渺茫。

"他答应的，离婚协议上有，"蕊秋说。

那时候他爱她，九莉想。真要他履行条约，那又是打官司的事。但是她的魔力也还在，九莉每次说要到"三姑"那里去，他总柔声答应着，脸上没有表情。

"你二叔有钱，"蕊秋说。

九莉有点怀疑。她太熟悉他的恐怖。

他也并没说没有，只道："离了韩妈一天也过不了，还想一个人出去——就要打仗了，去送死去！"

翠华道："小莉到底还想嫁人不嫁？"

五爷把话传了过去，楚娣又是气又是笑，道："哪有这样的，十六七岁就问人还想不想嫁人。"

韩妈大概是听九林说的，乘无人的时候忽道："太太要是要你跟她，我也没什么，"这句有点嗫嚅着，眼睛一直不望着她。"她又不要你，就想把你搞到那没人的地方去。"

"我想到外国去，"九莉轻飘的说。"我要像三姑。"

"嚇咦！"吓噤的声音，低低的一声断喝。韩妈对楚娣蕊秋从来没有过微词，只有这一次。

九林又给叫到楚娣那里去了一趟。

"小林你怎么这么荒唐？"蕊秋厉声说。

他不作声。

他没到医院去照X光，九莉觉得是因为蕊秋不信任他，没给他十块钱X光费。当然，给了他是否会另作别用，那又是个问题了。

九莉刚中学毕了业回来，这一天街上叫卖号外。陪房女佣出去买了张回来，只比传单略大一圈，拿在手里惊笑道："这报纸怎么这么小？"

九莉只在楼梯脚下就她手里看了看。满纸大红大黑字。沪战开始了。

蕊秋与她兄弟都住在越界筑路的地段。云志承认他胆子小，一打仗就在法租界一家旅馆里租下一套三个房间，阖家搬去避难。他的姨太太早已"打发"了。他叫蕊秋楚娣也去住，蕊秋大概觉得他这笔旅馆费太可观了，想充份利用一下，叫九莉也跟去，也许也是越看她越不行，想乘机薰陶薰陶。

"三姑说我们这里离闸北太近了，叫我到她那里去住两天，"九莉向乃德说。翠华刚巧出去了，她如释重负，每次当着翠华抬出"三姑"来，总觉得非常不自然，不像与乃德在这一点上有一种默契。

乃德照例应了声"唔，"没抬起眼来。

旅馆里很热闹。粉紫色的浴缸上已经一圈垢腻。

"要亡国还是亡给英国人，日本鬼子最坏了，"云志说。

蕊秋笑了起来。"你这种话可不气死人，要亡国还情愿亡给谁。"

云志又道："印度鬼子可怜咧，亡国奴咧！"

蕊秋道："你们这些人都是不到外国去，到了外国就知道了，给人看不起，都气死人了！"

"哪个叫你去的？"

他们姐弟与楚娣兄妹一样，到了一起总是唇枪舌剑，像绊嘴似的，但是他们俩感情好。

蕊秋道："你不洗个澡？人家还特为开房间洗澡呢。"

云志道："多洗澡伤原气的。"

云志夫妇托了蕊秋给长女次女介绍留学生，正交朋友，让出两间房来让她们会客，大家挤在另一间里，蕊秋楚娣领了红十字会的活来做，卷绷带，又替外侨志愿兵打茶褐色毛线袜子。

云志低声道："那天在家里，我听见客厅里一个跑一个追，在笑，我有点不放心，走到门口瞭了一眼，看见旗袍大襟敞着，我急了，大叫刘嫂子，叫她进去装着拿东西，一会再去对茶送点心，多去两趟。"

蕊秋道："所以说我们中国人不懂恋爱。哪有才进大门就让人升堂入室的。"

轰炸中，都说这旅馆大厦楼梯上最安全。九莉坐在梯级上，看表姐们借来的《金粉世家》，非常愉快。

次日正午一声巨响，是大世界游艺场中弹，就在法大马路。九莉在窗口看见一连串军用卡车开过，有一辆在苍绿油布篷下露出一大堆肉黄色义肢，像橱窗中陈列的，不过在这里乱七八糟，夹杂在花布与短打衣裤间。有些义肢上有蜿蜒的亮晶晶深红色的血痕。匆匆一瞥，根本不相信看见了。

看来法租界比她家里还要危险。午后蕊秋便道："好了，你回去吧。"

电车站上闹嚷嚷的卖号外，车窗里伸出手来买。似乎大家脸上都带着一丝微笑，有一种新鲜刺激的感觉。

天热，下了车还要走一大截路，回到家里晒得红头涨脸，先去洗个脸再上楼去见他们。在浴室里，她闻见身上新鲜的汗味。

洗了脸出来，忽见翠华下楼来了，劈头便质问怎么没告诉她就在外面过夜，打了她一个嘴巴子，反咬她还手打人，激得乃德打了她一顿。大门上了锁出不去，她便住到楼下两间空房里，离他们远些，比较安全。一住下来就放心了些，那两场乱梦颠倒似的风暴倒已经去远了。似乎无论出了什么事，她只要一个人过一阵子就好了。这是来自童年深处的一种浑，也是一种定力。

这两间房里堆着一些用不着的旧家具，连她小时候都没见过，已经打入冷宫的红木大橱，橱顶有雕花门楼子。翠华的两个进大学的兄弟来住的时候权作客房，睡在藤心红木炕床上。她只用一间，把中间的拉门拉上。到隔壁一间去找书看，桌上有笔砚，又有张纸松松的团成一大团。摊平了是张旧式信笺，上面半草的很大的字是她弟弟的笔迹：

"二哥如晤：日前走访不遇，怅怅。家姊事想有所闻。家门之玷，殊觉痛心。"

这是什么话？她因为从前在她的画上打杠子，心里有了个底子，并不十分震动。二哥是天津来的从堂兄。这封信是没寄还是重新写过了？粗心大意丢在这里，正像他干的事。

他难道相信她真有什么？翠华说她在外面过夜没先禀告她，不过是个不敬的罪名，别的明知说了也没人相信。尤其是九林，直到不久以前，她从学校回来还是跟他住一间房，两张单人床之间隔着个小橱。她已经听韩妈说他梦遗过，但是脱衣上床的时候，他虽然是礼貌的不看，也确实两人都坦然不当桩事。她一门心思抽长条子，像根竹竿。有时候她也有点觉得奇怪，没人叫他们分房住。原因大概是楚娣乘着乃德结婚，多买了一堂现代化的卧室家具。既然是买给他们俩的，翠华不好意思叫他们搬一个出来，仿佛是觊觎这堂家具，所以直到去年才让她的小妹妹去跟九莉住。

如果他不是真当她会有什么，那他是为虎作伥诬蔑她？但是她没往下想，只跟自己打官腔，气愤道："念到《书经》了，念通了没有，措辞这样不知轻重。"信笺依旧团皱了撩在桌上，也从来没有告诉任何人。

关了几天，这天下午韩妈进来低声说："三小姐来了。"

二婶三姑听见了风声，所以三姑来跟他们理论。九莉也兴奋起来了。

"你千万不要出去，出去了就再也回不来了，"韩妈恐吓的轻声说。

九莉带笑点了点头。当然这是替她打算的话。她自己也已经写过一张字条交给韩妈送去：

"二叔，

娘是真的对我误会了，请二叔替我剖白。希望二叔也能原宥我。

莉"

113

当然一看就撕了。韩妈没说，她也没问。

韩妈拖过一张椅子，促膝坐下，虎起一张脸看守着她，只避免与她对看。脸对脸坐得这样近，九莉不禁有点反感。自从她挨了打抱着韩妈哭，觉得她的冷酷，已经知道她自己不过是韩妈的事业，她爱她的事业。过去一直以为只有韩妈喜欢她，就光因为她活着而且往上长，不是一天到晚掂斤播两看她将来有没有出息。

突然听见叫骂声，在楼上楼梯口，声带紧得不像楚娣的声音，一路嚷下楼梯，听不清楚说什么。才来了没有一会。

乘此冲出去，也许可以跟三姑一块走。

韩妈更紧张起来。

九莉坐着没动，自己估量打不过她，而且也过不了大门口门警那一关。

又一天晚上韩妈进来收拾，低声道："讲要你搬到小楼上去。"

"什么小楼？"

"后头的小楼。坏房子。"

九莉没去过，只在走廊门口张望过一下，后搭的一排小木屋，沿着一溜摇摇晃晃的楼廊，褪色的惨绿漆阑干东倒西歪，看着不寒而栗，像有丫头在这里吊死过。

韩妈眼睛里有种盘算的神气，有点什么家具可以搬进去，让她住得舒服点。随又轻声道："好在还没说呢。"

还没来得及锁进柴房，九莉生了场大病。韩妈去向翠华讨药，给了一盒万金油。

发高热，她梦见她父亲带她去兜风，到了郊区车夫开快车，夏夜的凉风吹得十分畅快。街灯越来越稀少，两边似乎都是田野，不禁想起阎瑞生王莲英的案子，有点寒森森的。阎瑞生带了个妓女到郊外兜风，为了她的首饰勒死了她。跟乃德在一起，这一类的事更觉得接近。

她乘病中疏防，一好了点就瞒着韩妈逃了出去，跑到二婶三姑那里。一星期后韩妈把她小时候的一只首饰箱送了来，见了蕊秋叫了声"太太！"用她那感情洋溢的声口。

蕊秋也照旧答应着，问了好，便笑道："大姐走了他们说什么？"

韩妈半霎了霎眼睛，轻声笑道："没说什么。"

九莉知道蕊秋这一向钱紧，但是韩妈去后她说："我给了她五块钱。看老奶奶可怜，七八十岁的人，叫她洗被单。这才知道厉害了！从前对我那样，现在一比才知道了。"

"她从前怎样？"九莉问。

"哈！从前我们走的时候，你没看见这些大妈们一个个的那样子呵——！临上船，挑夫把行李挑走了，就此不见了。你二叔一拍桌子说：'行李我扣下了！'这些人在旁边那神气呵——都气死人。"

楚娣在洋行里找了个事，不大在家。卞家两个较小的表姐也由蕊秋介绍留学生，她们都健美。从前楚娣那里也有一种有目标有纪律的气氛，是个诉讼厂，现在是个婚姻厂，同时有几件在进行。卞家的人来得川流不息。

"你三姑反正就嫌人，多只狗都嫌，"蕊秋说。

南西也常来。

楚娣背后攒眉笑道："啊呦，那南西！"

九莉知道是说她的化妆衣着不像良家妇女。

蕊秋道："你没看见她刚到巴黎的时候小可怜似的。认识了查礼，一吵架就跑来哭。总算查礼倒是跟她结了婚。到现在他家里人还看不起她，他们家守旧。"

蕊秋不是跟他们一块回来的。她有个爪哇女朋友一定要她到爪哇去玩，所以弯到东南亚去了一趟。

"爪哇人什么样子？"九莉问。

"大扁脸，没什么好看。"

她喜欢蕊秋带回来的两幅埃及剪布画，米色粗布上，缝钉上橙红的人牵着骆驼，远处有三座褪色的老蓝布金字塔，品字式悬在半空中。她刚在古代史上发现了苗条的古埃及人，奇怪他们的面型身段有东方美。

"埃及人什么样子？"

蕊秋微撮着嘴唇考虑了一下。"没什么好看。大扁脸。"

她跟蕊秋一床睡，幸而床大，但是弹簧褥子奇软，像个大粉扑子，早上她从里床爬出来，挪一步，床一抖，无论怎样小心，也常把蕊秋吵醒，总是闹"睡得不够就眼皮摺得不对，瞅着。"她不懂那是眉梢眼角的秋意。

她怕问蕊秋拿公共汽车钱，宁可走半个城，从越界筑路走到西青会补课。走过跑马厅，绿草坪上有几只白羊，是全上海唯一的挤奶的羊。物以稀为贵，蕊秋每天定一瓶羊奶，也说"贵死了！"这时候西方有这一说，认为羊奶特别滋补，使人年青。

她从家里垫在鞋底带出来的一张五元钞票，洗碗打碎了一只茶壶，幸而是纯白的，自己去配了一只，英国货，花了三块钱。蕊秋没说什么。母亲节这天走过一爿花店，见橱窗里一丛芍药，有一朵开得最好，长圆形的花，深粉红色复瓣，老金黄色花心，她觉得像蕊秋。走进去指着它笑问："我只要一朵。多少钱？"

"七角钱。"店里的人是个小老仆欧，穿着白布长衫，苍黄的脸，特别殷勤的带笑抽出这一朵，小心翼翼用绿色蜡纸包裹起来，再包上白纸，像婴儿的襁褓一样，只露出一朵花的脸，表示不嫌买得太少。

"我给二婶的，"她递给蕊秋。蕊秋卸去白纸绿纸卷，露出花蒂，原来这朵花太沉重，蒂子断了，用根铁丝支撑着。

九莉"嗳呀"了一声，耳朵里轰然一声巨响，魂飞魄散，知道又要听两车话："你有些笨的地方都不知道是哪里来的，连你二叔都还不是这样。""照你这样还想出去在社会上做人？"她想起那老西崽脸上谄媚的笑容，心里羞愧到极点。

"不要紧，插在水里还可以开好些天。"蕊秋的声音意外的柔和。她亲自去拿一只大玻璃杯装了水插花，搁在她床头桌上。花居然开了一两个星期才谢。

她常说"年青的女孩子用不着打扮，头发不用烫，梳的时候总往里卷，不那么笔直的就行了。"九莉的头发不听话，穿楚娣的旧蓝布大褂又太大，"老鼠披荷叶"似的，自己知道不是她母亲心目中的清丽的少女。

"人相貌是天生的，没办法，姿势动作，那全在自己。你二叔其实长得不难看，十几岁的时候很秀气的。你下次这样：看见你爱慕的人，"蕊秋夹了个英文字说，"就留神学她们的姿势。"

九莉羞得正眼都不看她一眼。她从此也就没再提这话。

"呜啦啦！"蕊秋惯用这法文口头禅含笑惊叹，又学会了爱吃千叶菜"啊提修"，煮出来一大盘，盘子上堆着一只灰绿色的大刺猬，一瓣一瓣摘下来，略吮一下，正色若有所思。

"啊，我那菲力才漂亮呢！"她常向楚娣笑着说。他是个法科

117

学生，九莉在她的速写簿上看见他线条英锐的侧影，戴眼镜。

"他们都受军训。怕死了，对德国人又怕又恨，就怕打仗。他说他一定会打死。"

"他在等你回去？"楚娣有一次随口问了声。

蕊秋别过头去笑了起来。"这种事，走了还不完了？"

但是她总是用蓝色航空邮简写信，常向九莉问字，用两张纸掩住两边，只露出中间一段。九莉觉得可笑。

"我有两本活动字典，"她说楚娣与九莉。

她难得请客，这一次笑向楚娣道："没办法，欠的人情太多了，又都要吃我自己做的菜。"

这公寓小，是个单独请吃茶的格局，连一张正式的餐桌都没有，用一套玻璃桌子拼成不等边形。幽暗的土黄色灯光下，她只穿着件简便的翻领黑丝绒洋服，有只长方的碧蓝雕花土耳其玉腰带扣。菜已经上了桌，饭照西式盛在一只椭圆大盖碗里，预备添饭。

"还缺一只椅子，"她说。

九莉到别的房间去找，但是椅子已经全搬去了。唯一的可能是一张小沙发椅，踌躇了一下，只好把它推出去，偏又搁在个小地毯上，涩滞异常，先推不动，然后差点带倒了一只站灯。她来了以后遇到劳作总是马上动手，表示她能适应环境。本来连划火柴都不会，在学校做化学实验无法点酒精灯，美国女教师走来问知代划，一脸鄙夷的神色。

在家里总有女佣慌忙拦阻："我来我来！"怕她闯祸失火。

"卞家的小姐们自己到衖堂口小店去买东西！"从前李妈轻声说，仿佛是丑事。

蕊秋定做的一套仿毕卡索抽象画小地毯，都是必经之道，有时候可以卷起一角，有时候需要把沙发椅抬起一半。地毯一皱就会拖倒打碎东西，才度过一张，又面临一张。好容易拱到过道里，进了客室的门，精疲力尽，忽见蕊秋惊异得不能相信的脸。

"你这是干什么？猪！"

项八小姐南西夫妇与毕先生都在。九莉只好像他们一样装不听见，仍旧略带着点微笑，再把沙发椅往回推。等到回到饭桌上，椅子也有了，不知道是不是楚娣到隔壁去借的。

每次说她她分辩，蕊秋便生气说："你反正总有个理！"

"没有个理由我为什么这样做？"她想，但是从此不开口了。

有天下午蕊秋在浴室刷头发，忽道："我在想着啊，你在英国要是遇见个什么人。"

九莉笑道："我不会的。"

"人家都劝我，女孩子念书还不就是这么回事，……"但是结了婚也还是要有自立的本领，宁可备而不用，等等。

九莉知道她已经替蕊秋打过一次嘴，学了那么些年的琴不学了。

"'她自己不要嘤！'"楚娣学着翠华的声口。

住读必须学琴才准练琴，学了又与原有的教师冲突，一个要手背低，一个要手背凸，白俄女教师气得对她流泪。校方的老处女钱小姐又含嗔带笑打她的手背，一掌横扫过来，下手很重。她终于决定改行画卡通片。

"你已经十六岁了，可不能再改了，"楚娣说。

蕊秋总是说："我们就吃亏在太晚。"

这要到了英国去闹恋爱，那可真替她母亲打嘴了。她明白蕊秋的恐怖，但是也知道即使立下字据也无用。

"第一次恋爱总是自以为噢——好得不得了！"蕊秋恨恨的说。

九莉笑道："我不会的。我要把花的钱赚回来，花的这些钱我一定要还二婶的。"装在一只长盒子里，埋在一打深红的玫瑰花下。

她像不听见一样。"想想真冤——回来了困在这儿一动都不能动。其实我可以嫁掉你，年纪青的女孩子不会没人要。反正我们中国人就知道'少女'。只要是个处女，就连碧桃，那时候云志都跟我要！"

九莉诧异到极点。从小教她自立，这时候倒又以为可以嫁掉她？少女处女的话也使她感到污秽。

蕊秋又道："我不喜欢介绍朋友，因为一说给你介绍，你先心乱了，整个的人都——都——"她打了个手势，在胸腔间比划着，表示五中沸腾，一切感官都骚动起来，声音也低了下来，变得亲密而恐惧，九莉听着有一种轻微的秽亵感。虽然不过是比譬的话，口口声声"你"呀"你"的也觉得刺耳。她不懂为什么对她说这些。虽然刚说过"嫁掉你，"她以为是旧式的逼婚，再也没想到她母亲做媒做得顺手，也考虑到给她介绍一个，当她在旁边眼红也说不定。像她表姐们那当然是应当给介绍的。她们也并不像旧式女孩子一样，一听见提亲就跑了，却是大大方方坐在一边微笑听着，有时候也发表意见。有一个表姐说"嫁人要嫁钱，"她也赞成，觉得对于她表姐是对的。但是她想要电影上那样的恋情，不但反对介绍见面，而且要是她，第一先会窘死了，僵死了，那还行？当然她也从来没说过。海阔天空"言志"的时候早已过去了。

蕊秋沉默了一会，又夹了个英文字说："我知道你二叔伤了你的心——"

九莉猝然把一张愤怒的脸掉过来对着她，就像她是个陌生人插嘴讲别人的家事，想道："她又知道二叔伤了我的心！"又在心里叫喊着："二叔怎么会伤我的心？我从来没爱过他。"

蕊秋立刻停住了，没往下说。九莉不知道这时候还在托五爷去疏通，要让她回去。蕊秋当然以为她是知道了生气，所以没劝她回去。

乃德笑向五爷道："我们盛家的人就认识钱。"又道："小姐们住在一块要吵架的。"

翠华道："九莉的妈是自扳砖头自压脚。"

九莉总想着蕊秋这样对她是因为菲力，因为不能回去，会失去他。是她拆散了一对恋人？有一天蕊秋出去了，一串钥匙插在抽屉上，忘了带去。那些蓝色航空邮简都收在那第一只抽屉里。

九莉想道："我太痛苦了，我有权利知道我干下了什么事。"把心一横，转了转钥匙，打开抽屉，轻轻拈出最上面的一张，一看是一封还没寄出的信，除了亲昵的称呼，也跟蕊秋平时的信一样，抱怨忙，没工夫念法文，又加入了本地的美术俱乐部学塑像。最后画了十廿个斜十字，她知道一个叉叉代表一个吻，西方儿童信上常用的。

看了也仍旧不得要领。看惯了电影上总是缠绵不休而仍旧没有发生关系，她不知道那是规避电影检查，懂的人看了自然懂的。此外她也是从小养成的一种老新党观点，总觉得动不动疑心人家，是顽固乡气不大方。

表大妈仍旧常在一起打麻将，但是蕊秋说："大太太现在不好玩了。"

"自从大爷出了事，她就变了，"楚娣说。

蕊秋笑道："我就怕她一输就摇，越摇越输。"

她在牌桌上一着急就上身左右摇摆着。

其实这时候大爷已经还清了亏空，出了医院。

这天蕊秋楚娣带着九莉在大太太家吃晚饭，小爷不在家，但是房子实在小，多两个人吃饭就把圆桌面摆在楼梯口。

竺大太太在饭桌上笑道："老朱啊，今天这碗老玉米炒得真好，老玉米嫩，肉丝也嫩。还可以多搁点盐，好像稍微淡了点。"她怕朱妈。

朱妈倚在楼梯栏杆上，扬着脸不耐烦的说："那就多搁点盐就是了。"

饭后报说大爷来了。竺大太太拉蕊秋楚娣一块下去。九莉跟在后面，见大爷在楼下踱来踱去。因为没有客室家具，上首搁着一张条几，一张方桌，布置成一个狭小的堂屋，专供他回家祭祀之用。灯光黯淡，他又没脱袍子，看上去不那么脏，也许在医院里被迫沐浴过了。她叫了声"表大爷。"

他点头答应，打量了她一眼，喃喃的向蕊秋笑道："要到英国去啦？将来像了你们二位，那真是前途不可限量，一定了不起。"蕊秋也喃喃的谦了一声。他又道："二位都是侠女，古道热肠，巾帼英雄，叫我们这些人都惭愧死了。"

大家都没坐下。大太太站在一边，只隔些时便微噘一声打扫喉咙："啃！"

"这一向好多了？"楚娣说。

"精神还好。没什么消遣，扶乩玩。"

"灵不灵？"

"那就不知道了。也要碰巧，有时候的确仿佛有点道理。你们几时高兴来看看？就在功德林楼上。有两个乩仙喜欢跟弟子们唱和，有一个是女仙。"

楚娣笑道："听说你这一向很活动？"带着挑战的口吻。

他笑道："没有没有，没有的事。"

"不是说你要出山了吗？"

"不不，绝对没有这话。那是人家看不得我这劫后余生，造我的谣言。"

"唷！"大太太又微咳了声。

蕊秋楚娣回去都笑："真怕看大太太见了大爷那僵的啊！"

"说是日本人在跟他接洽，要他出来，也不知道这话是不是有点影子？"

"他是指天誓日说没有这事。"

"那他当然是这么说。"

她二人浴室夜谈，蕊秋温暖的笑声，现在很少听见了。九莉自从住到这里来，当然已经知道她们现在不对了。蕊秋有时候突然爆发，楚娣总是让着她。九莉不懂楚娣为什么不另住，后来听她说是为了省钱，也仍旧觉得宁可住亭子间，一样可以布置得独出心裁。后来又听说西方人注重住址，在洋行做事，有个体面的住址很重要。楚娣也确是升得很快。

蕊秋托毕先生替九莉领护照，转托了人，不到半个月就从重庆寄来了，蕊秋很得意。——"这要丢了可好了！在外国没有护照，又不能住下去，又不能走，只好去死。"——

有一天九莉听见楚娣在浴室倚门向里面笑道："你不要着急了，她到了时候自然会的，"知道蕊秋在说她。其实楚娣也并不赞成送她出洋，后来提起来，向九莉悄然道："我也劝来着。她这件事一定要做。"

九莉有次洗澡，刚巧她们俩都在浴室里，正有点窘，楚娣不由得噗嗤一笑道："细高细高的——！"

"也有一种……没成年的一种，"蕊秋说。"美术俱乐部也有这种模特儿。"

"哦？"楚娣自负体格够标准，显然不大相信。

九莉是第一次听见她母亲卫护的口吻，竭力不露出喜色来。

当然不会肯让她去做模特儿。

有天晚上，蕊秋等楚娣回来帮她油漆灯罩，但是显然又在办公室绊住了，七点多钟还没回来。她激动的在客室里走来走去，忽道："你知道我没回来的时候，你三姑做投机，把我的钱都用掉了。也是为了救你表大爷，所以买空卖空越做越大。这时候找到个七八十块钱一个月的事，这样巴结，笑话不笑话？"

九莉怔了一怔，轻声道："是怎么……？别人怎么能把钱提出来？"

"也是为了现在法币要保值，所以临走的时候托了人，随时看着办，问我来不及了，由她代管。哪想到有这样的事？马寿听见了都气死了，说'这是偷！'"说时猛一探脖子，像只翠鸟伸长了蛇一样的颈项，向空中啄了一下。

马寿是个英国教员，前一向来过一次，去后蕊秋笑得格格的告诉楚娣："马寿现在胖得像个猪，"又提起他现在结了婚了。

"把人连根铲，就是这点命根子。嗳哟，我替她想着将来临死的时候想到这件事，自己心里怎么过得去？当然她是为了小爷。我怎么跟她说的？好归好，不要发生关系。好！这下子好，身败名裂。表大妈为了小爷恨她。也是他们家佣人说的，所以知道了。"

九莉本来也觉得大太太现在只跟蕊秋好，对楚娣总是酸溜溜的，有时候连说话声音都难听。但是大太太现在根本改了常，往往笑起来也像冷笑，只在鼻子里哼一声，因此她阴阳怪气的，九莉也没大注意。恨楚娣，不见得光是因为他们辈份不同？总也是因为她比他大，以为是她引诱他。

"表大妈也是气他们不拿她当个人，什么都不告诉她，不要她管。你三姑是逞能，小爷还不也是利用她。现在都说小爷能干了，他爸爸总是骂他，现在才好些了。——我心里想，你舅舅是不知道，要给他知道了，你舅舅那张嘴多坏！我想想真冤，哑子吃黄连，还不能告诉人——真是打哪说起的？"

九莉始终默然，心里也一片空白，一听见了就"暂停判断，"像柯勒瑞支的神怪故事诗《老水手》等，读者"自愿暂停不信。"也许因为她与三姑是同舟的难友。

蕊秋又道："从前提亲的时候，呵哟！讲起来他家多么了不起。我本来不愿意的，外婆对我哭了多少回，说你舅舅这样气她，我总要替她争口气。好，等到过来一看——"她又是气又是笑，"那时候你大妈当家，连肥皂都省，韩妈胆子小，都怕死了，也不敢去要，洗的被窝枕头都有唾沫臭。还要我拿出钱来去买，拿出钱来添小锅菜，不然都不能吃。你三姑那时候十五岁，一天到晚跑来坐着不走，你二叔都恨死了！后来分了家出来，分家的时候说是老太太从前的首饰就都给了女儿吧，你三姑也就拿了。还有一包金叶子，她也要。你二叔反正向来就是那样，就说给了她吧。那时候说小也不小了，你说她不懂事呀？"

她说得喉咙都沙哑了，又在昏黄的灯下走来走去，然后又站住了。"我为了这几个钱这样受别，困在这儿一动也不能动，我还是看不起钱。就连现在，我要是要钱要地位的话，也还不是没人要。"

九莉知道她是指毕大使。楚娣打趣过她，提起毕大使新死了太太。

"劳以德总是说：'你应当有人照应你。你太不为自己着想了。'是我的朋友都觉得我不应当让你念书。不是我一定要你念，别的你又都不会。马寿也说我：'留着你的钱！你不要傻！'"

九莉不由得对马寿一阵敌意。马寿上次来她也看见的，矮小，希腊石像的侧影，不过因为个子小，一发胖就肥唧唧的。她母亲的男友与父亲的女人同是各有个定型。还有个法国军官，也是来吃下午茶，她去开门，见也英俊矮胖，一身雪白的制服，在花沿小鸭舌军帽下阴沉的低着头，挤出双下巴来，使她想起她父亲书桌上的拿破仑石像。

"现在都是说'高大'，"蕊秋笑她侄女们择偶的标准，"动不动要拣人家'高大'。这要是从前的女孩子家，像什么话？"

听她的口气"高大"也秽亵，九莉当时不懂为什么——因为联想到性器官的大小。

请客吃茶的下午，蕊秋总是脾气非常好，一面收拾房间，插花，铺桌布，摆碟子，一面说笑，笑声低抑。她讲究穿衣服，但是九莉最喜欢她穿一件常穿的，自己在缝衣机上踏的一件墨绿麻布齐膝洋服，V领，窄袖不到肘弯，毫无特点，是几十年来世界各国最普遍的女装，她穿着却显得娇俏幽娴。

有客来，九莉总是拿本厚重的英文书到屋顶上去看。高楼顶上，夏天下午五点钟的阳光特别强烈，只能坐在门槛上阴影里。淡红乱石嵌砌的平台，不许晾衣裳，望出去空旷异常，只有立体式的大烟囱，高高下下几座乳黄水泥掩体。蕊秋好起来这样好，相形之下，反而觉得平时实在使人不能忍受。这时候钱也花了，不能说

"我不去了。"不去外国又做什么，也不能想像。她看不起自己。

而且没良心。人家造就你，再嘀咕你也都是为你好，为好反成仇。

让你到后台来，你就感到幻灭了？

她想到跳楼，让地面重重的摔她一个嘴巴子。此外也没有别的办法让蕊秋知道她是真不过意。

她听见楚娣给绪哥哥打电话，喉咙哭哑了，但是很安静，还是平时的口吻，然而三言两语之后，总是忽然恼怒起来。

这就是热情吗？

她留神对楚娣完全像从前一样，免得疑心她知道。

现在楚娣大概对任何人都要估量一下，他知道不知道。九莉知道只有她，楚娣以为她不会知道。

绪哥哥有天来，九莉有点诧异，蕊秋对他很亲热。自从她离婚后，他从"表婶"改口叫她蕊秋。一般都认为叫名字太托大了，但是英文名字不妨。谈话间，讲起他家里洗澡不方便，楚娣便道："就在这儿洗个澡好了，"不耐烦的口吻，表示不屑装作他没在她家洗过澡。

蕊秋亲自去浴室，见九莉刚洗过澡，浴缸洗得不干净，便弯下腰去代洗，低声笑道："这怎么能叫人家洗澡？"是她高兴的时候的温暖羞涩的笑声。

放了一缸温热的水出去，绪哥哥略有点窘的脱下袍子，搁在榻上，穿着白绸短打进浴室，更显得矮小。蕊秋九莉两个人四道目光都射在他背影上，打量着他，只有楚娣没注意，又在泪眼模糊起来。

"你韩妈要走了，你去见她一面吧，"蕊秋说。

显然她没来辞行，是因为来了又要蕊秋给钱。这边托人带话，约了她在静安寺电车站见面。九莉顺便先到车站对街著名的老大房，把剩下的一块多钱买了两色核桃糖，两只油腻的小纸袋，笑着递了给她。她没说什么，也没有笑容，像手艺熟溜的魔术师一样，两个油透了的纸袋已经不见了，掖进她那特别宽大的蓝布罩衫里面不知什么不碍事的地方。九莉马上知道她又做错了事，一块多钱自己觉得拿不出手，给了她也是一点意思。

韩妈辞别后问了声："大姐你学堂那只箱子给我吧？"九莉略怔了怔，忙应了一声。是学校制定的装零食的小铅皮箱，上面墨笔大书各人名字，毕业后带了回来，想必她看在眼里，与她送来的那只首饰箱一并藏过一边，没给翠华拿去分给人。

九莉这两天刚戴上眼镜，很不惯，觉得是驴马戴上了眼罩子，走上了漫漫长途。韩妈似乎也对她有点感到陌生，眼见得又是个楚娣了，她自己再也休想做陪房跟过去过好日子了。九莉自己知道亏负她，骗了她这些年。在电车月台上望着她上电车，两人都知道是永别了，一滴眼泪都没有。

考上了，护照也小好了，还是不能走。

"再等等看吧，都说就要打起来了，"蕊秋说。

九莉从来不提这事，不过心里着急。并不是想到英国去——听蕊秋说的一年到头冷雨，黄雾，下午天就黑了。"穷学生哪里都去不了，什么都看不见，"整个不见天日。"吃的反正就是干乳酪——"

（九莉笑道："我喜欢吃乳酪。"

"那东西多吃最不消化了。"）

不过是想远走高飞。这时候只求脱身。

这样着急，也还是不肯看报。

"到时候自会告诉我的，"她想。

其实她母亲又还不像她父亲是个"圈椅政治分析家"。

蕊秋又道："真打起来也不要紧，学生他们会疏散到乡下去，配给口粮，英国人就是这种地方最好了。"

九莉却有点疑心她母亲是忘了她已经不是个学童了。蕊秋显然是有个愿望，乘此好把她交给英国政府照管。

两个表姐就快结婚了，姊妹俩又对调了一下，交换对象，但是仍旧常跑来哭。

楚娣抱怨："我回来都累死了，大小姐躺在我床上哭！"

"这是喜期神经，没办法的，"蕊秋说。

她帮着她们买衣料，试衣服，十分忙碌。有天下午她到卞家去了，因此他们家的人也都没来，公寓里忽然静悄悄的，听得见那寂静，像音乐一样。是周末，楚娣在家里没事，忽然笑道："想吃包子。自己来包。"

九莉笑道："没有馅子。"

"有芝麻酱。"她一面和面，又轻声笑道："我也没做过。"

蒸笼冒水蒸气，薰昏了眼镜，摘下来揩拭，九莉见她眼皮上有一道曲折的白痕，问是什么。

"是你二叔打的。那时候我已经跟他闹翻了不理他，你给关起来了，只好去一趟，一看见我就跳起来抢着烟枪打。"

九莉也听见说过，没留心。

"到医院去缝了三针。倒也没人注意。"但是显然她并不因此高兴。

糖心芝麻酱包子蒸出来，没有发面，皮子有点像皮革。楚娣说"还不错，"九莉也说这馅子好，一面吃着，忽然流下泪来。楚娣也没看见。

办过了一件喜事，蕊秋正说要请谁吃茶，九莉病了，几天没退烧，只好搬到客室去睡，与楚娣对调。下午茶当然作罢了。

她正为了榻边搁一只呕吐用的小脸盆觉得抱歉，恨不得有个山洞可以爬进去，免得沾脏了这像童话里的巧格力小屋一样的地方。蕊秋忽然盛气走来说道："反正你活着就是害人！像你这样只能让你自生自灭。"

九莉听着像诅咒，没作声。

请了个德国医生来看了，是伤寒，需要住院。进了个小医院，是这范斯坦医生介绍的。单人病房，隔壁有个女人微弱的声音呻吟了一夜，天亮才安静了下来。

早晨看护进来，低声道："隔壁也是伤寒症，死了。才十七岁，"说着脸上惨然。

她不知道九莉也是十七岁。本来九莉不像十七岁。她自己觉得她有时候像十三岁，有时候像三十岁。

以前说"等你十八岁给你做点衣服，"总觉得异常渺茫。怪不得这两年连生两场大病，差点活不到十八岁。

范斯坦医生每天来看她，他是当地有名的肺病专家，胖大，秃头，每次俯身到她床前，发出一股子清凉的消毒品气味，像个橡皮水龙冲洗得很干净的大象。他总是取笑她：

"多有耐心！"学她在毯子底下拱着手。她微笑，却连忙把手指放平了。

"啊，星期五是好日子，开荤了！"他说。第一次吃固体的东西。

她记得去年蕊秋带她到他诊所里去过一次。他顺便听听蕊秋的肺，九莉不经意的瞥见两人对立，蕊秋单薄的胸部的侧影。蕊秋有点羞意与戒备的神气，但是同时又有她那种含情脉脉的微醺。

蕊秋楚娣替换着来，带鸡汤来。蕊秋总是跟看护攀谈，尤其夸赞有个陈小姐好，总是看书，真用功。她永远想替九莉取得特殊待遇。

九莉出院后才听见表大爷被暗杀的消息。就在功德林门口，两个穿白衬衫黄卡其裤的男子，连放几枪逃走了，送到医院里拖了三天才死了。都说是重庆方面的人。以前的谣言似乎坐实了。绪哥哥银行里的事也辞掉了。表大妈正病着，他们不敢告诉她，她有严重的糖尿病心脏病。

"是说他眼睛漏光不好，主横死，"楚娣轻声说。

"怎么样叫漏光？"九莉问。

似乎很难解释，仿佛是眼睛大而眼白多。

"表大爷到底有没有这事？"

"谁知道呢。绪哥哥也不知道。有日本人来见，那是一直有的。还有人说是寄哥儿拉纤，又说是寄哥儿在外头假名招摇。"

九莉在大太太那里见过寄哥哥，小胖子，一脸黑油，一双睡眼，肿眼泡，气鼓恼叨的不言语，不知道为了什么事冤枉了他。后来恍惚听见大太太告诉楚娣，上次派他送月费来，拿去嫖了。

九莉总疑心大爷自己也脱不了干系。他现在实在穷途末路了，钱用光了只好动用政治资本。至少他还在敷衍延宕着，不敢断了这条路。

她太深知她父亲的恐怖。

绪哥哥预备到北边去找事，上海无法立足，北边的政治气氛缓和些。已经说好了让他看祠堂，至少有个落脚的地方。但是一时也走不开，大太太病着。

九莉动身到香港去之前，蕊秋楚娣带她去看表大妈。楼下坐满了人，都是大太太娘家的人，在商议要不要告诉她。她恨大爷，她病得这样，都不来看她一次。

小爷也在，但是始终不开口，不然万一有什么差池，又要怪到他身上。反正她最相信她娘家人。

蕊秋等三人上楼去，也没坐，椅子都搬到楼下去了。一间空房，屋角地下点着根香，大太太躺在个小铜床上，不戴眼镜，九莉都不认识她了，也许也因为黄瘦了许多，声音也微弱，也不想说话。九莉真替她难受，恨不得告诉她表大爷死了。

蕊秋楚娣送九莉上船，在码头上遇见比比家里的人送她。是替她们补课的英国人介绍她们俩一块走。蕊秋极力敷衍，重托了比比照应她。船小，不让送行的上船。

她只笑着说了声"二婶我走了。"

"好，你走吧。"

"三姑我走了。"

楚娣笑着跟她握手。这样英国化，九莉差点笑出声来。

上了船，两人到舱房里看看，行李都搬进来了。

"我们出去吧，他们还在那里，"比比说。

"你去，我不去了。她们走了。"

"你怎么知道？我们去看看。"

"你去好了，我不去。"

比比独自到甲板上去了。九莉倒在舱位上大哭起来。汽笛突然如雷贯耳，拉起回声来，一声"嗡——"充满了空间。床下的地开始移动。她遗下的上海是一片废墟。

比比回到舱房里，没作声，在整理行李。九莉也就收了泪坐起来。

四

　　楚娣在德国无线电台找了个事，做国语新闻报告员，每天晚上拿着一盏小油灯，在灯火管制的街道上走去上工。玫瑰红的灯罩上累累的都是颗粒，免得玻璃滑，容易失手打碎，但是沦陷后马路失修，许多坑穴水潭子，黑暗中有时候一脚踹进去，灯还是砸了，摸黑回来，摇摇头只说一声"喝！"旗袍上罩一件藏青哔叽大棉袍代替大衣，是她的夜行衣，防身服。她学骑车，屡次跌破了膝盖也没学会。以前学开车，也开得不好，波兰籍汽车夫总坐在旁边，等着跟她换座位。

　　"我不中用。二婶裹脚还会滑雪，我就害怕，怕跌断腿。"

　　有个二〇年间走红的文人汤孤鹜又出来办杂志，九莉去投稿。楚娣悄悄的笑道："二婶那时候想逃婚，写信给汤孤鹜。"

　　"后来怎么样？"九莉忍不住问。"见了面没有？"

　　"没见面。不知道有没有回信，不记得了。"又道："汤孤鹜倒是很清秀的，我看见过照片。后来结了婚，把他太太也捧得不得了，做的诗讲他们'除却离家总并头'，我们都笑死了。"

　　那时候常有人化名某某女士投稿。九莉猜想汤孤鹜收到信一定是当作无聊的读者冒充女性，甚至于是同人跟他开玩笑，所以没回信。

汤孤鹜来信说稿子采用了，楚娣便笑道："几时请他来吃茶。"

九莉觉得不必了，但是楚娣似乎对汤孤鹜有点好奇，她不便反对，只得写了张便条去，他随即打电话来约定时间来吃茶点。

汤孤鹜大概还像他当年，瘦长，穿长袍，清瘦的脸，不过头秃了，戴着个薄黑壳子假发。

他当然意会到请客是要他捧场，他又并不激赏她的文字。因此大家都没多少话说。

九莉解释她母亲不在上海，便用下颏略指了指墙上挂的一张大照片，笑道："这是我母亲。"

椭圆雕花金边镜框里，蕊秋头发已经烫了，但还是民初的前溜海，蓬蓬松松直罩到眉毛上。汤孤鹜注视了一下，显然印象很深。那是他的时代。

"哦，这是老太太，"他说。

九莉觉得请他来不但是多余的，地方也太逼仄，分明是个卧室，就这么一间房，又不大。一张小圆桌上挤满了茶具，三人几乎促膝围坐，不大像样。楚娣却毫不介意，她能屈能伸，看得开。无债一身轻，有一次提起"那时候欠二婶的钱。"

九莉笑道："我知道。二婶告诉我的。"

楚娣显然很感到意外，十分不快。那是她们两人之间的秘密。"也是为了表大爷的事筹钱，做股票，一时周转不过来，本来预备暂时挪一挪的，"她声音低了一低，"就蚀掉了。后来也都还了她了。我那时候还有三条衖堂没卖掉——也都抵押过不止一次。卖了就把二婶的钱还了她。"

"哦。二婶到香港来的时候我也猜着是钱还了她。"

楚娣默然了一会，又道："你那时候听见了觉得怎么样？"

九莉笑道："我不觉得什么。"

她不信。"怎么会不觉得什么？"

"我想着三姑一定有个什么理由。"

楚娣顿了顿，显然不明白，难道蕊秋没告诉她是为了绪哥哥？

九莉因又笑道："也是因为从前晚上在洋台上乘凉，听三姑跟绪哥哥讲话，我非常喜欢听，觉得三个人在一起有种气氛非常好。"

"哦？"楚娣似乎不大记得了，但是十分喜悦。默然片刻，又道："就只有一次，二哥哥见了面不理我——还不是听见了绪哥哥的事——我很 hurt。他刚到上海来的时候我非常帮他的忙。"

她跟着九莉叫"二哥哥"，是她唯一赏识的一个堂侄，大学毕业后从天津带着少奶奶出来，在上海找了个小事做着，家里有钱，但是不靠家里。少奶奶是家里给娶的，耳朵有点聋。楚娣说过："现在这些年青人正相反，家里的钱是要的，家里给娶的老婆可以不要。"

九莉跟她弟弟到他们那里去过一次。九林常去，那封"家门之玷"的信就是写给二哥哥的。他们夫妇俩住着一层楼面，两间房相当大，冷冷清清摆着两件敝旧的家具。两人都是典型的北方人，二哥哥高个子，有红似白的长脸，玳瑁边眼镜，够得上做张恨水小说的男主角；二嫂也是长脸，矮而不娇小。她殷勤招待，有点慌乱。九莉已经留了个神，说话大声点，也不便太高声，还是需要他传话，他显然很窘，冷冷的，不大高兴的神气。九莉觉得他们很惨，没有小家庭例有的一种喜气。

她看过《真善美》杂志上连载的曾虚白的小说《鲁男子》，里面云凤与表侄恋爱，也不知是堂侄——只看见两段，没说清楚——有肉体关系。男的被族长捉到祠堂里去打板子，女的雇了顶轿子赶去挺身相救，主角鲁男子怕她会吃亏。虽然那是民初的事，宗法社会的影响至今也还在，再加上楚娣不像云凤与对方年龄相仿。九莉从来没问起绪哥哥的岁数，因为三姑对这一点一定敏感。但是他进大学很晚，毕业大概有二十六七岁了，也许还不止。他是那种干姜瘪枣看不出年纪的人。

二哥哥也甚至于联想到他自己——也是小辈，楚娣对他也非常热心帮忙。连帮忙都像是别有用心的了。他又有个有缺陷的太太。

楚娣沉默了下来，九莉也想不出话来替她排遣，便打岔道："表大妈后来到底知道不知道表大爷死了？"

"他们没告诉她。"

沉默了一会，楚娣又道："表大妈跟表大爷的事，其实不能怪他。是她哥哥硬撆给他的。他刚死了太太，她哥哥跟他在书房里连说了两天两夜。他们本来是老亲。表大妈那时候当然没这么胖，都说她长得'喜相'。他那时候就是个三姨奶奶。娶填房，别的姨奶奶都打发了，就带着三姨奶奶去上任，是在北京任上过门的。表大妈说她做新娘子时候，'三姨奶奶磕头，我要还礼，两边攙亲的硬扳住了，不让弯腰嗳！'"学着她悄悄说笑的口吻。"娘家早就嘱咐了跟来的人。

"三姨奶奶到新房来陪大奶奶说话。北边那房子有两溜窗户，上头的一溜只能半开，用根红木棍子支着。天热，大奶奶叫开窗子，刚巧旁边没人，就叫三姨奶奶把窗户棍子拿来。三姨奶奶当时没说什么，一出了新房，一路哭回去，说大奶奶把她当成佣人。大爷气得从此不进新房。陪房都说她们小姐脾气太好了，这时候刚过

136

来就这样，将来这日子怎么过？嗾使她闹，于是大闹了一场。也不知怎么，说是新娘子力气大，把墙都推倒了。大概那衙门房子老，本来快塌了。"

九莉在表大妈的照相簿上看见过一张三姨奶奶的照片，晚清装束，两端尖削的鹅蛋脸，异常妖艳苗条。

"大爷一直不理她。后来还是三姨奶奶做贤人，劝着大爷对她好了点，他们出去看戏吃馆子也带她去。这是她一辈子的黄金时代。她哥哥到北京来，打电话去，电话装在三姨奶奶的院子里。叫大奶奶听电话，问'东屋大奶奶还是西屋大奶奶？'她哥哥气得马上跑了去，打了大爷一个嘴巴子。

"大爷就把她送回上海去了。以后回上海来也不在家里住。只有一次，他病了，住在小公馆里老太太不放心，搬回来养病，叫大奶奶服侍他。回来住了几个月，表大妈就想她能有个孩子就好了，后来对人说：'素小姐就住在隔壁房里，她爸爸不好意思的。'怪到素姐姐身上，素姐姐都气死了。"

素姐姐是前头太太生的。

"绪哥哥是三姨奶奶的丫头生的，"楚娣说，"生了下来三姨奶奶就把她卖到外埠去了，不知道卖到哪里去了，孩子留下来自己带，所以绪哥哥恨她。

"表大妈还跟她好得很。现在她还常来，来了就住在表大妈那里，头发秃了，戴个薄片子假头发壳子。头一秃大爷就不理她了。绪哥哥还对他爸爸哭。他叫她妈，还以为他是她生的。大爷对他说：'你不要傻。你不是她养的。'他这才知道了。

"她隔些时就到上海来一趟，从来见不到大爷。表大妈反正是，给她几声'太太太太'一叫，就又跟她好得很，还说'人家这时候

倒霉了——。'也不想想她从前跟大爷在外头说得她多难听：'胖子要得很哩！'

"来了就住在他们家亭子间里，绪哥哥都恨死了！表大妈就是这种地方叫人寒心。我们跟大爷打官司，她就吓死了，不知道有多为难，怕得罪了人，说：'可惜了儿的，一门好亲戚。'"

九莉诧异道："她这么说？"

楚娣把头一摔。"可不是？她们这些人是这样说：'有这么一门好亲戚走走，'看得很重。表大爷出了事表大妈到亲戚家去挨家磕头，还怪绪哥哥不跟着去磕头告帮——谁真帮了忙了？所以表大妈就是这样。"

九莉回来了觉得上海毕竟与香港不同，简直不看见日本兵。都说"上海也还是那样。"

她带回来的土布花红柳绿，也敢穿出去了，都做了旗袍与简化的西式衫裙，像把一幅名画穿在身上，森森然快乐非凡，不大管别人的反应。

"现在没电影看了，"楚娣怅然笑着说。"我就喜欢那些喜剧，说话俏皮好玩。"

尤其是罗莎琳·若素演的职业女性，跟她更接近些，九莉想。比比说："这些人说话是真像这样的。"她也相信。是他们的文化传统，所以差不多都会说两句。高级的打情骂俏，与上海人所谓"吃豆腐"又有点不同，"吃豆腐"只吃疯疯傻傻的"十三点"女人的豆腐，带轻蔑的成份。

楚娣又笑道："在办公室里跟焦利说话就好玩。"

焦利跟她两个人一间房，是个混血儿，瘦长苍白，黑头发。九莉看见过他，有点眼熟。九林如果顺理成章的长大成人，一切如愿，大概就是这样，自己开车，结婚很早，有职业，没有前途——杂种人在洋行里的地位与楚娣相等，又都不是科技人才，两人都已经升得碰了顶了，薪水就一个独身的女性来说，是高薪了。

"那时候绪哥哥跟我不好，我常常在办公室很晚才回来，跟焦利调情。我也害怕，"她笑容未敛，末句突然声音一低，滞重起来，显然是说强奸。

九莉也有点知道下了班的办公室的空寂，入夜的营业区大厦的荒凉。但是怎么会想到这相当年青漂亮的同事会强奸她，未免有点使人骇笑与心酸。

楚娣默然片刻，又道："绪哥哥就是跟维嫂嫂好这一点，我实在生气。"

九莉愕然轻声道："跟维嫂嫂好？"竺家二房的维嫂嫂是个美人，维哥哥跟她倒也是一对，有好几个孩子了。她尖下颏，一张"俏庞儿"，额上有个小花尖，颊上橙红的胭脂更衬出一双杏仁眼又黑又亮。只是太矮了些，一向是个洋火盒式身材。惯常仿照南美歌星卡门麦软姐头顶上戴一朵粉荷色大绢花，更容光照人。九莉小时候喜欢他们家的纯姐姐蕴姐姐，其实长得都不及她，但是不喜欢她，也许因为她一口常熟官话特别刺耳，称婆婆为"娘"，念去声，听着觉得这人假。

绪哥哥看他不出，真是人不可以貌相。九莉十分反感，觉得他太对不起三姑了。也是楚娣给了他自信心，所以有这胆子偷香窃玉，左右逢源起来。竺家这几房的子弟都照流行的风气晚婚，只有维哥哥一个人娶了亲，也是因为他不老实，一二十岁的人就玩舞女，只好早点给他娶少奶奶，而且要娶个漂亮的，好让他收心。到内地物色了一个江南佳丽，也是他们亲戚，家里既守旧又没钱，应当会过日子。竺家自己到了丝字辈,钱也已经给上一代用得差不多了,尤其他们二房人多,更拮据,但是他婚后也不短出去玩。维嫂嫂要报复,其实绪哥哥是最合逻辑的人选,嫡堂小叔,接近的机会多,又貌不惊人,不会引人注意,而且相处的年数多了,知道他谨慎,守口如瓶绝对可靠。处在她的地位,当然安全第一。在他这方面,想必早就羡慕她了。他又不像维哥哥大少爷脾气,她也许有众人国士之感。

九莉这时候回想起来,绪哥哥提起"嫂嫂"的时候,这两个字也特别轻柔,像他口中的爸爸一样。当然是向楚娣说的,奇怪的是声调里毫无心虚的犯罪感。是那时候还没真怎么样,还是楚娣那时候还不知道?还是知道了他也仍旧坦然?

他想必也是藉此摆脱楚娣。维嫂嫂显然也知道楚娣的事,她叫起"表姑"来声音格外难听,十分敌意。

"绪哥哥临走,我跟他讲开了,还是感情很好的朋友。不讲开,心里总是不好受。"

九莉虽然不平,也明白她是因为他们的事后来变丑恶了,她要它有始有终,还是个美好的东西,不然在回忆里受不了。

楚娣又笑道:"他现在结婚了,也是他们家的老亲,一个三小姐。"她也是三小姐,仿佛觉得这数目的巧合有命运性。"娇小玲珑,是个娇小姐,惯得不得了,处处要他照应她。现在他在天津做事,跟着丈母娘过,丈母娘也把他惯得不得了。"

沉默了一会,楚娣又低声道:"他喜欢你,"似乎不经意的随口说了声。

九莉诧异到极点。喜欢她什么?除非是羡慕她高?还是由于一种同情,因为他们都是在父母的阴影的笼罩下长大的?从来没谁喜欢过她，她当然想知道他是什么时候说的，怎么会说的，但是三姑说这话一定也已经付出了相当的代价，她不能再问了，惟有诧笑。

她不喜欢他，倒不光是为了维嫂嫂。她太不母性，不能领略他那种苦儿流浪儿的楚楚可怜。也许有些地方他又与她太相近，她不喜欢像她的人，尤其是男人。

她读中学的时候兴纪念册，人人有一本，到处找人写，不愿写的就写个"为学如逆水行舟，不进则退"，训人家一句。她叫绪哥哥在她那本上画张画。他跟五爸爸学过国画，但是她说："随便画什么，除了国画。"她小时候家里请的老师有一个会画国画，教她"只用赭色与花青两个颜色。"她心里想"那不是半瞎了吗？"学了两天就没学下去。她对色彩永远感到饥渴。

她只记得对他说过这么句话，他更从来不跟她说话，当时笑着接过纪念册，隔了些时交卷，画了个舞蹈的金发美人，世纪末"新艺"派画风，画中人却是鹅蛋脸两头尖，头发中分，紧贴在头上，倒像他的仇人三姨奶奶。

她三姑有了职业，她又开始赚稿费之后，两个德国房客搬走了一个，多出一间房来。葱油饼也不吃了，老秦妈也退休了。楚娣其实会做菜，还在外国进过烹饪学校，不过深恐套进，"一回是情，二回是例，"就成了管家婆。但是现在也肯做两样简单的菜，九莉只会煮饭，担任买菜。这天晚上在月下去买蟹壳黄，穿着件紧窄的紫花布短旗袍，直柳柳的身子，半鬈的长发。烧饼摊上的山东人不免多看了她两眼，摸不清是什么路数。归途明月当头，她不禁一阵空虚。二十二岁了，写爱情故事，但是从来没恋爱过，给人知道不好。

有天下午比比来了。新收回的客室 L 形，很长。红砖壁炉。十一月稀薄的阳光从玻璃门射进来，不够深入，飞絮一样迷濛。

"有人在杂志上写了篇批评，说我好。是个汪政府的官。昨天编辑又来了封信，说他关进监牢了，"她笑着告诉比比，作为这时代的笑话。

起先女编辑文姬把那篇书评的清样寄来给她看，文笔学鲁迅学得非常像。极薄的清样纸雪白，加上校对的大字朱批，像有一种线装书，她有点舍不得寄回去。寄了去文姬又来了封信说："邵君已经失去自由了。他倒是个硬汉，也不要钱。"

九莉有点担忧书评不能发表了——文姬没提，也许没问题。一方面她在做白日梦，要救邵之雍出来。

她鄙视年青人的梦。

结果是一个日军顾问荒木拿着手枪冲进看守所，才放出来的。此后到上海来的时候，向文姬要了她的住址来看她，穿着旧黑大衣，眉眼很英秀，国语说得有点像湖南话。像个职业志士。

楚娣第一次见面便笑道："太太一块来了没有？"

九莉立刻笑了。中国人过了一个年纪全都有太太，还用得着三姑提醒她？也提得太明显了点。之雍一面答应着也笑了。

去后楚娣道："他的眼睛倒是非常亮。"

"你跟你三姑在一起的时候像很小，不跟她在一起的时候又很老练，"之雍说。

他天天来。她们家不兴房门整天开着，像有些中国人家一样。尤其因为有个房客，过道里门全关着，在他就像住旅馆一样，开着门会使他觉得像闯到别人家里。但是在客室里关着门一坐坐很久，九莉实在觉得窄。楚娣只皱着眉半笑着轻声说了声："天天来——！"

她永远看见他的半侧面，背着亮坐在斜对面的沙发椅上，瘦削的面颊，眼窝里略有些憔悴的阴影，弓形的嘴唇，边上有棱。沉默了下来的时候，用手去捻沙发椅扶手上的一根毛呢线头，带着一丝微笑，目光下视，像捧着一满杯的水，小心不泼出来。

"你脸上有神的光，"他突然有点纳罕的轻声说。

"我的皮肤油，"她笑着解释。

"是满面油光吗？"他也笑了。

他约她到向璟家里去一趟，说向璟想见见她。向璟是战前的文人，在沦陷区当然地位很高。之雍晚饭后骑着他儿子的单车来接她，替她叫了部三轮车。清冷的冬夜，路相当远。向璟住着个花园洋房，方块乌木壁的大客厅里许多人，是个没酒喝的鸡尾酒会。九莉戴着淡黄边眼镜，鲜荔枝一样半透明的清水脸，只搽着桃红唇膏，半鬈的头发蛛丝一样细而不黑，无力的堆在肩上，穿着件喇叭袖孔雀蓝宁绸棉袍，整个看上去有点怪，见了人也还是有点僵，也不大有人跟她说话。

"其实我还是你的表叔，"向璟告诉她。

他们本来亲戚特别多，二婶三姑在国外总是说："不要朝那边看——那边那人有点像我们的亲戚。"

向璟是还潮的留学生，回国后穿长袍，抽大烟，但仍旧是个美男子，希腊风的侧影。他太太是原有的，家里给娶的，这天没有出现。他早已不写东西了，现在当然更有理由韬光养晦。

九莉想走，找到了之雍，他坐在沙发上跟两个人说话。她第一次看见他眼睛里轻蔑的神气，很震动。

她崇拜他，为什么不能让他知道？等于走过的时候送一束花，像中世纪欧洲流行的恋爱一样绝望，往往是骑士与主公的夫人之间的，形式化得连主公都不干涉。她一直觉得只有无目的的爱才是真的。当然她没对他说什么中世纪的话，但是他后来信上也说"寻求圣杯"。

他走后一烟灰盘的烟蒂，她都拣了起来，收在一只旧信封里。

她有两张相片，给他看，因为照相没戴眼镜，她觉得是她的本来面目。有一张是文姬要登她的照片，特为到对门一家德国摄影师西坡尔那里照的，非常贵，所以只印了一张。阴影里只露出一个脸，看不见头发，像阮布然特的画。光线太暗，杂志上印得一片模糊，因此原来的一张更独一无二，他喜欢就送了给他。

"这是你的一面，"他说另一张。"这张是整个的人。"

杂志上虽然印得不清楚，"我在看守所里看见，也看得出你很高。"

他临走她顺手抽开书桌抽屉，把装满了烟蒂的信封拿给他看。他笑了。

他每次问"打搅了你写东西吧？"她总是摇摇头笑笑。

他发现她吃睡工作都在这间房里，笑道："你还是过的学生生活。"她也只微笑。

后来她说："我不觉得穷是正常的。家里穷，可以连吃只水果都成了道德问题。"

"你像我年青的时候一样。那时候我在邮局做事，有人寄一本帖，我看了非常好，就留了下来。"

他爱过一个同乡的"四小姐"，她要到日本留学，本来可以一块去，"要四百块钱——就是没有，"他笑着说。

"我看见她这两年的一张照片，也没怎么改变。穿着衬衫，长裤子，"他说。

他没说她结了婚没有，九莉也不忍问。她想大概一定早已结了婚了。

他除了讲些生平的小故事，也有许多理论。她觉得理论除了能有确实证据的，往往会有"愿望性质的思想"，一厢情愿把事实归纳到一个框框里。他的作风态度有点像左派，但是"不喜欢"共产党，也受不了他们的纪律。在她觉得共产这观念其实也没有什么，近代思想的趋势本来是人人应当有饭吃，有些事上，如教育，更是有多大胃口就拿多少。不过实践又是一回事。至于纪律，全部自由一交给别人，势必久假而不归。

"和平运动"的理论不便太实际，也只好讲揄理。他理想化中国农村，她觉得不过是怀旧，也都不去注意听他。但是每天晚上他走后她累得发抖，整个的人淘虚了一样，坐在三姑房里俯身向着小电炉，抱着胳膊望着红红的火。楚娣也不大说话，像大祸临头一样，说话也悄声，仿佛家里有病人。

九莉从来不留人吃饭，因为要她三姑做菜。但是一坐坐到七八点钟，不留吃晚饭，也成了一件窘事。再加上对楚娣的窘，两下夹攻实在受不了，她想秘密出门旅行一次，打破这恶性循环。但是她有个老同学到常州去做女教员，在火车站上似乎被日本兵打了个嘴巴子——她始终没说出口来。总之现在不是旅行的时候，而且也没这闲钱。

有天晚上他临走，她站起来送他出去，他揿灭了烟蒂，双手按在她手臂上笑道："眼镜拿掉它好不好？"

她笑着摘下眼镜。他一吻她，一阵强有力的痉挛在他胳膊上流下去，可以感觉到他袖子里的手臂很粗。

九莉想道："这个人是真爱我的。"但是一只方方的舌尖立刻伸到她嘴唇里，一个干燥的软木塞，因为话说多了口干。他马上觉得她的反感，也就微笑着放了手。

隔了一天他在外面吃了晚饭来，有人请客。她泡了茶搁在他面前的时候闻得见酒气。谈了一会，他坐到她旁边来。

"我们永远在一起好不好？"

昏黄的灯下，她在沙发靠背上别过头来微笑望着他。"你喝醉了。"

"我醉了也只有觉得好的东西更好，憎恶的更憎恶。"他拿着她的手翻过来看掌心的纹路，再看另一只手，笑道："这样无聊，看起手相来了。"又道："我们永远在一起好吗？"

"你太太呢？"

他有没有略顿一顿？"我可以离婚。"

那该要多少钱？

"我现在不想结婚。过几年我会去找你。"她不便说等战后，他逃亡到边远的小城的时候，她会千山万水的找了去，在昏黄的油灯影里重逢。

他微笑着没作声。

讲起在看守所里托看守替他买杂志，看她新写的东西，他笑道："我对看守宣传，所以这看守也对我很好。"又道："你这名字脂粉气很重，也不像笔名，我想着不知道是不是男人化名。如果是男人，也要去找他，所有能发生的关系都要发生。"

临走的时候他把她拦在门边，一只手臂撑在门上，孜孜的微笑着久久望着她。他正面比较横宽，有点女人气，而且是个市井的泼辣的女人。她不去看他，水远山遥的微笑望到几千里外，也许还是那边城灯下。

146

他终于只说了声"你眉毛很高。"

他走后，她带笑告诉楚娣："邵之雍说'我们永远在一起好不好？'说他可以离婚。"那么许多钟点单独相对，实在需要有个交代。她不喜欢告诉人，除非有必要，对比比就什么也没说。从前跟比比几乎无话不谈，在香港也还给楚娣写过长信。但是自从写东西，觉得无论说什么都有人懂，即使不懂，她也有一种信心，总会有人懂。曾经沧海难为水，更嫌自己说话言不达意，什么都不愿告诉人了。每次破例，也从来得不到满足与安慰，过后总是懊悔。

当下楚娣听了笑道："我一直想知道人家求婚怎么说。有一次绪哥哥说：'你怎么没结婚？'那时候躺在床上，我没听清楚，以为他说'你怎么不跟我结婚？'我说'你没跟我说。'"转述的几句对白全用英文，声口轻快，仿佛是好莱坞喜剧的俏皮话，但是下一句显然是自觉的反高潮："他说'不是，我是说你怎么没结婚。'"

九莉替他们俩窘死了，但是三姑似乎并不怎么介意，绪哥哥也被他硬挺过去了。

轻松过了，楚娣又道："当然你知道，在婚姻上你跟他情形不同。"

"我知道。"

次日之雍没来。一两个星期后，楚娣忽道："邵之雍好些天没来了。"

九莉笑道："嗳。"

马路上两行洋梧桐刚抽出叶子来，每一棵高擎着一只嫩绿点子的碗。春寒，冷得有些湿腻。她在路上走，心情非常轻快。一件事圆满结束了——她希望，也有点怅惘。

五

正以为"其患遂绝，"他又来了。她也没问怎么这些天没来。后来他有一次说："那时候我想着真是不行也只好算了，"她仿佛有点诧异似的微笑。

又一次他说："我想着你如果真是愚蠢的话，那也就是不行了。"

在这以前他说过不止一次："我看你很难。"是说她很难找到喜欢她的人。

九莉笑道："我知道。"但是事实是她要他走。

在香港她有一次向比比说："我怕未来。"

没说怕什么，但是比比也知道，有点悲哀的微笑着说："人生总得要去过的。"

之雍笑道："我总是忍不住要对别人讲起你。那天问徐衡：'你觉得盛小姐美不美？'"是她在向璟家里见过的一个画家。"他说'风度很好。'我很生气。"

她也只微笑。对海的探海灯搜索到她，蓝色的光把她塑在临时的神龛里。

他送了她几本日本版画，坐在她旁边一块看画册，看完了又拉着她的手看。

她忽然注意到她孔雀蓝喇叭袖里的手腕十分瘦削，见他也在看，不禁自卫的说："其实我平常不是这么瘦。"

他略怔了怔，方道："是为了我吗？"

她红了脸低下头去，立刻想起旧小说里那句滥调："怎么样也抬不起头来，有千斤重。"也是抬不起头来。是真的还是在演戏？

他注视了她一会之后吻她。两只孔雀蓝袍袖软弱的溜上他肩膀，围在他颈项上。

"你仿佛很有经验。"

九莉笑道："电影上看来的。"

这次与此后他都是像电影上一样只吻嘴唇。

他揽着她坐在他膝盖上，脸贴着脸，他的眼睛在她面颊旁边亮晶晶的像个钻石耳坠子。

"你的眼睛真好看。"

"'三角眼。'"

不知道什么人这样说他。她想是他的同学或是当教员的时候的同事。

寂静中听见别处无线电里的流行歌。在这时候听见那些郎呀妹的曲调，两人都笑了起来。高楼上是没有的，是下面街上的人家。但是连歌词的套语都有意味起来。偶而有两句清晰的。

"嗳，这流行歌也很好。"他也在听。

大都听不清楚，她听着都像小时候二婶三姑常弹唱的一支英文歌：

"泛舟顺流而下
金色的梦之河，

唱着个
恋歌。"

她觉得过了童年就没有这样平安过。时间变得悠长，无穷无尽，是个金色的沙漠，浩浩荡荡一无所有，只有嘹亮的音乐，过去未来重门洞开，永生大概只能是这样。这一段时间与生命里无论什么别的事都不一样，因此与任何别的事都不相干。她不过陪他多走一段路。在金色梦的河上划船，随时可以上岸。

他望着她。"明明美嚜，怎么说不美？"又道："你就是笑不好。现在好了。"

不过笑得自然了点，她想。

他三十九岁。"一般到了这年纪都有一种惰性了的，"他笑着说。

听他的口气他也畏难。但是当然他是说他不像别人，有重新来过的决心。她也有点知道没有这天长地久的感觉，她那金色的永生也不是那样。

他算鲁迅与许广平年龄的差别，"他们只在一起九年。好像太少了点。"

又道："不过许广平是他的学生，鲁迅对她也还是当作一个值得爱护的青年。"他永远在分析他们的关系。又讲起汪精卫与陈璧君，他们还是国民党同志的时候，陈璧君有天晚上有事找他，在他房子外面淋着雨站了一夜，第二天早上才开门请她进去。

陈璧君的照片她看见过，矮胖，戴眼镜，很丑。汪精卫她知道是美男子。

"我们这是对半，无所谓追求。"见她笑着没说什么，又道："大概我走了六步，你走了四步，"讨价还价似的，她更笑了。

又有一次他又说："太大胆了一般的男人会害怕的。"

"我是因为我不过是对你表示一点心意。我们根本没有前途，不到哪里去。"但是她当时从来想不出话说。而且即使她会分辩，这话也仿佛说得不是时候。以后他自然知道——不久以后。还能有多少时候？

她用指尖沿着他的眼睛鼻子嘴勾划着，仍旧是遥坐的时候的半侧面，目光下视，凝注的微笑，却有一丝凄然。

"我总是高兴得像狂喜一样，你倒像有点悲哀，"她说。

他笑道："我是像个孩子哭了半天要苹果，苹果拿到手里还在抽噎。"

她知道他是说他一直想遇见像她这样的人。

"你像六朝的佛像。"她说。

"嗳，我也喜欢那种腰身细的佛像，不知道从什么时候起，就都是大肚子弥勒佛了。"

那些石佛都是北朝的。他说过他祖先是羌人。

"秀男说她没看见我这样过。"

秀男是他侄女。"我这侄女一直跟着我，替我管家，对我非常好。看我生活不安定，她为了帮我维持家用，决定嫁给一个姓闻的木材商人，也是我们同乡，人很好。"

九莉到他上海的住宅去看过他一次，见到秀男，俏丽白净的方圆脸，微鬈的长头发披在背上，穿着件二蓝布罩袍，看上去至多二十几岁。那位闻先生刚巧也在，有点窘似的偏着身子鞠了一躬，穿着西装，三十几岁，脸上有点麻麻癞癞的，实在配不上她。

"她爱她叔叔，"九莉心里想。

他讲他给一个朋友信上说："'我跟盛九莉小姐，恋爱了。'"顿了顿，末了有点抗声说。

她没说什么，心里却十分高兴。她也恨不得要人知道。而且，这是宣传。

她的腿倒不瘦，袜子上端露出的一块更白腻。

他抚摸着这块腿。"这样好的人，可以让我这样亲近。"

微风中棕榈叶的手指。沙滩上的潮水，一道蜿蜒的白线往上爬，又往后退，几乎是静止的。她要它永远继续下去，让她在这金色的永生里再沉浸一会。

有一天又是这样坐在他身上，忽然有什么东西在座下鞭打她。她无法相信——狮子老虎掸苍蝇的尾巴，包着绒布的警棍。看过的两本淫书上也没有，而且一时也联系不起来。应当立刻笑着跳起来，不予理会。但是还没想到这一着，已经不打了。她也没马上从他膝盖上溜下来，那太明显。

那天后来她告诉他："向璟写了封信给我，骂你，叫我当心你，"她笑着说。

之雍略顿了顿，方道："向璟这人还不错，他对我也很了解，说我这样手无寸金的人，还能有点作为，不容易。他说他不行了。"

他不相信她！她简直不能相信。她有什么动机，会对他说向璟的坏话？还是表示有人关心她，抬高自己的身份？她根本没想通，但是也模糊的意识到之雍迷信他自己影响人的能力，不相信谁会背叛他。他对他的朋友都是占有性的，一个也不肯放弃。

信就在书桌抽屉里，先赞美了她那篇"小杰作"，然后叫她当心"这社会上有吃人的魔鬼。"当然没指名说他，但是文姬也已经在说"现在外面都说你跟邵之雍非常接近。"

她没拿给他看，她最怕使人觉得窘，何况是他，尽管她这是过虑。也许她也是不愿正视他在这一点上有点疯狂。

结果她找楚娣帮她写，回了向璟一封客气而不着边际的信。

之雍回南京去了，来信说他照常看朋友，下棋，在清凉山上散步，但是"一切都不对了。……生命在你手里像一条迸跳的鱼，你又想抓住它又嫌腥气。"

她不怎么喜欢这比喻，也许朦胧的联想到那只赶苍蝇的老虎尾巴。

但是他这封长信写得很得体，她拿给楚娣看，免得以为他们有什么。

楚娣笑道："你也该有封情书了。"

"我真喜欢红绿灯，"过街的时候她向比比说。

"带回去插在头发上吧，"比比说。

之雍再来上海，她向他说"我喜欢上海。有时候马路边上干净得随时可以坐下来。"

之雍笑道："唔。其实不是这样的。"

为什么不是？他说"有些高房子给人一种威胁，"不也是同样的主观？

"你倒是不给人自卑感，"他有次说。

他揿铃她去开门，他笑道："我每次来总觉得门里有个人。"听他的语气仿佛有个女体附在门背后，连门都软化了。她不大喜欢这样想。

"你们这里布置得非常好，"他说。"我去过好些讲究的地方，都不及这里。"

她笑道："这都是我母亲跟三姑，跟我不相干。"

他稍稍吃了一惊道："你喜欢什么样的呢？"

深紫的洞窟，她想。任何浓烈的颜色她都喜欢，但是没看见过有深紫的墙，除非是个舞厅。要个没有回忆的颜色，回忆总有点悲哀。

她只带笑轻声说了声"跟别的地方都两样。"

他有点担心似的，没问下去。

她觉得了，也有点轻微的反感，下意识的想着"已经预备找房子了？"

他说他还是最怀念他第一个妻子，死在乡下的。他们是旧式婚姻，只相过一次亲。

"我不喜欢恋爱，我喜欢结婚。""我要跟你确定，"他把脸埋在她肩上说。

她不懂，不离婚怎么结婚？她不想跟他提离婚的事，而且没有钱根本办不到。同时他这话也有点刺耳，也许她也有点感觉到他所谓结婚是另一回事。

说过两遍她毫无反应，有一天之雍便道："我们的事，听其自然好不好？"

"嗳。"她有把握随时可以停止。这次他走了不会再来了。

他们在沙发上拥抱着，门框上站着一只木雕的鸟。对掩着的黄褐色双扉与墙平齐，上面又没有门楣之类，怎么有空地可以站一只尺来高的鸟？但是她背对着门也知道它是立体的，不是平面的画在墙上的。雕刻得非常原始，也没加油漆，是远祖祀奉的偶像？它在看着她。她随时可以站起来走开。

十几年后她在纽约，那天破例下午洗澡。在等打胎的来，先洗个澡，正如有些西方主妇在女佣来上工之前先忙着打扫一番。

急死了，都已经四个月了。她在小说上看见说三个月已经不能打了，危险。好容易找到的这人倒居然肯。

怀孕期间乳房较饱满，在浴缸里一躺下来也还是平了下来。就像已经是个苍白失血的女尸，在水中载沉载浮。

女人总是要把命拼上去的。

她穿上黑套头背心，淡茶褐色斜纹布窄脚裤。汝狄只喜欢她穿长裤子与乡居的衣裙。已经扣不上，钮扣挪过了，但是比比说看不出来。

"生个小盛也好，"起初汝狄说，也有点迟疑。

九莉笑道："我不要。在最好的情形下也不想要——又有钱，又有可靠的人带。"

门铃响，她去开门。夏季分租的公寓，主人出门度假去了，地方相当大。一个矮墩墩平头整脸三十来岁的男子，苍白，深褐色头发，穿戴得十分齐整，提着个公事皮包，像个保险揽客，一路进来一副戒备的神气。

"这里没人，"她说。那是他的条件之一。汝狄避出去了。

她领他进卧室，在床上检验。他脱下上衣，穿着短袖衬衫，取出许多器皿洗手消毒。

原来是用药线。《歇浦潮》里也是"老娘的药线"。身死异域，而死在民初上海收生婆的药线上，时空远近的交叠太滑稽突梯了。

"万一打不下来怎么办？"她着急的问。

"你宁愿我割切你？"他说。

她不作声。一向只听见说"刮子宫"，总以为是极小的手术。听他说得像大切八块一样，也觉得是恫吓，但是这些事她实在模糊。

他临走她又说："我就是怕打不下来，不上不下卡在那里。四个月了。"

"不会的。"但是显然也在心里忖度了一下。"反正你不放心可以打电话。"

他给了个电话号码，事后有什么问题可以跟一个玛霞通电话，她在一家最大的百货公司做事。九莉想着玛霞不见得是真名字，也不见得是在家里等电话。

他走了。

没一会，汝狄回来了，去开碗橱把一只劈柴斧放还原处。这里有个壁炉，冬天有暖气，生火纯为情调。

"我没出去，"他说，"就在楼梯口，听见电梯上来，看见他进去。刚才我去看看他们这里有些什么，看见这把斧头，就拿着，想着你要是有个什么，我杀了这狗娘养的。"

这话她听了也不觉得奇怪。凭他的身坯，也有可信性。本来他也许与她十几岁影迷时代有关，也在好莱坞混过好些年。

"我一直便宜，"他说。

也积不下钱来。打扑克谈笑间买下的房子，又莫名其妙的卖了。他自己嗤笑道："可笑的是都说'汝狄在钱上好。'"——剧情会议上总是推他写钱的事。

"我是个懦夫，"他说。他们离西部片的时代背景不太远，有时候会动不动对打。

"We have the damnedest thing for each other（我们这么好也真是怪事），"他有点纳罕也有点不好意思的笑着说。

她也不相见恨晚。他老了，但是早几年未见得会喜欢她，更不会长久。

"我向来是 hit and run（闯了车祸就跑了），"他说。

她可以感觉到腿上拖着根线头，像炸弹的导线一样。几个钟头后还没发作，给玛霞打了个电话，这女店员听上去是个三十来岁胖胖的犹太裔女人，显然就管安慰，"握着她的手。"她也没再打去。

晚饭他到对过烤鸡店买了一只，她正肚子疼得翻江搅海，还让她吃，自己吃得津津有味。她不免有点反感，但是难道要他握着她的手？

夜间她在浴室灯下看见抽水马桶里的男胎，在她惊恐的眼睛里足有十时长，毕直的歙立在白磁壁上与水中，肌肉上抹上一层淡淡的血水，成为新刨的木头的淡橙色。凹处凝聚的鲜血勾划出它的轮廓来，线条分明，一双环眼大得不合比例，双睛突出，抿着翅膀，是从前站在门头上的木雕的鸟。

恐怖到极点的一刹那间，她扳动机钮。以为冲不下去，竟在波涛汹涌中消失了。

比比问起经过，道："到底打下来什么没有？"告诉她还不信，总疑心不过是想像，白花了四百美元。

"我们这真是睁着眼睛走进去的，从来没有疯狂，"之雍说。

也许他也觉得门头上有个什么东西在监视着他们。

"明天有点事，不来了，"他说。

她乘着周末去看比比。比比转学到她妹妹的大学里，姐妹俩都人缘非常好，但是上海对印度人的岐视比香港深，因为没有英帝国的一层关系在里面。本地的印度人大都是异教，不通婚，同教的也宁可回家乡娶媳妇，嫌此地的女孩子学坏了，不够守旧。英美人又都进了集中营。她们家客室里挂着两个回教君主的大照片，伊朗国王为了子嗣问题与埃及的御妹离婚后，又添上伊朗国王的相片，似乎视为择婿的对象。比比有一次向九莉解释，照他们的标准，法鲁克王不算胖——当然那时候也还没有后来那么胖。

法鲁克后来娶的一个纳丽曼王后也是平民，开罗一个店主的女儿，但是究竟近水楼台，不像战时上海那么隔绝。九莉心里觉得奇怪，但是回教的世界本来是神秘的。他们家后门口小天井里拴着一只山羊，预备节日自己屠宰，割断咽喉。它有小马大，污暗潮湿的鬈毛像青种羊，伸着头去吃厨房窗口菜篮里的菜。

这天刚巧无处可去，没电影看实在是桩苦事。九莉忽然想起来，那画家徐衡曾经把住址写给她，叫她随时去看他的画，问比比有没有兴趣，便一同到徐家去看画。

徐家住得不远，是衖堂房子，从厨房后门进去，宽大阴暗的客室里有十几幅没配画框的油画挂在墙上，搁在地下倚着墙。徐衡领着她们走了一圈，唯唯诺诺的很拘谨。也不过三十几岁的人，家常却穿着一套古旧的墨绿西装，仿佛还是从前有种唯美派才有的，泛了色的地方更碧绿。

之雍忽然走了进来。九莉知道他跟徐衡很熟，却再也没想到他刚巧也在这里。他有一次在她家里遇见过比比，大家点头招呼，房间里光线暗，她也是偶然才瞥见他满面笑容，却带着窘意。比比的中文够不上谈画，只能说英文。九莉以为窘是因为言语不通，怕他与徐衡有自卑感，义不容辞的奋身投入缺口，说个不停。尤其因为并不喜欢徐的画，更不好意思看了就走，巡视了两遍，他又从内室搬出两张来，大概他们只住底层两间。欣赏过了方才告辞，主人与之雍送了她们出来,通往厨房的小穿堂里有一桌麻将,进出都没来得及细看,仿佛都是女太太们。

次日之雍来了,方才知道他太太在那里打牌。

"偏你话那么多,叽哩喳啦说个不完,"他笑着说。

她只笑着叫"真糟糕。"回想起来,才记得迎面坐着的一个女人满面怒容。匆匆走过,只看见仿佛个子很高,年纪不大。

"她说:'我难道比不上她吗?'"

他说过"我太太倒是都说漂亮的。"九莉看见过她一张户外拍的小照片,的确照任何标准都是个美人,较近长方脸,颀长有曲线,看上去气性很大,在这里,站在一棵芭蕉前面,也沉着脸,剔起一双画成抛物线的眉毛。她是秦淮河的歌女。他对自己说:"这次要娶个漂亮的。"她嫁他的时候才十五岁,但是在一起几个月之后有了感情才有肉体关系的。

他讲起出狱的时候,"这次我出来之后,更爱她了,她倒——嗳,对我冷淡起来了。"他笑道:"像要跟我讲条件似的嗷!我很不高兴。"

昨天当场打了他一个嘴巴子,当然他没提,只说:"换了别人,给她这么一闹只有更接近,我们还是一样。"

九莉偏拣昨天去穿件民初枣红大围巾缝成的长背心,下摆垂着原有的绒线排穗,罩在孔雀蓝棉袍上,触目异常。他显然对她的印象很坏,而且给他丢了脸。她不禁怃然。本来他们早该结束了。但是当然也不能给他太太一闹就散场,太可笑。九莉对她完全坦然,没什么对不起她。并没有拿了她什么,因为他们的关系不同。

他还是坐到很晚才走。次日再来,她端了茶来,坐在他的沙发椅旁边地毯上。

他有点诧异的说："你其实很温柔。像日本女人。大概本来是烟视媚行的，都给升华升掉了。"

她总是像听惯了谀词一样的笑笑。

"昨天我走的时候，这里那个看门的嫌晚了，还要拿钥匙替我开门，嘴里骂着脏话。我生了气，打了他。"他仰着头吸了口香烟，眼睛里有轻蔑的神气。"噢！打得不轻呃，一跤跌得老远。那么大个子，不中用，我是因为练太极拳。其实我常给他们钱的，尤其是那开电梯的。"

公寓的两个门警都是山东大汉，不知道从什么杂牌军队里退伍下来的，黄卡其布制服，夏天是英国式短裤，躺在一张藤躺椅上拦着路，突出两只黄色膝盖。

开电梯的告诉楚娣："那位先生个子不大，力气倒大，把看门的打得脸上青了一块，这两天不好意思来上班。"

也不知怎么，自从之雍打了那门警，九莉觉得对他不同了，这才没有假想的成份了。

"我爱上了那邵先生，他要想法子离婚，"她竟告诉比比，拣她们一只手吊在头上公共汽车的皮圈上的时候轻快的说，不给她机会发作。

比比也继续微笑，不过是她那种露出三分恐惧的笑容。后来才气愤的说："第一个突破你的防御的人！你一点女性本能的手腕也没有！"随又笑道："我要是个男人就好了，给你省多少事。"

在九莉那里遇见之雍，她当然还是有说有笑的满敷衍。他觉得她非常妩媚。

"九莉的头发梢上分开的，可以撕成两根，"他忽然告诉她。

九莉非常不好意思。他在炫示他们的亲昵。比比显然觉得这话太不绅士派，脸色变了，但是随即岔了开去。那天他与比比一同走的。

有一天讲起她要钱出了名，对稿费斤斤较量，九莉告诉他"我总想多赚点钱，我欠我母亲的债一定要还的。"她从前也提起过她母亲为她花了许多钱又抱怨。不过这次话一出口就奇窘，因为他太太是歌女，当然他曾经出钱替她"还债"。他听着一定耳熟，像社会小说上的"条斧开出来了。"但是此一时彼一时，明知他现在没钱，她告诉他不过是因为她对钱的态度需要解释。

连之雍都有点变色，但是随即微笑应了声"唔。"

他又回南京去了。初夏再来上海的时候，拎着个箱子到她这里来，她以为是从车站直接来的。大概信上不便说，他来了才告诉她他要到华中去办报，然后笑着把那只廉价的中号布纹合板手提箱拖了过来，放平了打开箱盖，一箱子钞票。她知道一定来自他办报的经费，也不看，一笑便关了箱盖，拖开立在室隅。

等他走了她开箱子看，不像安竹斯寄来的八百港币，没有小票子。她连港币都还不习惯，连换几个币制，加上通货膨胀，她对币值完全没数，但是也知道尽管通货膨胀，这是一大笔钱。

她把箱子拎去给楚娣看，笑道："邵之雍拿来给我还二婶的钱。"其实他并没有这样说。但是她这时候也没想到。

楚娣笑道："他倒是会弄钱。"

九莉这才觉得有了藉口，不用感到窘了，也可以留他吃饭了。但是第二天晚上他在她们家吃了便饭之后，她实在觉得不好意思，打了个手巾把子来，刚递了给他，已经一侧身走了，半回过头来一笑。

他望着她有点神往。但是她再回到客室的时候，之雍笑道：

"这毛巾这么干这么烫，怎么擦脸？"

专供饭后用的小方块毛巾，本来摺成三角形像两块三明治似的放在碟子上，冷而湿。她猜着他习惯了热手巾把子，要热才舒服，毛孔开放，所以拿去另绞了来。她用楚娣的浴室，在过道另一端，老远的拿来，毛巾又小，一定凉了，所以把热水龙头开得特别烫，又绞得特别紧，手都烫疼了。

"我再去绞一把来。"

她再回来，他说："到洋台上去好不好？"

这洋台不小，但是方方正正的，又什么家具都没有，粗重的阔条水泥阑干筑得很高，整个几何式。灯火管制的城市没什么夜景，黑暗的洋台上就是头上一片天，空洞的紫黝黝微带铁锈气的天上，高悬着大半个白月亮，裹着一团清光。

"'明明如月，何时可掇？'在这里了！"他作势一把捉住她，两人都笑了。他忘了手指上夹着香烟，发现他烫了她的手臂一下，轻声笑着叫了声嗳哟。

他吻她，她像蜡烛上的火苗，一阵风吹着往后一飘，倒折过去。但是那热风也是烛焰，热烘烘的贴上来。

"是真的吗？"她说。

"是真的，两个人都是真的。"

他又差不多天天来。这一天下午秀男来找他，九莉招呼过了马上走开了，让他们说话。等她泡了茶来，秀男没吃就走了。他们在最高的这层楼上站在洋台上看她出来，她在街上还又别过身来微笑挥手。

"她说'你们像在天上，'"次日他告诉九莉。

"因为她爱他，"九莉心里想，有点凄然。

浴佛节庙会,附近几条街都摆满了摊子,连高楼上都听得见嗡嗡的人声,也更有一种初夏的气息。九莉下去买了两张平金绣花鞋面,但是这里没什么东西有泥土气,不像香港的土布。

"你的衣服都像乡下小孩子,"他说。

依偎着,她又想念他遥坐的半侧面,忽道:"我好像只喜欢你某一个角度。"

之雍脸色动了一动,因为她的确有时候忽然意兴阑珊起来。但是他眼睛里随即有轻蔑的神气,俯身揿灭了香烟,微笑道:"你十分爱我,我也十分知道,"别过头来吻她,像山的阴影,黑下来的天,直罩下来,额前垂着一绺子头发。

他讲几句话又心不在焉的别过头来吻她一下,像只小兽在溪边顾盼着,时而低下头去啜口水。

砖红的窗帘被风吸在金色横条铁栅上,一棱一棱,是个扯满了的红帆。壁上一面大圆镜子像个月洞门。夕阳在镜子上照出两小条五彩的虹影。他们静静的望着它,几乎有点恐惧。

他笑道:"没有人像这样一天到晚在一起的。"

又道:"'相看两不厌,惟有敬亭山。'"

"能这样抱着睡一晚上就好了,光是抱着,"他说。

又道:"乡下有一种麂,是一种很大的鹿,头小。有一天被我捉到一只,力气很大,差点给它跑了。累极了,抱着它睡着了,醒了,它已经跑了。

虹影消失了。他们并排躺在沙发上,他在黄昏中久久望着她的眼睛。"忽然觉得你很像一个《聊斋》里的狐女。"

他告诉她他第一个妻子是因为想念他,被一个狐狸精迷上了,自以为天天梦见他,所以得了痨病死的。

他真相信有狐狸精！九莉突然觉得整个的中原隔在他们之间，远得使她心悸。

木雕的鸟仍旧站在门头上。

他回南京去了。

她写信给他说："我真高兴有你太太在那里。"

她想起比比说的，跟女朋友出去之后需要去找妓女的话。并不是她侮辱人，反正他们现在仍旧是夫妇。她知道之雍，没有极大的一笔赡养费，他也决不肯让绯雯走的。

她不觉得他有什么对不起绯雯。那么美，又刚过二十岁，还怕没有出路？

她不妒忌过去的人，或是将要成为过去的。

在同一封信里她又说："我还是担心我们将来怎么办。"

他回信说："……至于我们的婚姻，的确是麻烦。但是不愉快的事都让我来承担好了。昨天夜里她起来到餐室里开了橱倒酒喝。我去抢了下来，她忽然怪笑起来，又说：'我的父亲哪！'"

九莉看了也悚然，从来没去问那句话的意义。想必总是从十五岁起，他在她心目中代替了她的亡父，所以现在要向父亲诉说。

"现在都知道盛九莉是邵之雍的人了，"他信上说。

九林想必也听见了点风声，来了一趟，诧异得眼睛睁得又圆又大。但是看她们这里一切照常，也看不出什么来。

他自从那年五爸爸去说项，结果送了他进了一家大学附中，读了两年升入大学，念了两年不想念下去，想找事。没有兴趣九莉也不赞成念下去，但是也无法帮他找事，更不愿意向之雍开口。

"一个人要靠人帮总不行，"楚娣当着他说。

九莉对这话有点轻微的反感，因为她弟弟天生是个混饭吃的

164

人，至少开始的时候没人拉他一把怎么行？

他小时候有一次病重，是楚娣连日熬夜，隔两个钟头数几滴药水给他吃。九莉也是听她自己说的。但是她这些年来硬起心肠自卫惯了，不然就都靠上来了。

九莉给之雍信上说，她梦见告诉她的老女佣关于他，同时看见他在大太阳里微笑的脸，不知道为什么是深红色的脸，刻满了约有一寸见方的卐字浮雕，有两三分深，阴影明晰。她觉得奇怪，怎么一直没注意到，用指尖轻轻的抚摸着，想着不知道是不是还有点疼。

他信上说不知道为什么刻着卐字。其实她有点知道是充军刺字，卐字代表轴心国。

她写了首诗：
"他的过去里没有我，
寂寂的流年，
深深的庭院，
空房里晒着太阳，
已经是古代的太阳了。
我要一直跑进去，
大喊'我在这儿，
我在这儿呀！'"

他没说，但是显然不喜欢。他的过去有声有色，不是那么空虚，在等着她来。

六

之雍夏天到华中去，第二年十月那次回来，告诉她说："我带了笔钱来给绯雯，把她的事情解决了。"

九莉除了那次信上说了声"担心我们将来怎么办，"从来没提过他离婚的事。但是现在他既然提起来，便微笑低声道：

"还有你第二个太太。"是他到内地教书的时候娶的，他的孩子们除了最大的一个儿子是亡妻生的，底下几个都是她的。后来得了神经病，与孩子们住在上海，由秀男管家。"因为法律上她是你正式的太太。"

"大家都承认绯雯是我的太太。"

"不过你跟绯雯结婚的时候没跟她离婚。"

"要赶她出去是不行的！"

她笑了。"不过是法律上的手续。"随即走开了。

终于这一天他带了两份报纸来，两个报上都是并排着登着"邵之雍章绯雯协议离婚启事"，"邵之雍陈瑶凤协议离婚启事"，看着非常可笑。他把报纸向一只镜面乌漆树根矮几上一丢，在沙发椅上坐下来，虽然带笑，脸色很凄楚。

她知道是为了绯雯,坐到沙发椅扶手上去抚摸他的头发。他护痛似的微笑皱着眉略躲闪了一下,她就又笑着坐回原处。

"另外替绯雯买了辆卡车。她要个卡车做生意,"他说。

"哦。"

又闲谈了几句,一度沉默后,九莉忽然笑道:"我真高兴。"

之雍笑道:"我早就知道你忍不住要说了!"

她后来告诉楚娣:"邵之雍很难受,为了他太太。"

楚娣皱眉笑道:"真是——!'衔着是块骨头,丢了是块肉。'"又道:"当然这也是他的好处,将来他对你也是一样。"

那两条启事一登出来,报上自然推测他们要结婚了。

楚娣得意的笑道:"大报小报一齐报道。——我就最气说跟我住住就不想结婚了。这话奇怪不奇怪?"

原来亲戚间已经在议论,认为九莉跟她住着传染上了独身主义。当然这还是之雍的事传出去之前。她一直没告诉九莉。

"那么什么时候结婚?"她问。

"他也提起过,不过现在时局这样,还是不要,对于我好些。"

他是这样说的:"就宣布也好,请朋友吃酒,那种情调也很好,"慨然说。

他在还债。她觉得有点凄惨。

他见她不作声,也不像有兴致,便又把话说回来了。

提起时局,楚娣自是点头应了声"唔。"但又皱眉笑道:"要是养出个孩子来怎么办?"

照例九莉只会诧异的笑笑,但是今天她们姑侄都有点反常。九莉竟笑道:"他说要是有孩子就交给秀男带。"

楚娣失笑道:"不能听他的。疼得很的。——也许你像我一样,

167

不会生。二婶不知道打过多少胎。"

九莉非常诧异。"二婶打过胎？"

楚娣笑叹道："喝！"似又自悔失言，看了她一眼，悄然道："我当你知道。"

因为她一向对夏赫特的态度那么成人化。在香港蕊秋说过："你三姑，我一走朋友也有了。"当然她回到上海就猜到是指夏赫特，德文学校校长，楚娣去学德文认识的。她也见过他，瘦瘦的中等身材，黄头发，戴眼镜，还相当漂亮，说话永远是酸溜溜的嘲弄的口吻。他来她总是到比比家里吃饭。

九莉笑道："我是真的一直不知道。因为二婶总是最反对发生关系。"

楚娣疲乏的摇头笑叹道："那时候为了简炜打胎——喝！"因为在英国人生地不熟，打胎的医生更难找？"我那时候什么都不懂。那时候想着，要是真不能离婚，真没办法的话，就跟我结婚，作掩蔽。我也答应了。"略顿了顿，又道："二婶刚来那时候我十五岁，是真像爱上了她一样。"

她没说爱简炜，但是当然也爱上了他。九莉骇异得话听在耳朵里都觉得迷离惝恍。但是这种三个人的事，是他们自己一个愿打，一个愿挨，虽然悲剧性，她也不觉得有什么不对，因笑道："后来怎么没实行？"

"后来不是北伐了吗？北洋政府的时候不能离婚的。"

怪不得简炜送她的照片上题的字是这样歉仄的口吻："赠我永远视为吾妹的楚娣。"相片上是敏感的长长的脸，椭圆形大黑眼睛，浓眉，花尖，一副顾影翩翩的样子。

游湖泊区当然是三个人一同去的。蕊秋的诗上说"想篱上玫

瑰　依旧娇红似昔。"北国凉爽的夏天，红玫瑰开着，威治威斯等几个"湖上诗人"的旧游之地，新出了留学生杀妻案。也许从此楚娣总有种恐怖，不知道人家是否看中了她这笔妻财，所以更依恋这温暖的小集团，甘心与她嫂嫂分一个男人，一明一暗。

楚娣又笑道："还有马寿。还有诚大侄侄。二婶这些事多了！"

"我不记得诚大侄侄。"

"怎么会不记得呢？"楚娣有点焦躁起来，仿佛她的可信性受影响了。"诚大侄侄。他有肺病。"

"我只记得胖大侄侄，辫大侄侄。"因为一个胖，一个年纪青青的还留着大辫子，拖在背上。"——还有那布丹大佐。"

楚娣显然认为那个来吃下午茶的法国军官不足道，不大能算进去。"二婶上次回来已经不行了！"她摇摇头说。

九莉一直以为蕊秋是那时候最美。

楚娣看见她诧异的神气，立刻住口没说下去。虽说她现在对她母亲没有感情了，有时候自己人被别人批评，还是要起反感的。

楚娣便又悄悄的笑道："那范斯坦医生倒是为了你。"

九莉很震动。原来她那次生伤寒症，那德国医生是替她白看的！橡皮水龙冲洗得很干净的大象，俯身在她床前，一阵消毒药水气扑鼻。在他诊所里，蕊秋与他对立的画面：诊所附设在住宅里，华丽的半老洋房，两人的剪影映在铁画银勾的五彩玻璃窗上，他低着头用听筒听她单薄的胸部，她羞涩戒备的微醺的脸。

难怪她在病榻旁咒骂："你活着就是害人！像你这样的人只能让你自生自灭。"

也许住院费都是他出的。

有些事是知道得太晚了，仿佛有关的人都已经死了。九莉竟一点也不觉得什么——知道自己不对，但是事实是毫无感觉，就像简直没有分别。感情用尽了就是没有了。

是不是也是因为人多了，多一个也没什么分别？照理不能这样讲，别的都是她爱的人。是他们不作长久之计，叫她忠于谁去？

九莉想着，也许她一直知道的。吃下午茶的客人走后，她从屋顶上下来，不知道怎么卧室里有水蒸气的气息，床套也像是草草罩上的，没拉平，一切都有点零乱。当然这印象一瞥即逝，被排斥了。

怎么会对诚大侄侄一点印象都没有？想必也是他自己心虚，总是靠后站，蕊秋楚娣走后也不到他们家来玩，不像他别的弟兄们。只有他，她倒有点介意，并不是因为她母亲那时候是有夫之妇——这时候再讲法律也未免太可笑了。而且当时也许也带点报复性质，那时候大概已经有了小公馆。她不过因为那是她的童年，不知怎么那一段时间尤其是她的。久后她在纽英伦乡下有一次路上遇见一家人，一个小男孩子牵着一匹"布若"，一种小巧的墨西哥驴子，很可爱，脸也不那么长。因为同路走了一会了，她伸手摸了摸它颈项背后，那孩子立刻一脸不高兴的神气。她也能了解，她还没忘记儿童时代占有性之强。

那年请大侄侄们来过阳历年，拍的小照片楚娣还有，乃德也在座，只有他没戴金银纸尖顶高帽子。九莉没上桌，但是记得宴会前蕊秋楚娣用大红皱纸裹花盆。桌上陈列的小炮仗也是这种皱纸，挂灯结彩也是皱纸带子。她是第一次看见，非常喜欢，却不记得有诚大侄侄这人。他也没拍进照片。

她们走后这几年，总是韩妈带九莉九林到他们家去，坐人力车去，路很远，一带低矮的白粉平房，在干旱的北方是平顶，也用不着屋瓦。荒凉的街上就是这一条白泥长方块，倒像中东。墙上只开了个旧得发黑的白木小门,一进去黑洞洞的许多小院子,都是一家人,但是也有不相干的亲戚本家。转弯抹角,把她们领到一个极小的"暗间"里,有个高大的老人穿着灰布大褂,坐在藤躺椅上。是她祖父的侄子,她叫二大爷。

"认了多少字啦?"他照例问,然后问他媳妇四嫂:"有什么点心可吃的?"

四嫂是个小脚的小老太太,站在房门口。翁媳讨论完了,她去弄点心。大佟佟们躲得一个都不见,因为有吃的。

"背首诗我听,"他说。

九莉站在砖地上,把重量来回的从左脚挪到右脚,摇摆着有音无字的背"商女不知亡国恨,"看见他拭泪。

她听见家里男佣说二大爷做总督,南京城破的时候坐在篮子里从城墙上吊下来逃走的。

本地的近亲只有这两家堂伯父,另一家阔,在佣人口中只称为"新房子"。新盖的一所大洋房,里外一色乳黄粉墙,一律白漆家具,每间房里灯罩上都垂着一圈碧玻璃珠穗。盛家这一支家族观念特别重,不但两兄弟照大排行称十一爷十三爷,连姨奶奶们都是大排行,大姨奶奶是十一爷的,二姨奶奶三姨奶奶是十三爷的。依次排列到九姨奶奶"全"姨奶奶,绕得人头晕眼花。十一爷在北洋政府做总长。韩妈带了九莉姐弟去了,总是在二楼大客厅里独坐,韩妈站在后面靠在他们椅背上,一等等好两个钟头。隔些时韩妈从桌上的高脚玻璃碟子里拈一块樱花糖,剥给他们吃。

有人送的一个新姨奶奶才十七岁,烟台人,在壁炉前抱着胳膊闲站着,细窄的深紫色旗袍映着绿磁砖壁炉,更显得苗条。梳着两只辫子髻,一边一个,稀疏的前溜海,小圆脸上胭脂红得乡气。

"来了多少年哪？是哪儿人哪？"她沉着脸问韩妈。同是被冷落的客人，搭讪着找话讲，免得僵。韩妈恭恭敬敬一句一个"姨奶奶"，但是话并不多。

连新姨奶奶都走开了。终于七老太太召见，他们家连老太太都照大排行称呼。七老太太坐在床沿上拉着他们问长问短。"都吃些什吗？他们妈妈好些东西不叫吃，不敢乱给东西吃。鲫鱼蒸鸡蛋总可以吃吧？还有呢？"一一问过，吩咐下去，方轻声道："十六爷好？十六奶奶十九小姐有信没呀？"她当然用大排行称呼乃德兄妹。"咳呀，俩孩子怎么扔得下，叫人怎不心疼哪？还亏得有你们老人嗽！"

"还是上回来的信吧？我们底下人不知道呵，老太太！"

"俩孩子多斯文哪！不像我们这儿的。"

"他们俩倒好，不吵架。"

"十六爷这向怎么样？"又放低了声音，表示这一次是认真问。随即一阵喊喊喳喳。

韩妈半霎了霎眼睛，轻声笑道："我们不知道呵，老太太，我们都在楼上。现在楼下就是两个烧烟的。"

问话完毕，便向孩子们说："去玩去吧。要什么东西跟他们要，没有就去买去。到了这儿是自己家里，别做客。"

没人陪着玩，韩妈便带他们到四楼去，四楼一个极大的统间，是个作场，大姨奶奶在一张长案上裁剪、钉被窝，在缝衣机上踏窗帘。屋角站着一大卷一大卷的丝绒织花窗帘料子。她脸黄黄的，已经不打扮了，眉毛头发漆黑而低矮，蝌蚪似的小黑眼睛，脸上从来没有笑容。

"嗳，韩大妈坐，坐！见过老太太没？"

"见过老太太喽！大姨奶奶忙。"

她短促的笑了一声。"我反正是——总不闲着。老王倒茶！"

"大姨奶奶能干嘛！"

老太太废物利用，过了时的姨奶奶们另派差使。二姨奶奶比大姨奶奶还见老，骨瘦如柴，一双大眼睛，会应酬，女客都由她招待，是老太太跟前的红人。

大姨奶奶有个儿子，六七岁了，长得像她，与九莉姐弟一样大，但是也不跟他们玩，跑上楼来就扯着他母亲衣襟黏附在身边，嘟囔着不知道要什么。

她当着人有点不好意思，诧异的叱道："嗯？"但终于从口袋里摸出点钱来给他，嗔道："好了去吧去吧！"他又蹬蹬蹬跑下楼去。

"开饭了。"女佣上楼来请下去吃饭。

老太太带着几个大孙子孙女儿与九莉九林，围坐在白漆大圆桌上。他们俩仍旧是家里逐日吃的几样菜搁在面前，韩妈站在背后，代夹到碗碟里。

饭后老太太叫二哥哥带他们到商务印书馆去买点东西给他们。二哥哥是中学生，二蓝布罩袍下面穿得棉墩墩的，长圆脸冻得红一块白一块，在一排排玻璃柜台前徘徊了很久。有许多自来水笔，活动铅笔，精致的文具盒，玻璃镇纸，看不懂的仪器，九莉也不好意思细看，像是想买什么。

一个店伙走上前来，十分巴结，也许是认识门口的汽车，知道是总长家的少爷。二哥哥忽然竖起两道眉毛，很生气似的，结果什么也没买。

晚上汽车送他们回去，九莉九林抢着认市招上的字，大声念出来，非常高兴。

"新房子"有个仆人转荐到海船上当茶房，一个穿黑哔叽短打的大汉，发福后一张脸像个油光唧亮的红苹果。

"他们可以'带货'，赚的钱多，"九莉听见家里的佣人说。大家都羡慕得不得了。

烟台出的海棠果，他送了一大篓来，篓篓几乎有一人高。女佣们一面吃一面嗤笑着，有点不好意思似的。还没吃完早已都吃厌了。

月夜她们搬了长板凳出来在后院乘凉。

"余大妈你看这月亮有多大？"

"你看呢？"

"你们这小眼睛看月亮有多大？"韩妈转问九莉。"有银角子大？单角子还是双角子？"

月亮很高很小，雾濛濛的发出青光来。银角子拿得多远？拿得近，大些，拿得远，小些。如果吊在空中吊得那么高，该多小？九莉脑子里一片混乱。

"单角子，"碧桃说。"韩大妈你看有多大？"

韩妈很不好意思的笑道："老喽，眼睛不行了，看着总有巴斗大。"

"我看也不过双角子那么大，"李妈说。

"你小。"

"还小？都老喽！"笑叹着又道："我们这都叫没办法，出来帮人家，余大妈家里有田有地，有房子，这么大年纪还出来。"

余妈不作声。韩妈也没接口。碧桃和余妈都是卞家陪嫁来的，背后说过，余妈是跟儿子媳妇呕气，赌气出来的。儿子也还常写信来。

"毛哥不要蹲在地下，土狗子咬！有小板凳不坐！"余妈说。

北边有这种"土狗子"，看上去像个小土块，三四寸长，光溜溜的淡土黄色，式样像个简化的肥狗，没有颈子耳朵尾巴，眼睛是两个小黑点或是小黑珠子，爬在土地上简直分不出来，直到它忽然一溜就不见了，因此总是在眼梢匆匆一瞥，很恐怖。

"毛姐给我扇子上烫个字，"李妈说。她们每人一把大芭蕉扇，很容易认错了。用蚊香烫出一个虚点构成的姓，但是一不小心就烧出个洞。

邓爷在门房里熄了灯，搬了张椅子坐在门口。

"邓爷不出来乘凉？里头多热！"韩妈说。

邓爷在汗衫上加了件白小褂，方才端椅子出来。

碧桃窃笑道："邓爷真有规矩，出来还非要穿上小褂子。"

邓爷瘦瘦的，剃着光头。刚到盛家来的时候是个书童，后来盛家替他娶过老婆，死了。

"我学邓爷送帖子。"打杂的也是他们同乡，有时候闹着玩，模仿前清拜客，家人投帖的身段，先在轿子前面紧跑几步，然后一个箭步，打个千，同时一只手高举着帖子。

邓爷一丝笑容也没有。

九莉想说"邓爷送帖子给我看，"没说，知道他一定不理睬。

前两年他曾经带她上街去，坐在他肩头，看木头人戏，自掏腰包买冰糖山楂给她吃，买票逛大罗天游艺场。

有一次她听见女佣们嗤笑着说邓爷和"新房子"的两个男仆到堂子里去。

"什么堂子？"

"嚇咦！"韩妈低声吓唬她，但是也笑了。

她在门房里玩，非常喜欢这地方。粗糙的旧方桌上有香烟烫焦的迹子。黄藤茶壶套，壶里倒出微温的淡橙色的茶。桌上有笔砚账簿信笺，尽她涂抹，拿走一两本空白账簿也由她。从前有一次流鼻血，也抱了来，找人用墨笔在鼻孔里抹点墨。冷而湿的毛笔舐了她一下，一阵轻微的墨臭，似乎就止了血。

"等我大了给邓爷买皮袍子，"她说。

"还是大姐好，"他说。九林不作声。他正在邓爷的铺板床上爬来爬去，掀开枕头看枕下的铜板角子。

"我呢？我没有？"韩妈站在门口说。

"给韩妈买皮袄，"九莉说。

韩妈向邓爷半霎了霎眼睛，轻声笑道："大姐好。"

门房里常常打牌。

"今天谁赢？"他们问她。

楼上女佣们预先教她这样回答："都赢。桌子板凳输。"

两个烧烟的男仆，一个非常高而瘦，三角脸，青白色的大颧骨，瘦得耸着肩，像白无常，是后荐来的，会打吗啡针。起初只有那猴相的矮子，为了戒赌，曾经斩掉一只无名指，在牌桌上大家提起来都笑。九莉扳着他的手看，那只指头还剩一个骨节，末端像骰子一样光滑苍白。他桔皮脸上泛起一丝苦笑。

"长子戳了他的壁脚，矮子气噢，气噢！说要宰了他。"李妈兼代楼下洗衣服，消息较灵通。

打雷，女佣们说："雷公老爷在拖麻将桌子了。"

雨过天青，她们说："不会再下了，天上的蓝够做一条裤子了。"

她们种田的人特别注重天气。秋冬早上起来，大声惊叹着："打霜了！"抱着九莉在窗前看，看见对街一排房屋红瓦上的霜，在阳光中已经在溶化，瓦背上湿了亮滢滢的，洼处依旧雪白，越发红的红，白的白，烨烨的一大片，她也觉得壮观。

"打风了！"

刮大风，天都黄了，关紧窗子还是桌上一层黄沙，擦干净了又出来一层，她们一面擦一面笑。

韩妈带她一床睡，早上醒来就舐她的眼睛，像牛对小牛一样。九莉不喜欢这样，但是也知道她相信一醒过来的时候舌头有清气，原气，对眼睛好的。当然她并没说过，蕊秋在家的时候她也没这样过。

她按照蕊秋立下的规矩，每天和余妈带他们到公园去一趟，冬天也光着一截子腿，穿着不到膝盖的羊毛袜。一进园门，苍黄的草地起伏展开在面前，九莉大叫一声，狂奔起来，毕直跑，把广原一切切成两半。后面隐隐听见九林也在叫喊，也跟着跑。

"毛哥啊！快不要跑，跌得一塌平阳！"余妈像鹦哥一样锐叫着，也迈动一双小脚追赶上来，跑得东倒西歪。不到一两年前，九林还有脚软病，容易跌跤，上公园总是用一条大红阔带子当胸绊住，两端握在余妈手里，像放狗一样，十分引人瞩目。他嫌她小脚走得太慢，整个的人仆向前面，拼命往前挣，胸前红带子上的一张脸像要哭出来。

余妈因为是陪房，所以男孩子归她带。打平太平天国的将领都在南京住了下来，所以卞家的佣仆清一色是南京人。

"你姓碰，碰到哪家是哪家，"她半带微笑向九莉说。

"我姓盛我姓盛我姓盛！"

"毛哥才姓盛。将来毛哥娶了少奶奶，不要你这尖嘴姑子回来。"

蕊秋没走的时候说过："现在不讲这些了，现在男女平等了，都一样。"

余妈敌意的笑道："哦？"细致的胖胖的脸上，眼袋忽然加深了。头发虽然稀了，还漆黑。江南乡下女人不种地，所以裹了脚。韩妈她们就都是大脚。

"我们不下田，"她断然的说，也是自傲的口吻。

见九莉把吃掉半边的鱼用筷子翻过来，她总是说："'君子不吃翻身鱼。'"

"为什么？"

"嗳，君子就是不吃翻身鱼。"

九莉始终不懂为什么，朦胧的以为或者是留一半给佣人吃才"君子"，直到半世纪后才在报上看到台湾渔民认为吃翻身鱼是翻船的预兆。皖北干旱，不大有船，所以韩妈她们就没有这一说，但是余妈似乎也已经不知道这忌讳的由来了。

余妈"讲古"道："从前古时候发大水，也是个劫数嗳！人都死光了，就剩一个姐姐弟弟，姊弟俩。弟弟要跟姐姐成亲，好传宗接代。姐姐不肯，说：'你要是追得上我，就嫁给你。'弟弟说'好。'姐姐就跑，弟弟在后头追，追不上她。哪晓得地下有个乌龟，绊了姐姐的脚，跌了一跤，给弟弟追上了，只好嫁给他。姐姐恨那乌龟，拿石头去砸乌龟壳，碎成十三块，所以现在乌龟壳还是十三块。"

九莉听了非常不好意思，不朝九林看。他当然也不看她。

家里自来水没有热的，洗澡要一壶一壶拎上来，倒在洋式浴缸里。女佣们为了省事，总是两个孩子一盆洗，两个女佣在两端代洗。九莉九林各坐一端，从来不抬起眼睛来。

夏天他们与男女佣都整天在后院里，厨子蹲在阴沟边上刮鱼鳞，女佣在自来水龙头下洗衣服，除了碧桃是个姑娘家不大下楼来。九莉端张朱红牛皮小三脚凳，坐在太阳晒不到的地方，头上是深蓝色的北国的蓝天。余妈蹲在一边替九林把尿。

"小心土狗子咬了小麻雀，"厨子说。

有一天韩妈说："厨子说这两天买不到鸭子。"

九莉便道："没有鸭子就吃鸡吧。"

一声断喝："吓咦！"

"我不过说没有鸭子就吃鸡吧。"

"还要说！"

冬天把一罐麦芽糖搁在火炉盖上，里面站着一双毛竹筷子。冻结的麦芽糖溶化得奇慢，等得人急死了。终于到了一个时候，韩妈绞了一团在那双筷子上，她仰着头张着嘴等着，那棕色的胶质映着日光像只金蛇一扭一扭，仿佛也下来得很慢。

麦芽糖的小黑磁罐子，女佣们留着"拔火罐"。她们无论什么病都是团皱了报纸在罐子里烧，倒扣在赤裸的有雀班的肩背上。

九林冬天穿着金酱色缎子一字襟小背心，宝蓝茧绸棉袍上遍洒粉橙色蝴蝶。九莉笑道："弟弟真好玩，"连吻他的脸许多下，皮肤虽然嫩，因为瘦，像松软的薄绸。他垂着眼睛，假装没注意，不觉得。

女佣们非常欣赏这一幕，连余妈嘴里不说，都很高兴。

碧桃赞叹道："看他们俩多好！"

余妈识字。只有她用不着寄钱回去养家，因此零用钱多些，有一天在旧书担子上买了本宝卷，晚饭后念给大家听。黯淡的电灯下，饭后发出油光的一张张的脸都听呆了，似懂非懂而又虔诚。最是"今朝脱了鞋和袜，怎知明朝穿不穿"这两句，余妈反覆念了几遍，几个老年人都十分感动。

她有时候讲些阴司地狱的事，九莉觉得是个大地窖，就像大罗天游艺场楼梯上的灰色水门汀墙壁，不过设在地下层，分门别类，阴山刀山火焰山，孽镜望乡台，投生的大轮子高入半空。当然九莉去了不过转个圈子看看，不会受刑。她为什么要做坏事？但是她也不要太好了，跳出轮回上天去，玉皇大帝亲自下阶迎接。她要无穷无尽一次次投胎，过各种各样的生活，总也有时候是美貌阔气的。但是无论怎么样想相信，总是不信，因为太称心了，正是人心里想要的，所以像是造出来的话。不像后来进了教会学校，他们的天堂是永远在云端里弹竖琴唱赞美诗——做礼拜做得还不够？每天早上半小时，晚上还有同学来死拉活扯，拖人去听学生讲道，去一趟，肯代补课一次。星期日上午做礼拜三小时，唯一的调剂是美国牧师的强苏白，笑得人眼泪出而不敢出声，每隔两排有个女教职员监视。她望着礼拜堂中世纪箭楼式小窄窗户外的蓝天，总觉得关在里面是犯罪。有时候主教来主持，本来是山东传教师，学的一口山东话，也笑得人眼泪往肚子里流。

但是《圣经》是伟大的作品，《旧约》是史诗，《新约》是传记小说，有些神来之笔如耶稣告诉犹大："你在鸡鸣前就要有三次不认我。"她在学校里读到这一节，立刻想起她六七岁的时候有一次。自从她母亲走后爱老三就搬进来住。爱月楼老三长挑身材，苍白的瓜子脸，梳着横爱丝头，前溜海罩过了眉毛，笑起来眼睛眯得很细。她叫裁缝来做衣服，给九莉也做一套一式一样的，雪青丝绒衣裙，最近流行短袄齐腰，不开叉，窄袖齐肘，下面皱裥长裙曳地，圆筒式高领也一清如水，毫无镶滚，整个是简化的世纪末西方女装。爱老三其实是高级时装模特儿的身段，瘦而没有胁骨，衣架子比谁都好。

幽暗的大房间里，西式雕花柚木穿衣镜立在架子上，向前倾斜着。九莉站在镜子前面，她胖，裁缝捏来捏去找不到她的腰。爱老三不耐烦的在旁边揪了一把，道："喏！高点好了，腰高点有样子。"

裁缝走了，爱老三抱着她坐在膝上，笑道："你二婶给你做衣裳总是旧的改的，我这是整匹的新料子。你喜欢二婶还是喜欢我？"

"喜欢你。"九莉觉得不这么说太不礼貌，但是忽然好像头上开了个烟囱，直通上去。隐隐的鸡啼声中，微明的天上有人听见了。

衣服做来了。爱老三晚上独自带九莉出去，坐黄包车。年底风大，车夫把油布篷拉上挡风。

爱老三道："冷不冷？"用斗篷把她也裹在里面。

在黑暗中，爱老三非常香，非常脆弱。浓香中又夹杂着一丝陈雅片烟微甜的哈气。

进了一条长巷，下了黄包车，她们站在两扇红油大门前，门灯上有个红色的"王"字。灯光雪亮，西北风呜呜的，吹得地下一尘不染。爱老三揿了铃，扶起斗篷领子，黑丝绒绽出玫瑰紫丝绒里子，一朵花似的托住她小巧的头。她从黑水钻手袋里取出一大卷钞票来点数，有砖头大，只是杂乱无章。

九莉想道："有强盗来抢了！"不禁毛发皆竖。回过头去看看，黄包车已经不见了。刚才那车夫脚上穿得十分齐整，直贡呢鞋子，雪白的袜子，是专拉几个熟主顾的，这时候在她看来是救星，家将，但是一方面又有点觉得被他看见了也说不定也会抢。

开了门爱老三还没点完，也许是故意摆阔。进去房子很大，新油漆的，但是并不精致。穿堂里人来人往，有个楼梯。厅上每张桌子上一盏大灯，桌子上的人脸都照成青白色。爱老三把斗篷一脱，她们这套母女装实在引人注目，一个神秘的少妇牵着个小胖女孩子，打扮得一模一样。她有个小姊妹走上来招呼，用异样的眼光看了九莉一眼，带着嫌恶的神气。

爱老三忙道："是我们二爷的孩子。"又张罗九莉，笑道："你就在这儿坐着，啊！别到别处去，不然找不到你。"

两人走开了，不久她那小姊妹送了一把糖果来，又走了。

九莉远远的看着这些人赌钱，看不出所以然来，也看不见爱老三。盆栽的棕榈树边，一对男女走过，像影星一样，女人的西式裙子很短，背后飘着三尺白丝围巾，男人头发亮得像漆皮。听不见他们说话——是当时的默片。坐久了也跟"新房子"一样，一等等几个钟头，十分厌烦。爱老三来的时候她靠在那里睡着了。

此后没再带她去，总是爱老三与乃德一同出去。

"说输得厉害，"女佣们窃窃私议，都面有惧色。"过了年天天去。……俱乐部没赌得这么大。……说遇见了郎中。……这回还是在熟人家里。……跟刘四爷闹翻了。……"

早就听见说"过了年请先生，"是一个威胁。过了年果然请了来了。

"板子开张没有？"男女佣连厨子在内，不知道为什么，都快心的不时询问。

板子搁在书桌上，白铜戒尺旁边，九莉正眼也不看它一眼，表示不屑理会。是当过书童的邓爷把从前二爷书房里的配备都找了出来。板子的大小式样像个眼镜盒，不过扁些，旧得黑油油的，还有一处破裂过，缺一小块，露出长短不齐的木纤维，虽然已经又磨光了，还是使人担心有刺。

开始讲《纲鉴》。

"'周召共和'就是像现在韩妈余妈管家，"九莉想。

讲到伯夷叔齐饿死在首阳山上,她看见他们兄弟俩在苍黄的野草里采野菜吃,不吃周朝的粮食,人家山下的人照样过日子。她忽然哭了起来。老师没想到他讲得这么动人,倒有点不好意思起来。但是越哭越伤心,他不免疑心是藉此罢课,正了正脸色,不理她,继续讲下去,一面圈点。九林低着头,抿着小薄嘴唇。她知道他在想:"又在卖弄!"师徒二人坐得近了些,被她吵得听不见。她这才渐渐住了声。

乃德这一向闭门课子,抽查了两次,嫌他们背得不熟,叫他们读夜书,晚饭后在餐桌上对坐着,温习白天上的课,背熟了到对过房里背给他听。老师听见了没说什么,但是显然有点扫了他的面子。

客室餐室对过的两间房,中间的拉门经常开着,两间并成一间,中间一个大穹门,光线又暗,又是蓝色的烟雾迷漫,像个洞窟。乃德与爱老三对躺在烟铺上,只点着茶几上一盏台灯。爱老三穿着铁线纱透红里子袄裤,喇叭裤脚,白丝袜脚跟上绣的一行黑蜘蛛爬上纤瘦的脚踝。她现在不理九莉了,九莉见了她也不招呼。乃德本来不要他们叫她什么。但是当着她背书非常不得劲。

长子坐在小凳上烧烟,穿着件短袖白小褂,阔袖口翘得老高,时而低声微笑着说句话。榻上两人都不作声。

乃德接过书去,坐起身来,穿着汗衫,眼泡微肿,脸上是他那种半醉的气烘烘的神气。九莉站在当地,摇摆着背诵起来,背了一半顿住了。

"拿去再念去!"

第二次背不出,他把书扔在地下。

越是怕在爱老三面前出丑,越是背不出。第三次他跳起来拉紧她一只手，把她拖到书房里，拿板子打了十几下手心。她大哭起来。韩妈在穿堂里窥探，见乃德走了方才进来，忙把她拉上楼去。

"嘛咦！还要哭！"虎起脸来吆喝，一面替她揉手心。

佣仆厨子不再笑问"板子开了张没有"了。

每天晚上九林坐在她对面惨惨戚戚小声念书，她怕听那声音，他倒从来没出事。

爱老三有个父亲跟着她，大个子，穿着灰布袍子，一张苍黄的大脸，也许只有五十来岁，鬼影似的在她房里掩出掩进。

"怕二爷，"女佣们轻声说。

"又说不是她老子。"

他总是在楼下穿堂里站在五斗橱前，拿着用过的烟斗挖烟灰吃。

爱老三仍旧照堂子里的规矩，不大跟男人一桌吃饭，总要晚两个钟头一个人吃，斜签着身子坐着，乏味的拨着碗里的饭，只有几样腌渍卤菜。

刚搬进来吃暖宅酒，兼请她的小姊妹们，所以她们也上桌，与男客并坐。男女主人分别让客进餐室，九莉那时候四岁，躲在拉门边的丝绒门帘里。那一群女客走过，系着半长不短的三镶阔花边铁灰皱裥裙，浅色短袄，长得都很平常，跟亲戚家的女太太们没什么分别。进去之后拉门拉上了，只听见她父亲说话的声音，因为忽高忽低，仿佛有点气烘烘的声口。客室里只剩下两个清倌人，身量还没长足，合坐在一张沙发椅上，都是粉团脸，打扮得一式一样，水钻狗牙齿沿边淡湖色袄裤。她觉得她们非常可爱，渐渐的只把门帘裹在身上，希望她们看见她跟她说话。但是她们就像不看见，只偶然自己两个人轻声说句什么。

赤凤团花暗粉红地毯上，火炉烧得很旺。隔壁传来轻微的碗筷声笑语声。她只剩一角绒幕搭在身上，还是不看见她。她终于疑心是不理她。

李妈帮着上菜，递给打杂的端进去，低声道："不知道怎么，这两个不让她们吃饭，也不让她们走。说是姊妹俩。"因向客室里张了张，一眼看见九莉，不耐烦的"啧"了一声，皱着眉笑着拉着她便走，送上楼去。

也是李妈轻声告诉韩妈她们："现在自己会打针了。一个跑，一个追，硬给她打，"尴尬的嗤笑着。

毓恒经常写信到国外去报告，这一封蕊秋留着，回国后夹杂在小照片里，九莉刚巧看见了："小姐钧鉴：前禀想已入钧览。日前十三爷召职前往，问打针事。职禀云老三现亦打上针，瘾甚大。为今之计，莫若釜底抽薪调虎离山，先由十三爷藉故接十六爷前去小住，再行驱逐。十六爷可暂缓去沪，因老三南人，恐跟踪南下，十六爷懦弱，不能驾驭也。昨职潜入十六爷内室，盗得针药一枚，交十三爷送去化验……"

他向往"新房子"，也跟着他们称姑爷为十六爷。像蒋干盗书一样，他"卧底"有功，又与"新房子"十三爷搭上了线，十分兴头，但是并没有就此赏识录用他。蕊秋楚娣回国后他要求"小姐三小姐荐事，"蕊秋告诉他"政府现在搬到南京了，我们现在也不认识人了。"

爱老三到三层楼上去翻箱子，经过九林房门口，九林正病着，她也没问起。

"连头都不回，"李妈说。

余妈不作声。

"嗳，也不问一声，"韩妈说。

九莉心里想，问也是假的，她自己没生，所以看不得他是个儿子。不懂她们为什么这样当桩事。

好久没叫进去背书了。九莉走过他们房门口，近门多了一张单人铜床，临空横拦着。乃德迎门坐在床沿上，头上裹着纱布，看上去非常异样，但是面色也还像听她背书的时候，目光下视，略有点悻悻然，两手撑在床上，短袖汗衫露出的一双胳膊意外的丰满柔软。

"痰盂罐砸的，"女佣们轻声说。"不知道怎么打起来了。"

乃德被"新房子"派汽车来接去了，她都不知道。下午忽然听见楼下吵闹的声音。

"十三爷来了！"女佣们兴奋的说。

李妈碧桃都到楼梯上去听，韩妈却沉着脸搂着九莉坐着，防她乱跑。只隐隐听见十三爸爸拍桌子骂人，一个女人又哭又嚷，突然冒出来这么几句，时发时停，江南官话，逼出来的大嗓门，十分难听。这是爱老三？九莉感到震恐。

十三爷坐汽车走了。楼下忙着理行李。男仆都去帮着扛抬。天还没黑，几辆塌车堆得高高的拉出大门，楼上都挤在窗口看。

"这可好了！"碧桃说。余妈在旁边没作声。

还有一辆。还有。

又出来一辆大车。碧桃李妈不禁噗嗤一声笑了。碧桃轻声道："哪来这些东西？"

都有点恐慌，仿佛脚下的房子给掏空了。

李妈道："是说是她的东西都给她带去，不许在天津北京挂牌子做生意。"

碧桃道："说是到通州去，她是通州人。"

"南通州是北通州？"李妈说。

似乎没有人知道。

北洋政府倒了她有没有回来，回来了是否还能挂牌子做生意，是不是太老了，又打上了吗啡？九莉从来没想到这些，但是提起她的时候总护着她："我倒觉得她好看。"

当时听不懂的也都忘了：在那洞窟似的大房间里追逐着，捉住她打吗啡针，那阴暗的狂欢场面。乃德看不起她，所以特地吩咐韩妈不要孩子们叫她。看不起她也是一种刺激。被她打破头也是一种刺激。但是终于被"新房子"抓到了把柄，"棒打鸳鸯两离分，"而且没给遣散费。她大概下场很惨。

九林虽然好了，爱老三也走了，余妈不知道怎么忽然灰心起来，辞了工要回家去。盛家也就快回南边去了，她跟着走可以省一笔路费，但是竟等不及，归心似箭。

碧桃搭讪着笑道："余大妈走了，等毛哥娶亲再来，"自己也觉得说得不像，有点心虚似的。也没有人接口。

白牛皮箱网篮行李卷都堆在房间中央。九莉忽然哭了，因为发现无论什么事都有完的时候。

"还是毛姐好，"碧桃说。"又不是带她的，还哭得这样。"

余妈不作声，只顾忙她的行李。九林站在一边，更一语不发。

楼下报说黄包车叫来了。余妈方才走来说道："毛姐我走了。毛哥比你小，你要照应他。毛哥我走了。以后韩妈带你了，你要听话，自己知道当心。"

九林不作声，也不朝她看。打杂的上楼来帮着拿行李，韩妈碧桃等送她下楼，一片告别声。

187

此后九莉总觉得他是余妈托孤托给她们的，觉得对不起她。韩妈也许也有同感。

他们自己也要动身了。

"到上海去喽！到上海去喽！"碧桃曼声唱念着。

家具先上船。空房里剩下一张小铁床，九莉一个人蹲在床前吃石榴，是"新房子"送的水果。她是第一次看见石榴，里面一颗颗红水晶骰子，吃完了用核做兵摆阵。水果篮子盖下扣着的一张桃红招牌纸，她放在床下，是红泥混沌的秦淮河，要打过河去。

连铁床都搬走了，晚上打地铺，韩妈李妈一边一个，九莉九林睡在中间。一个家整个拆了，满足了儿童的破坏欲。头上的灯光特别遥远黯淡，她在枕上与九林相视而笑。看着他椭圆的大眼睛，她恨不得隔着被窝搂紧了他压碎他，他脆薄得像梳打饼干。

最初只有他们两个人。她坐在床上，他并排坐着，离得不太近，防万一跌倒。两人都像底边不很平稳的泥偶。房间里很多人，但是都是异类，只有他们俩同类，彼此很注意。她面前搁着一只漆盘——"抓周"。当然把好东西如笔墨都搁在跟前，坏东西如骰子骨牌都搁得远远的，够不到。韩妈碧桃说她抓了笔与棉花胭脂，不过三心两意，拿起放下。没有人记得九林抓了什么。

也许更早，还没有他的时候，她站在朱漆描金站桶里，头别来别去，躲避一只白铜汤匙。她的调羹呢？白磁底上有一朵紫红小花。不要这铁腥气的东西。

"唉哎嗳！"韩妈不赞成的口吻。一次次泼撒了汤粥。

婴儿的眼光还没有焦点，韩妈的脸奇大而模糊。

突然汤匙被她抢到手里，丢得很远很远，远得看不见，只听见叮当落地的声音。

"今天不知道怎么，脾气坏，"韩妈说。

她不会说话，但是听得懂，很生气。从地下拣起汤匙送了出去，居然又拿了只铜汤匙来喂她。

房间里还有别人来来往往，都看不清楚。

忽然哗哗哗一阵巨响，腿上一阵热。这站桶是个双层小柜，像响蹀廊似的回声很大。她知道自己理亏，反胜为败了。韩妈嘟囔着把她抱了出来，换衣服擦洗站桶。

她站在蕊秋梳妆台旁边，有梳妆台高了。蕊秋发脾气，打了碧桃一个嘴巴子。

"给我跪下来！"

碧桃跪了下来，但是仍旧高得使人诧异，显得上身太长，很难看。九莉怔了一怔，扯开喉咙大哭起来。

蕊秋皱眉道："吵死了！老韩呢？还不快抱走。"

她站在旁边看蕊秋理箱子。一样样不知名的可爱的东西从女佣手里传递过来。

"好，你看好了，不要动手摸，啊！"蕊秋今天的声音特别柔和。但是理箱子理到一个时候，忽然注意到她，便不耐烦的说："好，你出去吧。"

家里人来人往，女客来得不断，都是"新房子"七老太太派来劝说的。

临动身那天晚上来了贼，偷去许多首饰。

女佣们窃笑道："还在地下屙了泡大屎。"

从外国寄玩具来，洋娃娃，炮兵堡垒，真能烧煮的小酒精钢灶，一只蓝白相间波浪形图案丝绒鬈毛大圆球，不知道作什么用，她叫它"老虎蛋"。放翻桌椅搭成汽车，与九林开汽车去征蛮，中途埋锅造饭，煮老虎蛋吃。

"记不记得二婶三姑啊？"碧桃总是曼声唱念着。

"这是谁呀？"碧桃给她看一张蕊秋自己着色的大照片。

"二婶，"只看了一眼，不经意的说。

"二婶三姑到哪去啦？"

"到外国去了。"

像祈祷文的对答一样的惯例。

碧桃收起照片，轻声向韩妈笑道："他们还好，不想。"

韩妈半霎了霎眼睛，笑道："他们还小。"

九莉知道二婶三姑到外国去这件事很奇怪，但是这些人越是故作神秘，她越是不屑问。

韩妈弯着腰在浴缸里洗衣服，九莉在背后把她的蓝布围裙带子解开了，围裙溜下来拖到水里。

"唉哎嗳！"韩妈不赞成的声音。

系上又给解开了，又再拖到水里。九莉嗤笑着，自己也觉得无聊。

有时候她想，会不会这都是个梦，会忽然醒过来，发现自己是另一个人，也许是公园里池边放小帆船的外国小孩。当然这日子已经过了很久了，但是有时候梦中的时间也好像很长。

多年后她在华盛顿一条僻静的街上看见一个淡棕色童化头发的小女孩一个人攀着小铁门爬上爬下，两手扳着一根横栏，不过跨那么一步，一上一下，永远不厌烦似的。她突然憬然，觉得就是她自己。老是以为她是外国人——在中国的外国人——因为隔离。

她像棵树，往之雍窗前长着，在楼窗的灯光里也影影绰绰开着小花，但是只能在窗外窥视。

七

战后绪哥哥来了。他到台湾去找事，过不惯，又回北边去，路过上海。

"台湾什么样子？"九莉问。

"台湾好热。喝！"摇摇头，仿佛正要用手巾把子擦汗，像从前在外面奔走了一天之后，回到黑暗的小洋台上。又是他们三个人坐谈，什么也没有改变。"大太阳照着，都是那很新的马路，老宽的，又长，到哪儿去都远，坐三轮都得走半天。"

在九莉的印象中，是夏天正午的中山陵，白得耀眼。

"吃东西也吃不惯，苦死了，想家，"楚娣笑着补足他的话。

何至于娇惯到这样，九莉心里想。他过去也并没有怎么享受，不过最近这几年给丈母娘惯的。母女俩找到了一个撑家立纪的男人，终身有靠，他也找到了他安身立命的小神龛。

当然他不会没听到她与之雍的事，楚娣一定也告诉了他。绪哥哥与她永远有一种最基本的了解。但是久后她有时候为了别的事联想到他，总是想着：了解又怎样？了解也到不了哪里。

他喜欢过她，照理她不会忘记，喜欢她的人太少了。但是竟慷慨的忘了，不然一定有点僵，没这么自然。

楚娣一定告诉了他她爱听他们说话，因此他十分卖力，连讲了好几个北边亲戚的故事。那些人都使她想起她父亲与弟弟。他也提起她父亲：

"听说二表叔现在喜欢替人料理丧事，讲究照规矩应当怎样，引经据典的。"

楚娣一开始就取笑他想家，表示她不怕提起他太太。但是九莉没提"绪嫂嫂"，也没想起来问他有没有孩子。还是只有他们三个人，在那夏夜的小洋台上。什么都没改变。

碧桃来了。碧桃三十来岁，倒反而漂亮了些，连她那大个子也都顺眼得多。改穿旗袍了，仍旧打扮得很老实，剪发，斜掠着稀稀的前溜海。

"毛姐有了人家了？"

想必是从卞家方面听来的。

九莉只得笑道："不是，因为他本来结了婚的，现在离掉了，不过因为给南京政府做过事，所以只好走了。"

碧桃呆着脸听着，忽道："嗳哟，小姐不要是上了人的当吧？"

九莉笑道："没有没有。"

她倒也就信了。

九莉搭讪着走开了。碧桃去后楚娣笑道："听她说现在替人家管家带管账，主人很相信她。这口气听上去，也说不定她跟了人了。"

前一向绪哥哥的异母姊姊素姐姐也搬到上海来了。素姐姐与楚娣年纪相仿，从小一直亲厚。楚娣亲戚差不多都不来往了，只有这几个性情相投的，还有个表姐，也是竺家的姑奶奶，对"素小姐"也非常器重。

有一次提起夏赫特，楚娣有点纳罕的笑道："我同二婶这些事，外头倒是一点都不知道。"言下于侥幸中又有点遗憾，被视为典型的老小姐。又道："自己有这些事的人疑心人，没有这些事的人不疑心人，不知道是不是这样。"

　　九莉笑道："不知道。也许。"

　　她就是不疑心人，就连对她母亲的发现之后。这时候听楚娣猜碧桃做了主人的妾，她很不以为然。她想碧桃在她家这些年，虽然没吃苦，也没有称心如意过。南京来人总带咸板鸭来，女佣们笑碧桃爱吃鸭屁股，她不作声。九莉看见她凝重的脸色，知道她不过是吃别人不要吃的，才说爱吃。只有她年纪最小，又是个丫头。后来结了婚又被遗弃，经过这些挫折，职业上一旦扬眉吐气，也许也就满足了。主人即使对她有好感，也不见得会怎样。到底这是中国。

　　碧桃与她一同度过她在北方的童年，像有种巫魇封住了的，没有生老病死的那一段沉酣的岁月，也许心理上都受影响。她刚才还在笑碧桃天真，不知道她自己才天真得不可救药。一直以为之雍与小康小姐与辛巧玉没发生关系。

　　他去华中后第一封信上就提起小康小姐。住在医院里作为报社宿舍，因为医院比较干净。有个看护才十六岁，人非常好，大家都称赞她，他喜欢跟她开玩笑。她回信问候小康小姐，轻飘的说了声"我是最妒忌的女人，但是当然高兴你在那里生活不太枯寂。"

　　也许他不信。她从来没妒忌过绯雯，也不妒忌文姬，认为那是他刚出狱的时候一种反常的心理，一条性命是拣来的。文姬大概像有些欧美日本女作家，不修边幅，石像一样清俊的长长的脸，身材趋向矮胖，旗袍上罩件臃肿的咖啡色绒线衫，织出累累的葡萄串花样。她那么浪漫，那次当然不能当桩事。

"你有性病没有？"文姬忽然问。

他笑了。"你呢？你有没有？"

在这种情况下的经典式对白。

他从前有许多很有情调的小故事，她总以为是他感情没有寄托。

"我是喜欢女人，"他自己承认，有点忸怩的笑着。"老的女人不喜欢，"不必要的补上一句，她笑了。

她以为止于欣赏。她知道有很拘谨的男人也这样，而且也往往把对方看得非常崇高，正因为有距离。不过他们不讲，只偶然冒出一句，几乎是愤怒的。

他带荒木来过。荒木高个子，瘦长的脸，只有剃光头与一副细黑框的圆眼镜是典型日本人的。他去过蒙古，她非常有兴趣。之雍随即带了张蒙古唱片来，又把他家里的留声机拿了来。那蒙古歌没什么曲调，是远距离的呼声，但是不像阿尔卑斯山上长呼的耍花腔。同样单调，日本的能剧有鬼音，瓮声瓮气像瓮尸案的冤魂。蒙古歌不像它们有地方性——而且地方性浓到村俗可笑的地步——只是平平的，一个年青人的喉咙，始终听着很远，初民的声音。她连听了好几遍，坚持把唱机唱片都还了他们。

荒木在北京住过很久，国语说得比她好。之雍告诉她他在北京隔壁邻居有个女孩子很调皮，荒木常在院子里隔着墙跟她闹着玩，终于恋爱了，但是她家里当然通不过。她结了婚，荒木也在日本订了婚，是他自己看中的一个女学生。战时未婚妻到他家里来住了一阵子，回去火车被轰炸，死了。结果他跟家里的下女在神社结了婚。

那北京女孩子嫁的丈夫不成器，孩子又多，荒木这些年一直经常资助她，又替她介绍职业。有一次她实在受不了，决定离开家，她丈夫跪下来求她，孩子们都跪下了。她正拿着镜子梳头发，把镜子一丢，叹了口气，叫他们起来。

九莉见过她一次，骨瘦如柴，但是并没有病容，也不很见老，只是长期的精神与物质上的煎逼把人熬成了人干，使人看着骇然。看得出本来是稚气的脸，清丽白皙，额部像幼童似的圆圆的突出，长挑身材，烫发，北派滚边织锦缎长袖旗袍，领口瘦得大出一圈。她跟荒木说说笑笑很轻松，但是两人声调底下都有一种温存。

"她对荒木像老姐姐一样，要说他的，"之雍后来说。

九莉相信这种古东方的境界他也做得到。不过他对女人太博爱，又较富幻想，一来就把人理想化了，所以到处留情。当然在内地客邸凄凉，更需要这种生活上的情趣。

"我倒很喜欢中学教员的生活，"他说过。

报社宿舍里的生活，她想有点像单身的教员宿舍。他喜欢教书。总有学生崇拜他，有时候也有漂亮的女同事可以开开玩笑。不过教员因为职位关系，种种地方受约束。但是与小康小姐也只能开开玩笑，跟一个十六岁的正经女孩子还能怎样？

他也的确是忙累，办报外又创办一个文艺月刊，除了少数转载，一个杂志全是他一个人化名写的。

她信上常问候小康小姐。他也不短提起她，引她的话，像新做父母的人转述小孩的妙语。九莉渐渐感觉到他这方面的精神生活对于他多重要。他是这么个人，有什么办法？如果真爱一个人，能砍掉他一个枝干？

她梦见手搁在一棵棕榈树上，突出一环一环的淡灰色树干非常长。沿着欹斜的树身一路望过去，海天一色，在耀眼的阳光里白茫茫的，睁不开眼睛。这梦一望而知是弗洛依德式的，与性有关。

她没想到也是一种愿望，棕榈没有树枝。

秋天之雍回上海来，打电话来说："喂，我回来了。"听见他的声音，她突然一阵轻微的眩晕，安定了下来，像是往后一倒，靠在墙上，其实站在那里一动也没动。

中秋节刚过了两天。

"邵之雍回来了，"她告诉楚娣。

楚娣笑道："跟太太过了节才来。"

九莉只笑笑。她根本没想到他先回南京去了一趟。她又不过节，而且明天是她生日。她小时候总闹不清楚，以为她的生日就是中秋节。

他又带了许多钱给她。这次她拿着觉得有点不对。显然他不相信她说的还她母亲的钱的话，以为不过是个藉口。上次的钱买了金子保值，但是到时候知道够不够？将来的币制当然又要换过，几翻就没有了，任何政府都会这一招。还是多留一点。屡次想叫三姑替她算算二婶到底为她花了多少钱，至少有个数。但是币值这样动荡，早算有什么用？也不能老找三姑算，老说要还钱多贫！对之雍她也没再提起。说了人家不信，她从来不好意思再说一遍。

"经济上我保护你好吗？"他说。

她微笑着没作声。她赚的钱是不够用，写得不够多，出书也只有初版畅销。刚上来一阵子倒很多产，后来就接不上了，又一直对滥写感到恐怖。能从这里抽出点钱来贴补着点也好。他不也资助徐衡与一个诗人？"至少我比他们好些，"她想。

"我去办报是为了钱，不过也是相信对国家人民有好处，不然也不会去，"他说。

依偎间，他有点抱歉的说："我是像开车的人一只手臂抱着爱

196

人，有点心不在焉。"

她感到一丝凉意。

他讲起小康小姐，一些日常琐事，对答永远像是反唇相讥，打打闹闹，抢了东西一个跑一个追："你这人最坏了！"

原来如此，她想。中国风的调情因为上层阶级不许可，只能在民间存在，所以总是打情骂俏。并不是高级调情她就会，但是不禁感到鄙夷。

她笑道："小康小姐什么样子？"

他回答的声音很低，几乎悄然，很小心戒备，不这样不那样，没举出什么特点，但是"一件蓝布长衫穿在她身上也非常干净相。"

"头发烫了没有？"

"没烫，不过有点……朝里弯，"他很费劲的比划了一下。

正是她母亲说的少女应当像这样。

他们的关系在变。她直觉的回到他们刚认识的时候对他单纯的崇拜，作为补偿。也许因为中间又有了距离。也许因为她的隐忧——至少这一点是只有她能给他的。

她狂热的喜欢他这一向产量惊人的散文。他在她这里写东西，坐在她书桌前面，是案头一座丝丝缕缕质地的暗银雕像。

"你像我书桌上的一个小银神。"

晚饭后她洗完了碗回到客室的时候，他迎上来吻她，她直溜下去跪在他跟前抱着他的腿，脸贴在他腿上。他有点窘，笑着双手拉她起来，就势把她高举在空中，笑道："崇拜自己的老婆——！"

他从华北找了虞克潜来，到报社帮忙。虞克潜是当代首席名作家的大弟子。之雍带他来看九莉。虞克潜学者风度，但是她看见他眼睛在眼镜框边缘下斜溜着她，不禁想道："这人心术不正。"他走后她也没说什么，因为上次向璟的事，知道之雍听不进这话。

"荒木说绯雯，说'我到你家里这些次，从来没看见过有一样你爱吃的菜，'"之雍说。

九莉听了没说什么。其实她也是这样，他来了，添菜不过是到附近老大房买点酱肉与"铺盖卷"——百叶包碎肉——都是他不爱吃的。她知道他喜欢郊寒岛瘦一路的菜。如果她学起做菜来，还不给她三姑笑死了？至于叫菜，她是跟着三姑过，虽然出一半钱，房子是三姑二婶顶下来的，要留神不喧宾夺主，只能随随便便的，还照本来的生活方式。楚娣对她已经十分容忍了。楚娣有个好癖是看房子，无故也有时候看了报上的招租广告去看公寓，等于看橱窗。有一次看了个极精致的小公寓，只有一间房，房间又不大，节省空间，橱门背后装着烫衣板，可以放下来，羡慕得不得了。九莉知道她多么渴望一个人独住，自己更要识相点。

食色一样，九莉对于性也总是若无其事，每次都仿佛很意外，不好意思预先有什么准备，因此除了脱下的一条三角裤，从来手边什么也没有。次日自己洗裤了，闻见一股米汤的气味，想起她小时候病中吃的米汤。

"我们将来也还是要跟你三姑住在一起，"之雍说。她后来笑着告诉楚娣，楚娣笑道："一个你已经够受了，再加上个邵之雍还行？"

在饭桌上，九莉讲起前几天送稿子到一个编辑家里，杂志社远，编辑荀桦就住在附近一个衖堂里，所以总是送到他家里去。他们住二楼亭子间，她刚上楼梯，后门又进来了几个日本宪兵，也上楼来了。她进退两难，只好继续往上走，到亭子间门口张望了一下，门开着，没人在家。再下楼去，就有个宪兵跟着下来，掏出铅笔记下她的姓名住址。出来到了衖堂里，忽然有个女人赶上来，是荀桦另一个同居的女人朱小姐，上次也是在这里碰见的。

"荀桦被捕了，宪兵队带走的，"她说。"荀太太出去打听消息，所以我在这里替她看家。刚才宪兵来调查，我避到隔壁房间里，溜了出来。"

之雍正有点心神不定，听了便道："宪兵队这样胡闹不行的。荀桦这人还不错。这样好了：我来写封信交给他家里送去。"

九莉心里想之雍就是多事，不知底细的人，知道他是怎么回事？当然她也听见文姬说过荀桦人好。

饭后之雍马上写了封八行书给宪兵队大队长，九莉看了有一句"荀桦为人尚属纯正，"不禁笑了，想起那次送稿子到荀家去，也是这样没人在家，也是这朱小姐跟了出来，告诉她荀太太出去了，她在这里替她看孩子。九莉以为是荀太太的朋友，但是她随即嗫嚅的说了出来：她在一个书局做女职员，与荀桦有三个孩子了。荀太太也不是正式的，乡下还有一个，不过这一个厉害，非常凶，是个小学教师。

这朱小姐长得有点像九莉的落选继母二表姑，高高大大的，甜中带苦的宽脸大眼睛。二表姑拉着她的手不放，朱小姐也拉着她的孔雀蓝棉袍袖子依依不舍。九莉以为她是憋了一肚子的话想找人诉苦，又不便带她到家里去，不但楚娣嫌烦，她自己也怕沾上了送不走她，只好陪着她站在衖堂里，却再也没想到她是误以为荀桦又有了新的女朋友，所以在警告她。

这种局面是南京谚语所谓"糟哚哚，一锅粥"，九莉从来不联想到她自己身上。她跟之雍的事跟谁都不一样，谁也不懂得。只要看她一眼就是误解她。

她立刻把之雍的信送了去。这次荀太太在家。

"我上次来，听见荀先生被捕的消息，今天我讲起这桩事，刚巧这位邵先生在那里，很抱不平，就说他写封信去试试，"她告诉荀太太。

荀太太比朱小姐矮小，一双吊梢眼，方脸高颧骨，颊上两块杏黄胭脂，也的确凶相，但是当然千恩万谢。次日又与朱小姐一同来登门道谢，幸而之雍已经离开了上海。

二人去后楚娣笑道："荀桦大小老婆联袂来道谢。"

两三个星期后，荀桦放了出来，也不知道是否与那封信有关。亲自来道谢，荀桦有点山羊脸，向来衣着特别整洁，今天更收拾得头光面滑，西装毕挺。

"疑心我是共产党，"他笑着解释。

九莉笑道："那么到底是不是呢？"楚娣也笑了。

荀桦笑道："不是的呀！"

他提起坐老虎凳，九莉非常好奇，但是脑子里有点什么东西在抗拒着，不吸收，像隔着一道沉重的石门，听不见惨叫声。听见安竹斯死讯的时候，一阵阴风石门关上了，也许也就是这道门。

他走后楚娣笑道："到底也不知道他是不是。"

九莉无法想像。巴金小说里的共产党都是住亭子间，随时有个风吹草动，可以搬剩一间空房。荀家也住亭子间，相当整洁，不像一般"住小家的"东西堆得满坑满谷。一张双人铁床，粉红条纹的床单。他们五六个孩子，最大的一个女儿已经十二三岁了，想必另外还有一间房。三个老婆两大批孩子，这样拖泥带水的，难道是作掩蔽？

"他写过一封信给我，劝我到重庆去，"九莉说。"当然这也不一定就证明他不是共产党。当时我倒是有点感激他肯这么说，因为信上说这话有点危险，尤其是个'文化人'。"

她不记得什么时候收到这封信，但是信上有一句"只有白纸上写着黑字是真的，"是说别的什么都是假的，似乎是指之雍。那就是已经传了出去，说她与之雍接近。原来荀桦是第二个警告她的人——还是第一个？还在向璟之前？——说得太斯文隐晦了，她都没看懂，这时候才恍惚想起来。

结果倒是之雍救了他一命，如果是那封信有效的话。

荀桦隔了几天再来，这次楚娣就没出去见他。

第三次来过之后，楚娣夹着英文笑道："不知道他这是不是算求爱，"但是眼睛里有一种焦急的神气，九莉看到了觉得侮辱了她。

但是也还是经楚娣点醒了，她这才知道荀桦错会了意，以为她像她小时候看的一张默片《多情的女伶》，嫁给军阀做姨太太，从监牢里救出被诬陷的书生。

荀桦改编过一出叫座的话剧，但是他的专长是与战前文坛作联络员，来了就讲些文坛掌故，有他参预的，往往使他夹在中间左右为难，"窘真窘！"——他的口头禅。

九莉书也没看过，人名也都不熟悉，根本对牛弹琴。他说话圆融过份，常常微笑嗫嚅着，简直听不见，然后爆发出一阵低沉的嘿嘿的笑声，下结论道："窘真窘！"

他到底又不傻，来了两三次也就不来了。

之雍每次回来总带钱给她。有一次说起"你这里也可以……"声音一低，道："有一笔钱，""你这里"三个字听着非常刺耳。

她拿着钱总很僵，他马上注意到了。不知道怎么，她心里一凛，仿佛不是好事。

有一天他讲起华中，说："你要不要去看看？"

九莉笑道："我怎么能去呢？不能坐飞机。"他是乘军用飞机。

"可以的，就说是我的家属好了。"

连她也知道家属是妾的代名词。

之雍见她微笑着没接口，便又笑道："你还是在这里好。"

她知道他是说她出去给人的印象不好。她也有同感。她像是附属在这两间房子上的狐鬼。

楚娣有一天不知怎么说起的，夹着英文说了句："你是个高价的女人。"

九莉听了一怔。事实是她钱没少花，但是一点也看不出来。当然她一年到头医生牙医看个不停，也是她十六七岁的时候两场大病留下来的痼疾，一笔医药费着实可观。也不省在吃上，不像楚娣既怕胖又能吃苦。同时她对比比代为设计的奇装异服毫无抵抗力。

楚娣看不过去，道："最可气的是她自己的衣服也并不怪。"

九莉微笑着也不分辩。比比从小一直有发胖的趋势，个子又不高，不宜穿太极端的时装，但是当然不会说这种近于自贬的话，只说九莉"苍白退缩，需要引人注意。"九莉也愿意觉得她这人整个是比比一手创造的。现在没好莱坞电影看，英文书也久已不看了，私生活又隐蔽起来，与比比也没有别的接触面了。

楚娣本来说比比："你简直就像是爱她。"

一方面比比大胆创造，九莉自己又复古，结果闹得一件合用的衣服也没有。有一次在街上排队登记，穿着一身户口布喇叭袖湖色短衫，雪青洋纱裤子，眼镜早已不戴了。管事的坐在人行道上一张小书桌前，一看是个乡下新上来的大姐，因道："可认得字？"

九莉轻声笑道："认得，"心里十分高兴，终于插足在广大群众中。

"你的头发总是一样的，"之雍说。

"嗳。"她微笑，仿佛听不出他的批评。

她下一个生日他回来，那一向华中经过美机大轰炸。他信上讲许多炸死的人，衣服炸飞了，又剥了皮，都成了裸体趺坐着的赤红色的罗汉。当面讲起，反而没有信上印象深。他显然失望，没说下去。出去到月夜的洋台上，她等不及回到灯下，就把新照的一张相片拿给他看。照片上笑着，裸露着锁子骨，戴着比比借给她的细金脖链吊着一颗葡萄紫宝石，像个突出的长乳头。

之雍在月下看了看，忽然很刺激的笑道："你这张照片上非常有野心的样子嗷！"

九莉也只微笑。拍照的时候比比在旁导演道："想你的英雄。"她当时想起他，人远，视野辽阔，有"卷帘梳洗望黄河"的感觉。

那天晚上讲起虞克潜："虞克潜这人靠不住，已经走了。"略顿了顿，又道："这样卑鄙的——！他追求小康，背后对她说我，说'他有太太的。'"

九莉想道："谁？难道是我？"这时候他还没跟绯雯离婚。

报社正副社长为了小康小姐吃醋，闹得副社长辞职走了？但是他骂虞克潜卑鄙，不见得是怪他揭破"他有太太的，"大概是说虞克潜把他们天真的关系拉到较低的一级上。至少九莉以为是这样。

"刚到上海来的时候，说非常想家，说了许多关于他太太，他们的关系怎样不寻常，"之雍又好气又好笑的说。

讲起小康来，正色道："轰炸的时候在防空洞里，小康倒像是要保护我的样子嗷！"此外依旧是他们那种玩笑打趣。

以为"总不至于"的事，一步步成了真的了。九莉对自己说："'知己知彼'。你如果还想保留他，就必须听他讲，无论听了多痛苦。"但是一面微笑听着，心里乱刀砍出来，砍得人影子都没有了。

次日下午比比来了。之雍搬了张椅子，又把她的椅子挪到房间正中。比比看他这样布置着，虽然微笑，显然有点忐忑不安。他先捺她坐下，与她面对面坐得很近，像日本人一样两手按在膝上，恳切的告诉她这次大轰炸多么剧烈。

比比在这情形下与九莉一样，只能是英国式的反应，微笑听着，有点窘。她们也都经过轰炸的，还没有防空洞的设备。九莉在旁边更有点不好意思，只好笑着走开，搭讪着到书桌上找什么东西。

比比与之雍到洋台上去了。九莉坐在窗口书桌前，窗外就是洋台，听见之雍问比比："一个人能同时爱两个人吗？"窗外天色突然黑了下来，也都没听见比比有没有回答。大概没有认真回答，也甚至于当是说她，在跟她调情。她以后从来没跟九莉提起这话。

比比去后，九莉微笑道："你刚才说一个人能不能同时爱两个人，我好像忽然天黑了下来。"

之雍护痛似的笑着呻吟了一声"唔……"把脸伏在她肩上。

"那么好的人，一定要给她受教育，"他终于说。"要好好的培植她……"

她马上想起楚娣说她与蕊秋在外国："都当我们是什么军阀的姨太太。"照例总是送下堂妾出洋。刚花了这些钱离掉一个，倒又要负担起另一个五年计划？

"但是她那么美！"他又痛苦的叫出声来。又道："连她洗的衣服都特别干净。"

她从心底里泛出鄙夷不屑来。她也自己洗衣服，而且也非常疙瘩，必要的话也会替他洗的。

蕊秋常说中国人不懂恋爱，"所以有人说爱过外国人就不会再爱中国人了。"当然不能一概而论，但是业精于勤，中国人因为过去管得太紧，实在缺少经验。要爱不止一个人——其实不会同时爱，不过是爱一个，保留从前爱过的——恐怕也只有西方的生活部门化的一个办法，隔离起来。隔离需要钱，像荀太太朱小姐那样，势必"守望相助。"此外还需要一种纪律，之雍是办不到的。

这也是人生的讽刺，九莉给她母亲从小训练得一点好奇心都没有，她的好奇心纯是对外的，越是亲信越是四周多留空白，像国画一样，让他们有充份的空间可以透气，又像珠宝上衬垫的棉花。不是她的信，连信封都不看。偏遇到个之雍非告诉她不可。当然，知道就是接受。但是他主要是因为是他得意的事。

九莉跟她三姑到夏赫特家里去过，他太太年纪非常轻，本来是他的学生，长得不错，棕色头发，有点苍白神经质。纳粹治下的德国女人都是脂粉不施。在中国生了个男孩子，他们叫他"那中国人"。她即使对楚娣有点疑心，也绝对不知道，外国女人没那么有涵养。夏赫特连最细微的事都喜欢说反话，算幽默，务必叫人捉摸不定。当然他也是纳粹党，否则也不会当上校长。

"他们对犹太人是坏，"楚娣讲起来的时候悄声说。"走进犹太人开的店都说气味难闻。"

又道："夏赫特就是一样，给我把牙齿装好了，倒真是幸亏他。连嘴的样子都变了。"

他介绍了个时髦的德国女牙医给她，替她出钱。牙齿纠正了以后，渐渐的几年后嘴变小了，嘴唇也薄了，连脸型都俏皮起来。虽然可惜太晚了点，西谚有云："宁晚毋终身抱憾。"

之雍这次回来，有人找他演讲。九莉也去了。大概是个征用的花园住宅，地点僻静，在大门口遇见他儿子推着自行车也来了。

也不知道是没人来听，还是本来不算正式演讲，只有十来个人围着长餐桌坐着。几个青年也不知是学生还是记者，很老练的发问。这时候轴心国大势已去，实在没什么可说的了，但是之雍讲得非常好，她觉得放在哪里都是第一流的，比他写得好。有个戴眼镜的年青女人一口广东国语，火气很大，咄咄逼人，一个个问题都被他闲闲的还打了过去。

出来之雍笑道："老婆儿子都带去了。"

次日他一早动身，那天晚上忽然说："到我家里去好不好？"

近午夜了，她没跟楚娣说要出去一趟，两人悄悄的走了出来。秋天晚上冷得舒服，昏暗的街灯下，没有行人也没有车辆，手牵着手有时候走到街心。广阔的沥青马路像是倒了过来，人在蒙着星尘的青黑色天空上走。

他家里住着个相当大的衖堂房子。女佣来开门，显然非常意外。也许人都睡了。到客室坐了一会，倒了茶来。秀男出现了，含笑招呼。在黄黯的灯光下，仿佛大家都是久别重逢，有点仓皇。之雍走过一边与秀男说了几句话，她又出去了。

之雍走回来笑道："家里都没有我睡的地方了。"

隔了一会，他带她到三楼一间很杂乱的房间里，带上门又出去了。这里的灯泡更微弱，她站着四面看了看，把大衣皮包搁在五斗橱上。房门忽然开了，一个高个子的女人探头进来看了看，又悄没声的掩上了门。九莉只瞥见一张苍黄的长方脸，仿佛长眉俊目，头发在额上正中有个波浪，猜着一定是他有神经病的第二个太太，想起简爱的故事，不禁有点毛骨悚然起来。

"她很高，脸有点硬性，"他说。

在不同的时候说过一点关于她的事。

"是朋友介绍的。"结了婚回家去，"马上抱进房去。"

也许西方抱新娘子进门的习俗是这样源起的。

"有沉默的夫妻关系，"他信上说，大概也是说她。

他参加和平运动后办报，赶写社论累得发抖，对着桌上的香烟都没力气去拿，回家来她发神经病跟他吵，瞎疑心。

刚才她完全不像有神经病。当然有时候是看不出来。

她神经病发得正是时候。——还是有了绯雯才发神经病？也许九莉一直有点疑心。

之雍随即回来了。她也没提刚才有人来过。他找了两本埃及童话来给她看。

木栏杆的床不大，珠罗纱帐子灰白色，有灰尘的气味。褥单似乎是新换的。她有点害怕，到了这里像做了俘虏一样。他解衣上床也像有点不好意思。

但是不疼了，平常她总叫他不要关灯，"因为我要看见你的脸，不然不知道是什么人。"他微红的微笑的脸俯向她，是苦海里长着的一朵赤金莲花。

"怎么今天不痛了？因为是你的生日？"他说。

他眼睛里闪着兴奋的光，像鱼摆尾一样在她里面荡漾了一下，望着她一笑。

他忽然退出，爬到脚头去。

"嗳，你在做什么？"她恐惧的笑着问。他的头发拂在她大腿上，毛毿毿的不知道什么野兽的头。

兽在幽暗的岩洞里的一线黄泉就饮，泊泊的用舌头卷起来。她是洞口倒挂着的蝙蝠，深山中藏匿的遗民，被侵犯了，被发现了，无助，无告的，有只动物在小口小口的啜着她的核心。暴露的恐怖揉合在难忍的愿望里：要他回来，马上回来——回到她的怀抱里，回到她眼底——

快睡着了的时候，虽然有蚊帐，秋后的蚊子咬得很厉害。

"怎么会有蚊子！"他说，用手指蘸了唾沫搽在她叮的包上，使她想起比比用手指蘸了唾沫，看土布掉不掉色。

早上醒了，等不及的在枕上翻看埃及童话。他说有个故事里有个没心肝的小女孩像比比。她知道他是说关于轰炸的事。

他是不好说她没有心肝。

清冷的早晨，她带着两本童话回去了，唯一关心的是用钥匙开门进去，不要吵醒三姑。

八

从这时候起，直到二次世界大战结束，有大半年的工夫，她内心有一种混乱，上面一层白蜡封住了它，是表面上的平静安全感。这段时间内发生的事，总当作是上一年或是下一年的，除非从别方面证明不可能是上一年还是下一年。这一年内一件事也不记得，可以称为失落的一年。

一片空白中，有之雍在看报，下午的阳光照进来，她在画张速写，画他在看波资坦会议的报道。

"二次大战要完了，"他抬起头来安静的说。

"嗳哟，"她笑着低声呻吟了一下。"希望它永远打下去。"

之雍沉下脸来道："死这么许多人，要它永远打下去？"

九莉依旧轻声笑道："我不过因为要跟你在一起。"

他面色才缓和了下来。

她不觉得良心上过不去。她整个的成年生活都在二次大战内，大战像是个固定的东西，顽山恶水，也仍旧构成了她的地平线。人都怕有巨变，怎么会不想它继续存在？她的愿望又有什么相干？那时候那样着急，怕他们打起来，不也还是打起来了？如果她是他们的选民，又还仿佛是"匹夫有责,"应当有点责任感。

德国投降前的春天，一场春雪后，夏赫特买了一瓶威斯忌回家，在结了冰的台阶上滑倒了，打碎了酒瓶，坐在台阶上哭了起来。

楚娣帮他变卖衣物，又借钱给他回国。有一件"午夜蓝"大衣，没穿过两次，那呢子质地是现在买不到的。九莉替之雍买了下来，不知道预备他什么时候穿。她刚认识他的时候就知道战后他要逃亡，事到临头反而糊涂起来，也是因为这是她"失落的一年"，失魂落魄。

楚娣笑道："打扮邵之雍。"

有天晚上已经睡了，被炮竹声吵醒了，听见楚娣说日本投降了，一翻身又睡着了。

他的报纸寄来的最后两天还有篇东西提起"我思念的人，像个无根无叶的莲花，黑暗中的一盏明灯……"

两星期后，一大早在睡梦中听见电话铃声，作U字形，两头轻，正中奇响，在朦胧中更放大了，钢嘟嘟刺耳。碧绿的枝叶扎的幸运的马蹄铁形花圈，一只只，成串，在新凉的空气中流过。

她终于醒了，跑去接电话。

"喂，我荒木啊。……嗳，他来了。我陪你去看他。现在就去吧？"

偏偏前两天刚烫了头发，最难看的时期，又短又倔强，无法可想。

半小时后荒木就来了。因为避免合坐一辆三轮车，叫了两部人力车，路又远，奇慢。路上看见两个人抱头角力，与蒙古的摔角似乎又不同些。马路上汽车少，偶然有一卡车一卡车的日本兵，运去集中起来。这两个人剃光头，却留着两三撮头发，扎成马尾式，小辫子似的翘着，夹在三轮与塌车自行车之间，互扭着边斗边走，正像两条牛，牛角绊在一起锁住了。身上只穿着汗衫，黄卡其裤，瘦瘦的，不像日本角力者胖大，但是她想是一种日式表演，因为末日感的日侨与日本兵大概现在肯花钱，被挑动了乡情，也许会多给。

还有个人跟在后面摇动一只竹筒，用筒中的酒豆打拍子。二人应声扯一个架式，又换一个架式，始终纳着头。下一个红绿灯前，两部人力车相并，她想问荒木，但是没开口。忽然有许多话仿佛都不便说了。

人力车拉到虹口已经十点半左右，停在横街上一排住宅门口。揿铃，一个典型的日本女人来开门，矮小，穿着花布连衫裙，小鹅蛋脸粉白脂红。荒木与她讲了几句话，九莉跟着一同进去，上楼。不是日式房屋，走进一间房，之雍从床上坐起来。他是坐日本兵船来的，混杂在兵士里，也剃了光头，很不好意思的戴上一顶卡其布船形便帽。在船上生了场病，瘦了一圈。

荒木略坐了坐就先走了。

之雍挪到他椅子上坐着继续谈着，轻声笑道："本来看情形还可以在那边开创个局面，撑一个时期再说，后来不对了，支持不下了——"

九莉也笑了。她反正越是遇到这种情形，越是尽量的像平常一样。

谈了一会，之雍忽然笑道："还是爱人，不是太太。"

她也只当是赞美的话一样，只笑笑。

之雍悄声道："投降以后那些日本高级军官，跟他们说话，都像是心里半明半昧的。"

九莉很震动。这间房只有两扇百叶门通洋台，没有窗户，光线很暗，这时候忽然黑洞洞的，是个中国旧式平房，窗纸上有雕花窗棂的黑色剪影。

"……兵船上非常大的统舱，吐的人很多。"

都是幽深的大场面，她听着森森然。

"你能不能到日本去？"她轻声问。

他略摇了摇头。"我有个小同乡，从前他们家接济过我，送我进中学，前几年我也帮过他们钱，帮了很多。我可以住在他们家，在乡下。"

也许还是这样最妥当，本乡本土，不是外路人引人注意。日本美军占领的，怎么能去，自投罗网，是她糊涂了。

"你想这样要有多久？"她轻声说。

他忖了一忖。"四年。"

她又觉得身在那小小的暗间里，窗纸上有窗棂云钩的黑色剪影。是因为神秘的未来连着过去，时间打通了？

"你不要紧的，"他说，眼睛里现出他那种轻蔑的神气。

她想问他可需要钱，但是没说。船一通她母亲就要回来了，要还钱。信一通，已经来信催她回香港读完大学。校方曾经口头上答应送她到牛津做研究生，如果一直能维持那成绩的话。但是她想现在年纪大了几岁，再走这条远兜远转的路，怕定不下心来。现在再去申请她从前那奖学金，也都已经来不及了——就快开学了。自费出国钱又不够。但是在本地实在无法卖文的话，也只好去了再想办法，至少那条路是她走过的。在香港也是先念着才拿到奖学金的。

告诉他他一定以为是离开他。她大概因为从小她母亲来来去去惯了，不大当桩事。不过是钱的事。

至于他家里的家用，有秀男的闻先生负担。秀男不是已经为他牺牲了吗？

近午了，不知道这日本人家几点钟吃午饭，不能让主人为难。

"我走了，明天再来。"她站起来拿起皮包。

"好。"

次日下午她买了一大盒奶油蛋糕带去送给主人家。乘电车去，半路上忽然看见荀桦，也在车上，很热络的招呼着，在人丛中挤了过来，吊在藤圈上站在她跟前。

寒暄后，荀桦笑道："你现在知道了吧，是我信上那句话：'只有白纸上写着黑字是真的。'"

"是吗？"九莉心里想。"不知道。"她只微笑。

怪不得他刚才一看见她，脸上的神气那么高兴，因为有机会告诉她"是我说的吧？"

真挤。这家西点店出名的，蛋糕上奶油特别多，照这样要挤成浆糊了。

荀桦乘着拥挤，忽然用膝盖夹紧了她两只腿。

她向来反对女人打人嘴巴子，因为引人注目，迹近招摇，尤其像这样是熟人，总要稍微隔一会才侧身坐着挪开，就像是不觉得。但是就在这一刹那间，她震了一震，从他膝盖上尝到坐老虎凳的滋味。

她担忧到了站他会一同下车，摆脱不了他。她自己也不大认识路，不要被他发现了那住址。幸而他只笑着点点头，没跟着下车。刚才没什么，甚至于不过是再点醒她一下：汉奸妻，人人可戏。

这次她一个人来，那日本主妇一开门，脸色就很不愉快。她知道日本女人见了男人卑躬屈节，对女人不大客气，何况是中国女人，但是直觉的有点觉得是妒忌。把蛋糕交了给她，也都没开笑脸。

看见之雍，她也提起遇见荀桦，有点担忧他也是这一站下车，但是没提起他忘恩负义。

之雍跟小康小姐是在什么情形下分别的？当然昨天也就想到了。她有点怕听。幸而他一直没提。但是说着话，一度默然片刻的时候，他忽然沉下脸来。她知道是因为她没问起小康。

自从他那次承认"爱两个人"，她就没再问候过小康小姐。十分违心的事她也不做。他自动答应了放弃小康，她也从来不去提醒他，就像他上次离婚的事一样，要看他的了。

现在来不及积钱给小康受高等教育了，就此不了了之，那是也不会。还不是所有手边的钱全送了给她。本来还想割据一方大干一下的，总不会刚赶上没钱在手里。

她希望小康这时候势利一点——本来不也是因为他是小地方的大人物？——但是出亡前慷慨赠金，在这样的情形下似乎也势利不起来。就有他也会说服自己，认为没有。

给人脸子看，她只当不看见。

"比比怎么样了？"他终于笑问。

九莉笑道："在庆祝西方的路又通了。"

之雍笑道："唔。"

停战的次日比比拖她出去庆祝。在西点店敞亮的楼窗前对坐着，事实是连她也忧喜参半。

讲起他那些老同事——显然他从荒木那里听到一些消息——他无可奈何的嗤笑道："有这么呆的——！一个个坐在家里等着人去抓。"

又微笑道："昨天这里的日本女人带我去看一只很大的橱，意思是说如果有人来检查，可以躲在里面。我不会去躲在那里，因为要是给人搜出来很窘。"

他是这样的，她想。最怕有失尊严。每次早上从她那里出去，她本来叫他手里提着鞋子，出去再穿。

之雍顿了顿道："还是穿着，不然要是你三姑忽然开了门出来，看见了很窘。"

在过道里走，皮鞋声音很响，她在床上听着，走一步心里一紧。

"你三姑一定知道了，"他屡次这样猜测着。

她也知道一定是知道了，心直往下沉，但总是担忧的微笑答道："不知道。"

她送他从后门出去，路短一点，而且用不着砰上大门，那响声楚娣不可避免的会听见。厨房有扇门开在后洋台上。狭长的一溜洋台，铁阑干外一望无际，是上海的远景，云淡风轻，空旷的天脚下，地平线很高。洋台上横拦着个木栅门，像个柴扉。晨风披拂中，她只穿着件墨绿绒线背心，长齐三角裤，光着腿，大腿与腰一样粗细。

他出去了她再把木栅门钩上，回到房间里去，把床边地下蚊香盘里的烟蒂倒掉。

早上无法开闹钟，他总是忖量一下，到时候自己会醒过来，吻她一下，扳她一只腿，让她一只脚站在床上。

"怎么又？"她朦胧中诧异的问。

她也不想醒过来，宁愿躺在纱幕后。在海船上颠簸着，最是像摇篮一样使人入睡。

"这里用一种绿纱帐子，非常大，一房间都盖满了，"在那日本人家里，他微笑着说。"晚上来挂起来。"

九莉笑道："像浮世绘上的。"她没说这里的主妇很有几分姿色，一比，浮世绘上挂帐子的女人胖胖的长脸像大半口袋面粉。

他去关百叶门。她也站了起来，跟到门边轻声道："不要。你不是不舒服刚好？"

"不相干。已经好了。"

她还是觉得不应当，在危难的时候住在别人家里——而且已经这样敌意了。

之雍又去关另一扇百叶门。她站在那里，望着他趿着双布鞋的背影。

很大的木床，但是还没有她那么窄的卧榻舒服。也许因为这次整个的没颜落色的，她需要表示在她不是这样，所以后来蜷缩着躺在他怀里，忽然幽幽的说了声："我要跟你去。"

离得这样近，她可以觉得他突如其来的一阵恐惧，但是他随即从容说道："那不是两个人都缴了械吗？"

"我现在也没有出路。"

"那是暂时的事。"

她心目中的乡下是赤地千里，像鸟瞰的照片上，光与影不知道怎么一来，凹凸颠倒，田径都是坑道，有一人高，里面有人幢幢来往。但是在这光秃秃的朱红泥的大地上，就连韩妈带去的那只洋铁箱子都没处可藏，除非掘个洞埋在地下。

但是像之雍秀男他们大概有联络有办法，她不懂这些。也许他去不要紧。就这样把他交给他们了？

"能不能到英国美国去？"她声音极细微，但是话一出口，立即又感到他一阵强烈的恐惧。去做华工？非法入境，查出来是战犯。她自己去了也无法谋生，没有学位，还要拖着个他？她不过因为她母亲的原故，像海员的子女总是面海，出了事就想往海上跑。但是也知道外国苦。蕊秋因为怕她想去玩去，总是强调一般学生生活多苦。

之雍开了百叶门之后，屋主的小女儿来请九莉过去，因为送了礼，招待吃茶，一面诵经祈祷大家平安。

九莉想道："刚才一定已经来过了，看见门关着，回去告诉她父母，"不禁皱眉。

这间房有塌塌米，装着纸门，但是男主人坐在椅子上，一个非常典型的日本军官，胖墩墩的很结实，点头招呼。那童化头发的小女孩子拉开纸门，捧了茶盘进来，跪着搁在塌塌米上，女主人代倒茶送了过来。上首有张条几桌供着佛，也有铜磬木鱼，但是都不大像。男主人随即敲敲打打念起经来，女人跟着唱诵，与中土的和尚念经也仿佛似是而非。

破旧的淡绿漆窗棂，一排窗户，西晒，非常热。夕阳中朗声唱念个不完，一句也不懂，有种热带的异国情调，不知道怎么，只有一个西印度群岛黑人青年的小说非常像，里面写他中学放假回家，洋铁皮屋顶的小木屋背山面海，烤箱一样热。他母亲在檐下做他们的名菜绿鹦哥，备下一堆堆红的黄的咖哩香料，焚琴煮鹤忙了一整天。

做佛事终于告一段落，九莉出来到之雍房里，也就该回去了。

之雍有点厌烦的笑道："是一天到晚念经。"

她一直觉得应当问他一声要不要用钱，但是憋着没问。

"你明天不要来吧。"

"嗳，不要路上又碰见人，"她微笑着说。

电车到了外滩，遇见庆祝的大游行，过不去，大家都下了车，在人丛里挤着。她向三大公司跑马厅挤过去，整个的南京路是苍黑的万头攒动，一条马路弯弯的直竖起来，矗立在黄昏的天空里，蝇头蠕蠕动着。正中扎的一座座牌楼下，一连串吉普车军用卡车缓缓开过，一比都很小，这样漫天遍地都是人。连炮竹声都听不大见，偶而"拼！""訇！"两声巨响，声音也很闷。

一个美国空军高坐在车头上，人丛中许多男子跟着车扶着走，举起手臂把手搭在他腿上。这犹裔青年显然有点受宠若惊，船形便帽下，眼睛里闪着喜悦的光芒，笑得长鼻子更钩了，但也是带窘意的笑容。他们男色比较流行，尤其在军中。这么些东方人来摸他的大腿，不免有点心慌。九莉在几百万人中只看到这一张脸，他却没看见她，几乎是不能想像。

她拼命顶着人潮一步步往前蹭，自己知道泥足了，违反世界潮流，蹭蹬定了。走得冰河一样慢，心里想：三个钟头打一个比喻，还怕我不懂？腻烦到极点。

人声嗡嗡，都笑嘻嘻的，女人也有，揩油的似乎没有，连扒手都歇手了。

回到家里精疲力尽，也只摇摇头说声"喝！"向床上一倒。

隔了两天，秀男晚上陪着之雍来了，约定明天一早来接他。送了秀男出去，九莉弯到楚娣房里告诉她："邵之雍来了。"

楚娣到客室相见，带笑点头招呼，只比平时亲热些。

之雍敝旧的士兵制服换了西装，瘦怯怯的还是病后的样子，倚在水汀上笑道："造造反又造不成。"讲了点停战后那边混乱的情形。

九莉去帮着备饭。楚娣悄悄的笑道："邵之雍像要做皇帝的样子。"

九莉也笑了。又回到客室里，笑道："要不要洗个澡？下乡去恐怕洗澡没这么容易。"

先找不到干净的大毛巾，只拿出个擦脸的让他将就用着，后来大毛巾又找到了，送了进去，不禁用指尖碰了碰他金色的背脊，背上皮肤紧而滑泽，简直入水不濡，可以不用擦干。

他这算是第一次在这公寓里过夜。饭后楚娣立即回房，过道里的门全都关得铁桶相似，仿佛不知道他们要怎样一夕狂欢。九莉觉得很不是味。

在那日本人家里她曾经说："我写给你的信要是方便的话，都拿来给我。我要写我们的事。"

今天大概秀男从家里带了来。人散后之雍递给她一大包。"你的信都在这里了。"眼睛里有轻蔑的神气。

为什么？以为她藉故索回她那些狂热的信？

她不由得想起箱子里的那张婚书。

那天之雍大概晚上有宴会，来得很早，下午两点钟就说："睡一会好不好？"一睡一两个钟头，她屡次诧笑道："怎么还不完？"又道："嗳，嗳，又要疼起来了。"

起床像看了早场电影出来，满街大太阳，剩下的大半天不知道怎样打发，使人忽忽若失。

之雍也许也有这感觉，问她有没有笔砚，道："去买张婚书来好不好？"

她不喜欢这些秘密举行结婚仪式的事，觉得是自骗自。但是比比带她到四马路绣货店去买绒花，看见橱窗里有大红龙凤婚书，非常喜欢那条街的气氛，便独自出去了，乘电车到四马路，拣装裱与金色图案最古色古香的买了一张，这张最大。

之雍见了道："怎么只有一张？"

九莉怔了怔道："我不知道婚书有两张。"

她根本没想到婚书需要"各执一份。"那店员也没说。她不敢想他该作何感想——当然认为是非正式结合，写给女方作凭据的。旧式生意人厚道，也不去点穿她。剩下来那张不知道怎么办。

路远，也不能再去买，她已经累极了。

之雍一笑，只得磨墨提笔写道："邵之雍盛九莉签定终身，结为夫妇。岁月静好，现世安稳。"因道："我因为你不喜欢琴，所以不能用'琴瑟静好'。"又笑道："这里只好我的名字在你前面。"

两人签了字。只有一张，只好由她收了起来，太大，没处可搁，卷起来又没有丝带可系，只能压箱底，也从来没给人看过。

最后的这天晚上他说："荒木想到延安去。有好些日本军官都跑了去投奔共产党，好继续打下去。你见到他的时候告诉他，他还是回国去的好。日本这国家将来还是有希望的。"

他终于讲起小康小姐。

"我临走的时候她一直哭。她哭也很美的。那时候院子里灯光零乱，人来人往的，她一直躺在床上哭。"又道："她说：'他有太太的，我怎么办呢？'"

原来他是跟小康小姐生离死别了来的。

"躺在床上哭"是什么地方的床？护士宿舍的寝室里？他可以进去？内地的事——也许他有地位，就什么地方都去得。从前西方没有沙发的时候，不也通行在床上见客？

她又来曲解了！因为不能正视现实。当然是他的床。他临走当然在他房里。躺在他床上哭。

他没说有没有发生关系，其实也已经说到了边缘上，但是她相信小康小姐是个有心机有手腕的女孩子，尽管才十七八岁，但是早熟，已经在外面历练了好几年了。内地守旧，她不会的。他所以更把她理想化了，但是九莉觉得还是他的一个痛疮，不能问。因为这样他当然更对小康没把握，是真的生离死别了。

她那张单人榻床搁在 L 形房间的拐角里，白天罩着古铜色绸套子，堆着各色靠垫。从前两个人睡并不挤，只觉得每人多一只手臂，恨不得砍掉它。但是现在非常挤，碍手碍脚，简直像两棵树砍倒了堆在一起，枝枝桠桠磕磕碰碰，不知道有多少地方扞格抵触。

那年夏天那么热，靠在一起热得受不了，但是让开了没一会，又自会靠上来。热得都像烟呛了喉咙，但是分开一会又会回来。是尽责的蚂蚁在绵延的火焰山上爬山，掉下去又爬上来。突然淡紫色的闪电照亮了房间，一亮一暗三四次。半晌，方才一阵震耳的雷声滚了过去，歪歪斜斜轻重不匀，像要从天上跌下来。

下大雨了，下得那么持久，一片沙沙声，简直是从地面上往上长，黑暗中遍地丛生着琉璃树，微白的蓬蒿，雨的森林。

九莉笑道："我真高兴我用不着出去。"

之雍略顿了顿，笑道："喂，你这自私自利也可以适可而止了吧？"

"你回去路上不危险吗？有没有人跟？"她忽然想起来问。

之雍笑了。"我天天到这里来，这些特务早知道了。"

她没作声，但是显然动容。所以他知道她非常虚荣心，又一度担心她会像《战争与和平》里的纳塔霞，忽然又爱上了别人。后来看她亦无他异，才放心她，当然更没有顾忌了。她还能怎样？

其实她也并没有想到这些，不过因为床太小嫌挤，不免有今昔之感。

这一两丈见方的角落里回忆太多了，不想起来都觉得窒息。壁灯照在砖红的窗帘上，也是红灯影里。

终于有那么一天，两人黏缠在一堆黏缠到一个地步，之雍不高兴了，坐起身来抽烟，说了声"这是信任不信任的问题。"

向来人家一用大帽子压人，她立刻起反感不理睬。他这句话也有点耳熟。薄幸的故事里，男人不都是这么说？她在他背后溜下床去，没作声。

他有点担心的看了看她的脸色。

"到楼顶上去好不好？"他说。

去透口气也好，这里窒息起来了。

楼顶洋台上从来没人。灯火管制下，大城市也没有红光反映到天上。他们像在广场上散步，但是什么地方的广场？什么地方也不是，四周一无所有，就是头上一片天。

其实这里也有点低气压，但是她已经不能想像她曾经在这里想跳楼。

还是那几座碉堡式的大烟囱与机器间。

他们很少说话，说了也被风吹走了一半，听上去总像悄然。

在水泥阑干边站了一会。

"下去吧，"他说。

九莉悄悄的用钥匙开门进去，知道楚娣听见他们出去了又回来。

回到房间里坐下来，也还是在那影响下，轻声说两句不相干的话。

他坐了一会站起来，微笑着拉着她一只手往床前走去，两人的手臂拉成一条直线。在黯淡的灯光里，她忽然看见有五六个女人连头裹在回教或是古希腊服装里，只是个昏黑的剪影，一个跟着一个，走在他们前面。她知道是他从前的女人，但是恐怖中也有点什么地方使她比较安心，仿佛加入了人群的行列。

小赫胥黎与十八世纪名臣兼作家吉斯特菲尔伯爵都说性的姿势滑稽，也的确是。她终于大笑起来，笑得他泄了气。

他笑着坐起来点上根香烟。

"今天无论如何要搞好它。"

他不断的吻着她，让她放心。

越发荒唐可笑了，一只黄泥坛子有节奏的撞击。

"嗳，不行的，办不到的，"她想笑着说，但是知道说也是白说。

泥坛子机械性的一下一下撞上来，没完。绑在刑具上把她往两边拉，两边有人很耐心的死命拖拉着，想硬把一个人活活扯成两半。

还在撞，还在拉，没完。突然一口气往上堵着，她差点呕吐出来。

他注意的看了看她的脸，仿佛看她断了气没有。

"刚才你眼睛里有眼泪，"他后来轻声说。"不知道怎么，我也不觉得抱歉。"

他睡着了。她望着他的脸，黄黯的灯光中，是她不喜欢的正面。

她有种茫茫无依的感觉，像在黄昏时分出海，路不熟，又远。

现在在他逃亡的前夜，他睡着了，正好背对着她。

厨房里有一把斩肉的板刀，太沉重了。还有把切西瓜的长刀，比较伏手。对准了那狭窄的金色背脊一刀。他现在是法外之人了，拖下楼梯往街上一丢。看秀男有什么办法。

但是她看过侦探小说，知道凶手总是打的如意算盘，永远会有疏忽的地方，或是一个不巧，碰见了人。

"你要为不爱你的人而死？"她对自己说。

她看见便衣警探一行人在墙跟下押着她走。

为他坐牢丢人出丑都不犯着。

他好像觉得了什么，立刻翻过身来。似乎没醒，但是她不愿意跟他面对面睡，也跟着翻身。现在就是这样挤，像罐头里的沙丁鱼，一律朝一边躺着。

次日一早秀男来接他，临时发现需要一条被单打包袱。她一时找不到干净的被单，他们走后方才赶着送被单下楼去，跑到大门口，他们已经走了。她站在阶前怔了一会。一只黄白二色小花狗蹲坐在她前面台阶上，一只小耳朵向前摺着，从这背影上也就看得出它对一切都很满意，街道，晴明的秋天早晨。她也有同感，仿佛人都走光了，但是清空可爱。

她转身进去，邻家的一个犹太小女孩坐在楼梯上唱念着："哈啰！哈啰！再会！再会！哈啰！哈啰！再会！再会！"

之雍下乡住在郁家，郁先生有事到上海来，顺便带了封长信给她，笑道："我预备遇到检查就吃了它。"

九莉笑道："这么长，真要不消化了。"

这郁先生倒没有内地大少爷的习气，一副少年老成的样子，说话也得体，但是忍不住笑着告诉她："秀男说那次送他下乡，看他在火车上一路打瞌睡，笑他太辛苦了。"

九莉听了也只得笑笑，想道："是那张床太挤，想必又有点心惊肉跳的，没睡好。"

那次在她这里看见楚娣一只皮包，是战后新到的美国货，小方块软塑胶拼成的，乌亮可爱。信上说："我也想替我妻买一只的。"

"乡下现在连我也过不惯了，"他说。

她一直劝他信不要写得太长，尤其是邮寄的，危险，他总是不听，长篇大论写文章一样。他太需要人，需要听众观众。

她笑向楚娣道："邵之雍在乡下闷得要发神经病了。"

楚娣皱眉道："又何至于这样？"

郁先生再来，又告诉她乡下多一张陌生的脸就引起注意，所以又担心起来，把他送到另一个小城去，住在他们亲戚家里。

蕊秋终于离开了印度，但是似乎并不急于回来，取道马来亚，又住了下来。九莉没回香港读完大学，说她想继续写作，她母亲来信骂她"井底之蛙"。

楚娣倒也不主张她读学位。楚娣总说"出去做事另有一功，"言外之意是不犯着再下本钱，她不是这块料，不如干她的本行碰运气。

九莉口中不言，总把留学当作最后一条路，不过看英国战后十分狼狈，觉得他们现在自顾不暇，美国她又更没把握。

"美国人的事难讲，"楚娣总是说。

要稳扎稳打，只好蹲在家里往国外投稿，也始终摸不出门路来。

之雍化名写了封信与一个著名的学者讨论佛学，由九莉转寄，收到回信她也代转了去，觉得这人的态度十分谦和，不过说他的信长，"亦不能尽解。"之雍下一封信竟说他"自取其辱，"愧对她。

九莉想道："怎么这么脆弱？名人给读者回信，能这样已经不容易了。人家知道你是谁？知道了还许不理你。他太不耐寂寞，心智在崩溃。"

她突然觉得一定要看见他家里的人，忽然此外没有亲人了。

她去看秀男。他们家还是那样，想必是那位闻先生代为维持。秀男婚后也还是住在这里替他们管家。九莉甚至于都没给她道过喜。

秀男含笑招呼，但是显然感到意外。

"我看他信上非常着急，没耐心，"九莉说着流下泪来。不知道怎么，她从来没对之雍流过泪。

秀男默然片刻，方道："没耐心起来没耐心，耐心起来倒也非常耐心的呀。"

九莉不作声，心里想也许是要像她这样的女人才真了解她爱的人。影星埃洛弗林有句名言："男女最好言语不通"，也是有点道理。

九莉略坐了坐就走了，回来告诉楚娣"到邵之雍家里去了一趟，"见楚娣稍稍有点变色，还不知道为什么，再也没想到楚娣是以为她受不了寂寞，想去跟他去了。

快两年了。战后金子不值钱，她母亲再不回来，只怕都不够还钱了，尽管过得省，什么留学早已休想。除了打不出一条路来的苦闷，她老在家里不见人，也很安心。

"你倒心定，"楚娣说过不止一次了。

郁先生又到上海来了。提起之雍，她竟又流下泪来。

郁先生轻声道："想念得很吗？可以去看他一次。"

她淡笑着摇摇头。

谈到别处去了。再提起他的时候，郁先生忽然不经意似的说："听他说话，倒是想小康的时候多。"

九莉低声带笑"哦"了一声，没说什么。

她从来没问小康小姐有没有消息。

但是她要当面问之雍到底预备怎样。这不确定，忽然一刻也不能再忍耐下去了。写信没用，他现在总是玄乎其玄的。

楚娣不赞成她去，但是当然也不拦阻，只主张她照她自己从前摸黑上电台的夜行衣防身服，做一件蓝布大棉袍路上穿，特别加厚。九莉当然拣最鲜明刺目的，那种翠蓝的蓝布。

郁先生年底回家，带她一同走，过了年送她到那小城去。

临行楚娣道："给人卖掉了我都不知道。"

九莉笑道："我一到就写张明信片来。"

九

　　乡下过年唱戏，祠堂里有个很精致的小戏台，盖在院子里，但是台顶的飞檐就衔接着大厅的屋顶，中间的空隙里射进一道阳光，像舞台照明一样，正照在旦角半边脸上。她坐在台角一张椅子上，在自思自想，唱着，乐师的笃的笃拍子打得山响。日光里一蓬一蓬蓝色的烟尘，一波一波斜灌进来。连古代的太阳都落上了灰尘。她绒兜兜的粉脸太肥厚了些，背也太厚，几乎微驼，身穿柠檬黄绣红花绿叶对襟长袄，白绸裙。台边一对盘金龙黑漆柱上，一边挂着"禁止喧哗"的木牌，一边挂着"肃静"木牌与一只大自鸣钟，钟指着两点半，与那一道古代的阳光冲突。

　　观众里不断有人嗤笑，都是女人。"怎么一个个都这么难看？"

　　"今年这班子，行头是好的，班子呢是普通的班子，"有个男子在后座用通情达理的口吻说。

　　"真是好的班子，我们这里也请不起，是哦？"

　　前面几排都是太师椅。郁太太送了九莉来，没坐一会就抱着孩子回去了。她矮小，五六岁的孩子抱在手里几乎有她一人高，在田径上走了不很短的一段路。她打扮得也稚气，前发齐眉，后发披

228

肩，红花白绸袍滚大红边，翠蓝布罩袍，自己家里做的绊带布鞋，与郁先生是在县城里跑警报认识的，很罗曼谛克。

她们刚来的时候，小生辞别父母，到舅母家去静心读书，进去又换了身衣服出来，簇新的白袍绣宝蓝花。扮小生的少女还是十来岁的女孩子的纤瘦身材，胭脂搽得特别红，但是枣核脸，搽不匀。

有人噗嗤一笑。"怎么一个个都这么难看的？"

"今年这班子，行头是好的——"大概是管事的，站在后面看，指出小生翻行头之勤。

小生拜见舅母，见过表姐，坐下来的时候，检场的替他拎起后襟，搭在椅背上，可以一直望进去看见裤腰上露出的灰白色汗衫。

旦角独坐着唱完了，写了个诗笺交给婢女送到表弟书房里。这婢女鞍鞯脸，石青缎袄裤，分花拂柳送去，半路上一手插在腰眼里，唱出她的苦衷与立场。

"怎么一个个都这么难看的？"

小姐坐在烛台边刺绣，小生悄悄的来了，几次三番用指尖摸摸她的发髻，放在鼻子跟前闻闻。她终于发现了他，大吃一惊，把肥厚的双肩耸得多高，像京戏里的曹操，也是一张大白脸，除了没那么白。

又是一阵嗤笑。"怎么这么难看的？"

惊定后，又让坐攀谈，仿佛夜访是常事。但是渐渐的对唱起来，站在当地左一比右一比。她爱端肩膀，又把双肩一耸一耸，代表春心动了。

一片笑声。"怎么这么难看的？"

两个检场的一边一个，撑着一幅帐子——只有前面的帐檐帐门——不确定什么时候用得着，早就在旁边蠢动起来，一时涌上前来，又掩旗息鼓退了下去，少顷又摇摇晃晃耸上前来。生旦只顾一唱一和，这床帐是个萧洛依德的象征，老在他们背后右方徘徊不去。

最后终于检场的这次扣准了时间，上前两边站定了，让生旦二人手牵手，飞快的一钻钻了进去。

老旦拿着烛台来察看，呼唤女儿。女儿在帐子里颤声叫"母母母母母——"

"什么母母母母母，要谋杀我呀？"

老旦掀开帐子，小生一个筋斗翻了出来，就势跪在地下，后襟倒摺过来盖在头上遮羞。

老旦叫道："唬死我也！这是什么东西？"

旦角也出来跪在他旁边。

申饬了一番之后，着他去赶考，等有了功名再完婚。

小生赶考途中惊艳，遇见一家人家的小姐。

"这一个好！""这一个末漂亮的！"台下纷纷赞许。

这一个显然自己知道，抬轿子一样抬着一张粉扑子脸，四平八稳，纹风不动。薄施脂粉，穿得也雅淡些，湖色长袄绣粉红花。她到庙里烧香，小生跪到她旁边去。

"这一个末漂亮的，"又有人新发现。

郁太太来了半天了，抱着老长的一个孩子站在后排。九莉无法再坐下去，只好站起来往外挤，十分惋惜没看到私订终身，考中一并迎娶，二美三美团圆。

一个深目高鼻的黑瘦妇人，活像印度人，鼻架钢丝眼镜，梳着旧式发髻，穿棉袍，青布罩袍，站在过道里张罗孩子们吃甘蔗。显然她在大家看来不过是某某嫂，别无特点。

这些人都是数学上的一个点，只有地位，没有长度阔度。只有

230

穿着臃肿的蓝布面大棉袍的九莉，她只有长度阔度厚度，没有地位。在这密点构成的虚线画面上，只有她这翠蓝的一大块，全是体积，狼狈的在一排排座位中间挤出去。

十

过了年大雪堵住了路不能走。好容易路通了，一大早坐着山轿
上路，积雪的山坡后的蓝天蓝得那样，仿佛探手到那斜坡背后一掏
一定掏得出一块。

郁先生这次专拣小路"落荒而走，"不知道是不是怕有人认识
九莉。一出上海就乘货车，大家坐在行李上，没有车门，门口敞着，
一路上朔风呜呜吹进来，把头发吹成一块灰饼，她用手梳爬着，涩
得手都插不进去。但是天气实在好，江南的田野还是美：冬天萧疏
的树，也还有些碧绿的菜畦，夹着一湾亮蓝水塘。车声隆隆，在那
长方形的缺口里景色迅速变换，像个山水画摺子豁辣豁辣扯开来。

在小站上上来一个军官，先有人搬上一张藤躺椅让他坐，跟上
来一个年青的女人，替他盖上车毯，蹲坐在他脚边，拨脚炉里的
灰。她相当高大，穿着翠蓝布窄袖罩袍，白净俏丽，稚气的突出的
额，两鬓梳得虚笼笼的，头发长，烫过。像是他买来的女人。两人
倒是一对，军官三十来岁，瘦骨脸，淘虚了的黄眼珠，疲倦的微笑。
她偶而说话他从来不答理。

乘了一截子航船，路过一个小城，在县党部借宿。她不懂，难

道党部也像寺院一样,招待过往行人?去探望被通缉的人,住在国民党党部也有点滑稽。想必郁先生自有道理,她也不去问他。堂屋上首墙上交叉着纸糊的小国旗,"青天白日满地红"用玫瑰红,娇艳异常。因为当地只有这种包年赏的红纸?

"未晚先投宿,"她从楼窗口看见石库门天井里一角斜阳,一个豆付担子挑进来。里面出来了一个年青的职员,穿长袍,手里拿着个小秤,掀开豆付上盖的布,秤起豆付来,一副当家过日子的样子。

他乡,他的乡土,也是异乡。

越走越暖和。这次投宿在一家人家,住屋是个大鸟笼,里面一个统间,足有两三层楼高,圆顶,望上去全是竹竿搭的,不知道有没有木材,看着头晕,上面盖着芦席。这是中国?还是非洲?至少也是婆罗洲。棕色的半黑暗中,房间大得望不见边,远处靠墙另有副铺板,有人睡在上面微嗽。

改乘独轮车,她这辆走在前面,旷野里整天只有她与一个铜盆似的太阳,脸对脸。晒塌了皮,尻骨也磨破了。独轮车又上山,狭窄的小径下临青溪,傍山的一面许多淡紫的大石头,像连台本戏的布景。

郁先生的姑父住着这小城里数一数二的一幢房子,院子里有假山石,金鱼池,外面却是意大利风的深粉红色墙壁,粉墙又有一段刷白粉黑晕,充大理石。这堵假大理石墙,上缘挖成个座钟形,两旁一边卷起个浪头,恶俗得可笑。中国就是这样出人意外,有时候又有非常珍异的东西,不当桩事。她和之雍在这城里散步,在人家晾衣竹竿下钻过去,看见一幅印花布旧被面挂在那里,白地青色团花,是耶稣与十二门徒像,笔致古朴的国画,圈在个微方的圆圈里,像康熙磁瓶肚子上的图案。她疑心这还是清初的天主教士的影响，正是出青花磁的时代。

她差点跑去问这家人家买下来。她跟比比在一起养成了游客心理。

旅馆里供给的双梁方头细草拖鞋也有古意。房门外楼梯口在墙角钉着个木板搭的小神龛，供着个神道的牌位，插着两枝香。街上大榕树干上有个洞，洞里也嵌着同样的小神龛。

这一天出去散步之前，她在涂她的桃色唇膏，之雍在旁边等着，忽道："不要搽了好不好？"他没说怕引人注意，但是他带她到书店去，两人站着翻书，也还是随口低声谈着，尽管她心里有点戒惧。

又有一次他在旅馆房间里高谈阔论，隔着板壁忽然听见两个男子好奇的说：

"隔壁是什么人？"

"听口音是外路人……"有点神秘感似的，没说下去。

九莉突然紧张起来。之雍也寂然了。

其实别后这些时她一文进账也没有，但是当初如果跟着他跑了会闯祸的，她现在知道。她总是那样若无其事，他又不肯露出惧色来，跟她在一起又免不了要发议论。总之不行，即使没有辛巧玉这个人。

当然郁先生早就提起过，他父亲从前有个姨太太，父亲故后她很能干，在乡下办过蚕桑学校，大家称她辛先生。她就是这小城的人，所以由她送了之雍来，一男一女，她又是本地人，路上不会引起疑心。

九莉听了心里一动，想道："来了。"但是还是不信。

刚到那天，她跟着郁先生走进他姨父家这间昏暗的大房间，人很多，但是随即看见一个淡白的静静窥伺的脸，很俊秀，依傍着一个女眷坐在一边，中等身材，朴素的旗袍上穿件深色绒线衫，没烫头发，大概总有三十几岁，但是看上去年青得多。她一看见就猜着是巧玉，也就明白了。之雍也走来点头招呼，打了个转身又出去了。他算是认识她，一个王太太。

她听见他在隔壁房间里说话的声音，很刺激的笑声。她知道是因为她臃肿的蓝布棉袍，晒塌了皮的红红的鼻子，使他在巧玉面前丢脸。

其实当然并没有这样想，只是听到那刺耳的笑声的时候震了一震，"心恶之，"随即把这印象压了下去，抛在脑后。

"你这次来看我我真是感激的，"单独见面的时候他郑重的说。

随又微笑道："辛先生这次真是'千里送京娘'一样的送了我来。天冷，坐黄包车走长路非常冷，她把一只烤火的篮子放在脚底下，把衣服烧了个洞，我真不过意，她笑着说没关系。"

九莉笑道："这样烧出来的洞有时候很好看，像月晕一样。"她在火盆上把深青宁绸裤脚烧了个洞，隐隐的彩虹似的一圈圈月华，中央焦黄，一戳就破，露出丝绵来，正是白色的月亮。

之雍听了神往，笑道："噯。其实洞上可以绣朵花。"

他显然以为她能欣赏这故事的情调，就是接受了。她是写东西的，就该这样，像当了矿工就该得"黑肺"症？

她不怪他在危难中抓住一切抓得住的，但是在顺境中也已经这样——也许还更甚——这一念根本不能想，只觉得心往下沉，又有点感到滑稽。

当地只有一家客栈，要明天才有房间空出来。九莉不想打搅郁先生亲戚家里，郁先生便也说"在辛先生母亲家住一夜吧。"

巧玉小时候她母亲把她卖给郁家做丫头。她母亲住着一间小瓦屋，虽然是大杂院性质，院子里空屋多，很幽静。之雍送九莉去，曲曲折折穿过许多院落，都没什么人，又有树木。这间房狭长，屋角一张小木床，挂着蚊帐。旁边一张两屉小桌子，收拾得很干净。小灰砖砌的地，日久坑洼不平，一只桌腿底下需要垫砖头。另一端有个白泥灶。

九莉笑道："这里好。"到了这里呼吸也自由些。郁先生的姨父很官派，瘦小，细细的两撇八字须，虽然客气，有时候露出凌厉的眼神。

"之雍怎么能在他们家长住，也没个名目？"她后来问郁先生。

"没关系的，"郁先生淡淡的说，有点冷然，别过头去不看着她。

巧玉的母亲是个笑呵呵的短脸小老太婆，煮饭的时候把鸡蛋打在个碟子里，搁在圆底大饭锅里的架子上，邻近木头锅盖。饭煮好了，鸡蛋也已经蒸瘪了，黏在碟子上，蛋白味道像橡皮。

次日之雍来接她，她告诉他，他也说："嗳，我跟她说了好几次了，她非要这样做，说此地都是这样。"

中国菜这样出名。这也不是穷乡僻壤，倒已经有人不知道煎蛋炒蛋卧鸡蛋，她觉得骇人听闻。

不知道为什么，她以为巧玉与他不过是彼此有心。"其实路上倒有机会，"也这样朦胧的意识到。

也不想想他们一个是亡命者，一个是不复年青的妇人，都需要抓住好时光。到了这里也可以在她母亲这里相会，九莉自己就睡在那张床上。刚看见那小屋的时候，也心里一动，但是就没往下想。也是下意识的拒绝正视这局面，太"糟哚哚，一锅粥。"

他现在告诉她，住在那日本人家的主妇也跟他发生关系了。她本来知道日本女人风流，不比中国家庭主妇。而且日本人现在末日感得厉害，他当然处境比他们还更危险。这种露水姻缘她不介意，甚至于有点觉得他替她扩展了地平线。他也许也这样想，尽管她从来不问他，也不鼓励他告诉她。

他带巧玉到旅馆里来了一趟。九莉对她像对任何人一样，矫枉过正的极力敷衍。实在想不出话来说，因笑道："她真好看，我来画她，"找出铅笔与纸来。之雍十分高兴。巧玉始终不开口。

画了半天，只画了一只微笑的眼睛，双眼皮，在睫毛的阴影里。之雍接过来看，因为只有一只眼睛，有点摸不着头脑，只肃然轻声赞好。

九莉自己看着，忽道："不知道怎么，这眼睛倒有点像你。"他眼睛比她小，但是因为缺少面部轮廓与其他的五官作比例，看不出大小来。

之雍把脸一沉，搁下不看了。九莉也没画下去。

她再略坐了坐，便先走了。

谈到虞克潜，他说他"气质坏。他的文章是下过一番功夫的，所以不大看得出来。"又道："良心坏，写东西也会变坏的。"

九莉知道是说她一毛不拔，只当听不出来。指桑骂槐，像乡下女人的诅咒。在他正面的面貌里探头探脑的泼妇终于出现了。

吓不倒她。自从"失落的一年"以来，早就写得既少又极坏。这两年不过翻译旧著。

房间里窒息起来的时候，惟有出去走走。她穿着乌梅色窄袖棉袍，袖口开叉处钉着一颗青碧色大核桃钮，他说像舞剑的衣裳。太触目，但是她没为这次旅行特为做衣服，除了那件代替冬大衣的蓝布棉袍，不但难看，也太热不能穿了。

"别人看着不知道怎么想，这女人很时髦，这男人呢看看又不像，"他在街上说。又苦笑道："连走路的样子都要改掉，说话的声气……"

她知道销声匿迹的困难，在他尤其痛苦，因为他的风度是刻意培养出来的。但是她觉得他外表并没改变，一件老羊皮袍子穿着也很相宜。

"有一次在路上，我试过挑担子，"他有点不好意思的说。"很难嗷！不会挑的人真的很麻烦。"

她也注意到挑夫的小跑步，一颠一颠，必须颠在节骨眼上。

城外菜花正开着，最鲜明的正黄色，直伸展到天边。因为地势扁平，望过去并不很广阔，而是一条黄带子，没有尽头。晴天，相形之下天色也给逼成了极淡的浅蓝。她对色彩无餍的欲望这才满足了，比香港满山的杜鹃花映着碧蓝的海还要广大，也更"照眼明。"连偶然飘来的粪味都不难闻，不然还当是狂想。

走着看着，惊笑着，九莉终于微笑道："你决定怎么样，要是不能放弃小康小姐，我可以走开。"

巧玉是他的保护色，又是他现在唯一的一点安慰，所以根本不提她。

他显然很感到意外，略顿了顿便微笑道："好的牙齿为什么要拔掉？要选择就是不好……"

为什么"要选择就是不好"？她听了半天听不懂，觉得不是诡辩，是疯人的逻辑。

次日他带了本《左传》来跟她一块看，因又笑道："齐桓公做公子的时候，出了点事逃走，叫他的未婚妻等他二十五年。她说：'等你二十五年，我也老了，不如就说永远等你吧。'"

他仿佛预期她会说什么。

她微笑着没作声。等不等不在她。

他说过"四年，"四年过了一半，一定反而渺茫起来了。

在小城里就像住在时钟里，滴搭声特别响，觉得时间在过去，而不知道是什么时候。

她临走那天，他没等她说出来，便微笑道："不要问我了好不好？"

她也就微笑着没再问他。

她竟会不知道他已经答覆了她。直到回去了两三星期后才回过味来。

等有一天他能出头露面了，等他回来三美团圆？

有句英文谚语"灵魂过了铁"，她这才知道是说什么。一直因为没尝过那滋味，甚至于不确定作何解释，也许应当译作"铁进入了灵魂，"是说灵魂坚强起来了。

还有"灵魂的黑夜"，这些套语忽然都震心起来。

那痛苦像火车一样轰隆轰隆一天到晚开着，日夜之间没有一点空隙。一醒过来它就在枕边，是只手表，走了一夜。

在马路上偶然听见店家播送的京戏，唱须生的中州音非常像之雍，她立刻眼睛里汪着眼泪。

在饭桌上她想起之雍寄人篱下，坐在主人家的大圆桌面上。青菜吃到嘴里像湿抹布，脆的东西又像纸，咽不下去。

她梦见站在从前楼梯口的一只朱漆小橱前——橱面上有一大道裂纹，因为太破旧，没从北边带来——在面包上抹果酱，预备带给之雍。他躲在隔壁一座空屋里。

她没当着楚娣哭，但是楚娣当然也知道，这一天见她又忙忙的把一份碗筷收了去，免得看见一碗饭没动，便笑道："你这样'食少事繁，吾其不久矣！'"

九莉把碗碟送到厨房里回来，坐了下来笑道："邵之雍爱上了小康小姐，现在又有了这辛先生，我又从来没问过他要不要用钱。"

为了点钱痛苦得这样？楚娣便道："还了他好了！"

"二婶就要回来了，我要还二婶的钱。"

"也不一定要现在还二婶。"

九莉不作声。她需要现在就还她。

这话无法出口，像是赌气。但是不说，楚娣一定以为她是要乘着有这笔钱在手里还二婶。她就这样没志气，这钱以后就赚不回来了？但是九莉早年比她三姑困苦，看事不那么容易。

默然了一会，楚娣轻声笑道："他也是太滥了。"

楚娣有一次讲起那些"老话"，道："我们盛家本来是北边乡下穷读书人家，又侉又迂。他们卞家是'将门'，老爹爹告老回家了，还像带兵一样，天一亮就起来。谁没起来，老爹爹一脚踢开房门，骂着脏话，你外婆那时候做媳妇都是这样。"顿了一顿，若有所思，又道："竺家人坏。"

九莉知道她尤其是指大爷与绪哥哥父子俩。也都是她喜欢的人——她帮大爷虽然是为了他儿子，对他本人也有好感。

又有一次她说九莉："你坏。"

虽然不是"听其辞若有憾焉，其实乃深喜之，"也有几分佩服。见九莉这时候痛苦起来，虽然她自己也是过来人，不免失望——到底还是个平凡的女人。

"没有一个男人值得这样，"她只冷冷的轻声说了这么一声。

九莉曾经向她笑着说："我不知道怎么，喜欢起来简直是狂喜，难受起来倒不大觉得，木木的。"楚娣也笑，认为稀罕。

她是最不多愁善感的人，抵抗力很强。事实是只有她母亲与之雍给她受过罪。那时候想死给她母亲看："你这才知道了吧？"对于之雍，自杀的念头也在那里，不过没让它露面，因为自己也知道太笨了。之雍能说服自己相信随便什么。她死了他自有一番解释，认为"也很好，"就又一团祥和之气起来。

但是她仍旧写长信给他，告诉他她多痛苦。现在轮到他不正视现实了，简直不懂她说些什么，也不知道是装作不懂，但是也写长信来百般譬解。每一封都是厚厚的一大叠，也不怕邮局疑心了。

她就靠吃美军罐头的大听西柚汁，比橙汁酸淡，不嫌甜腻。两个月吃下来，有一天在街上看见橱窗里一个苍老的瘦女人迎面走来，不认识了，吓了一跳。多年后在报上看见大陆饥民的事，妇女月经停止，她也有几个月没有。

郁先生来了。

在那小城里有过一番虚惊，他含糊的告诉她——是因为接连收到那些长信？——所以又搬回乡下去了。

谈了一会，他皱眉笑道："他要把小康接来。这怎么行？她一口外乡话，在乡下太引人注意了。一定要我去接她来。"

郁先生是真急了。有点负担不起了，当然希望九莉拿出钱来。郁先生发现只有提起小康小姐能刺激她。

她只微笑听着，想道："接她会去吗？不大能想像。团圆的时候还没到，这是接她去过地下生活。"

九莉忽道："他对女人不大实际。"她总觉得他如果真跟小康小姐发生了关系，不会把她这样理想化。

郁先生怔了一怔道："很实际的嗷！"

轮到九莉怔了怔。两人都没往下说。

至少临别的时候有过。当然了。按照三美团圆的公式，这是必需的，作为信物，不然再海誓山盟也没用。

她也甚至于都没怪自己怎么这么糊涂，会早没想到。唯一的感觉是一条路走到了尽头，一件事情结束了。因为现在知道小康小姐会等着他。

并不是她笃信一夫一妻制，只晓得她受不了。她只听信痛苦的语言，她的乡音。

巧玉过境，秀男陪着她来了。也许因为九莉没问她有几天耽搁，显然不预备留她住，秀男只说过一会就来接她。

现在当然知道了巧玉"千里送京娘"路上已经成其好事，但是见了面也没想起这些，泡了杯茶笑着端来，便去帮着楚娣做饭。

楚娣轻声道："要不要添两样菜？"

"算了，不然还当我们过得很好。"

在饭桌上看见巧玉食不下咽的样子，她从心底里厌烦出来。

桌上只有楚娣讲两句普通的会话，九莉偶而搭讪两句。她没问起之雍，也不想知道他们为什么需要暂时拆档。当然他现在回到郁家了，但是他们也多少是过了明路的了。

饭后秀男就来接了巧玉去了。

楚娣低声笑道："她倒是跟邵之雍非常配。"

九莉笑道："嗳。"毫不介意。

她早已不写长信了，只隔些时写张机械性的便条。之雍以为她没事了，又来信道："昨天巧玉睡了午觉之后来看我，脸上有衰老，我更爱她了。有一次夜里同睡，她醒来发现胸前的钮扣都解开了，说：'能有五年在一起，就死也甘心了。'我的毛病是永远沾沾自喜，有点什么就要告诉你，但是我觉得她其实也非常好，你也要妒忌妒忌她才好。不过你真要是妒忌起来，我又吃不消了。"

她有情书错投之感，又好气又好笑。

十一

她母亲回来了。

她跟着楚娣到码头上去接船。照例她舅舅家阖家都去了,这次又加上几个女婿,都是姑妈一手介绍的。

自从那次她笔下把卞家形容得不堪,没再见过面。在码头上,他们仍旧亲热的与楚娣招呼,对九莉也照常,不过脸上都流露出一种快心的神气。现在可以告她一状了。当然信上也早已把之雍的事一木拜上。

"那天我在马路上看见你二叔,穿着蓝布大褂。胖了些,"一个表姐微笑着告诉她。

她们现在都是时髦太太,也都有孩子,不过没带来。

在拥挤的船舱里,九莉靠后站着。依旧由她舅舅一家人做隔离器。最后轮到她走上前两步,微笑轻声叫了声"二婶。"

蕊秋应了声"唔,"只揎眼看了她一眼,脸色很严厉。

大家挤在狭小的舱房里说笑得很热闹,但是空气中有一种悄然,因为蕊秋老了。

人老了有皱纹没关系,但是如果脸的轮廓消蚀掉一块,改变了眼睛与嘴的部位，就像换了个人一样。在热带住了几年，晒黑了，当然也更显瘦。

下了船大家一同到卞家去。还是蕊秋从前替他们设计的客室，墙壁粉刷成"豆沙色"，不深不浅的紫褐色，不落套。云志嫌这颜色不起眼，连九莉也觉得环堵萧然，像舞台布景的贫民窟。

他们姐弟素来亲密，云志不禁笑道："你怎么变成老太婆了嘎！我看你是这副牙齿装坏了。"

这话只有他能说。室内似乎有一阵轻微的笑声，但是大家脸上至多微笑。

蕊秋没有笑，但是随即很自然的答道："你没看见人家比来比去，费了多少工夫。他自己说的，这是特别加工的得意之作。"

九莉想道："她是说这牙医生爱她。"

九莉跟个表姐坐在一张沙发上，那表姐便告诉她："表弟那次来说想找事，别处替他想办法又不凑巧，末了还是在自己行里。找的这事妈妈虎虎，不过现在调到杭州去待遇好多了。表弟倒好，也没别的嗜好，就是吃个小馆子……"末句拖得很长，仿佛不决定要不要讲下去。再讲下去，大概就是劝他积两个钱，给他介绍女朋友结婚的话了，似乎不宜与他声名狼藉的姐姐讨论。

当然九莉也听见说她表姐替九林介绍职业，九林自己也提过一声。表姐也是因为表姐夫是蕊秋介绍的，自然应当帮忙。告诉九莉，也是说她没良心，舅舅家不记恨，还提拔她弟弟。一来也更对照她自己做姐姐的凉薄。

那天蕊秋谈到夜深才走，楚娣九莉先回去。十七件行李先送了来了，表姐夫派人押了来。大家都笑怎么会有这么多。

九莉心里想，其实上次走的时候路过香港，也有一二十件行李，不过那时候就仿佛是应当的，没有人笑。

楚娣背后又窃笑道："二婶好像预备回来做老太太了。"

不知道是否说她面色严厉。

又有一次楚娣忍不住轻声向九莉道："行动锁抽屉，倒像是住到贼窝里来了。"

其实这时候那德国房客早走了，蕊秋住着他从前的房间，有自己的浴室，很清静。

楚娣又道："你以后少到我房间里来。"

九莉微笑道："我知道。"

她也怕被蕊秋撞见她们背后议论她，所以不但躲着蕊秋，也避免与楚娣单独在一起，整个她这人似有如无起来。

蕊秋在饭桌上讲些别后的经历，在印度一度做过尼赫鲁的两个姊妹的社交秘书。"喝！那是架子大得不得了，长公主似的。"

那时候总不会像现在这样不注重修饰，总是一件小花布连衫裙，一双长统黑马靴，再不然就是一双白色短袜，配上半高跟鞋，也觉不伦不类。

"为什么穿短袜子？"楚娣说。

"在马来亚都是这样。"

不知道是不是英国人怕生湿气，长统靴是怕蛇咬。

她在普纳一个麻疯病院住了很久，"全印度最卫生的地方。"

九莉后来听见楚娣说她有个恋人是个英国医生，大概这时候就在这麻疯病院任职。在马来亚也许也是跟他在一起。

"英国人在印度是了不起的。"

"现在还是这样？"九莉问，没提印度独立的话。

"就连现在。"

有一次九莉听见她向楚娣发牢骚道："一个女人年纪大了些，人家对你反正就光是性，"末一个字用英文。

　　九莉对她这样严阵以待，她便态度和软得多。这天饭后刚巧旁边没人，便闲闲的问道："那邵之雍，你还在等他吗？"

　　九莉笑道："他走了。他走了当然完了。"

　　之雍的信都是寄到比比家里转。

　　蕊秋略点了点头，显然相信了。大概是因为看见燕山来过一两次，又听见她打电话，尽管她电话上总是三言两语就挂断了。

　　蕊秋刚回来，所以没看过燕山的戏，不认识他，但是他够引人注目的，瘦长条子，甜净的方圆脸，浓眉大眼长睫毛，头发有个小花尖。

　　九莉认识他，还是在吃西柚汁度日的时候。这家影片公司考虑改编她的一篇小说，老板派车子来接她去商议。是她战后第一次到任何集会去。虽然瘦，究竟还年青，打起精神来，也看不大出来，又骨架子窄，瘦不露骨。穿的一件喇叭袖洋服本来是楚娣一条夹被的古董被面，很少见的象牙色薄绸印着黑凤凰，夹杂着暗紫羽毛。肩上发梢缀着一朵旧式发髻上插的绒花，是个淡白条纹大紫蝴蝶，像落花似的快要掉下来。

　　老板家里大厅上人很多，一个也不认识，除了有些演员看着眼熟，老板给她介绍了几个，内中有燕山。后来她坐在一边，燕山见了，含笑走来在她旁边坐下，动作的幅度太大了些，带点夸张。她不禁想起电车上的荀桦，觉得来意不善，近于"乐得白捡个便宜"的态度，便淡笑着望到别处去了。他也觉得了，默然抱着胳膊坐着，穿着件毛烘烘的浅色爱尔兰花格子呢上衣，仿佛没穿惯这一类的衣服，稚嫩得使人诧异。

她刚回上海的时候写过剧评。有一次到后台去，是燕山第一次主演的《金碧霞》，看见他下楼梯，低着头，逼紧了两臂，疾趋而过，穿着长袍，没化妆，一脸戒备的神气，一溜烟走了，使她立刻想起回上海的时候上船，珍珠港后的日本船，很小，在船阑干边狭窄的过道里遇见一行人，众星捧月般的围着个中年男子迎面走来，这人高个子，白净的方脸，细细的两撇小胡子，西装虽然合身，像借来的，倒像化装逃命似的，一副避人的神气，仿佛深恐被人占了便宜去，尽管前呼后拥有人护送，内中还有日本官员与船长之类穿制服的。她不由得注意他，后来才听见说梅兰芳在船上。

不然她会告诉燕山："我在《金碧霞》后台看见你，你下了台还在演那角色，像极了，"但是当然不提了。他也始终默然，直到有个名导演来了，有人来请她过去相见。

九莉想道："没对白可念，你只好不开口。"

但是他的沉默震撼了她。

此后一直也没见面，他三个月后才跟一个朋友一同来找过她一次。那时候她已经好多了，几乎用不着他来，只需要一丝恋梦拂在脸上，就仿佛还是身在人间。

蕊秋叫了个裁缝来做旗袍。她一向很少穿旗袍。

裁缝来了，九莉见她站在穿衣镜前试旗袍，不知道为什么满面怒容。再也没想到是因为没给她介绍燕山，以为是觉得她穿得太坏，见不得人。

这次燕山来了，忽然客室的门訇然推开了，又砰的一声关上。九莉背对着门，与燕山坐得很远，回过头来恍惚瞥见是她母亲带上了门。

"像个马来人，"燕山很恐怖的低声说。

她洗澡也是浴室的门訇然开了，蕊秋气烘烘的冲进来，狠狠的钉了她一眼，打开镜子背后的小橱，拿了点什么东西走了，又砰上门。九莉又惊又气，正"出浴"站在浴缸里，不禁低下头去约略检视了一下，心里想"你看好了，有什么可看的？"

她还是九年前在这公寓里同住的时候的身段，但是去接船那天穿着件车毯大衣，毯子太厚重，那洋裁偏又手艺高强，无中生有，穿着一时忘了用力往下拉扯，就会胸部坟起。蕊秋那天揙眼看了她一眼的时候，她也就知道是看见了这现象。

既然需要"窥浴"，显然楚娣没说出她跟之雍的关系。本来九莉以为楚娣有现成的话，尽可以说实话："九莉主意很大，劝也不会听的，徒然伤感情。"否则怎么样交代？推不知道？——"你是死人哪！会不知道。"——还是"你自己问她去"？也不能想像。

她始终没问楚娣。

自从检查过体格，抽查过她与燕山的关系，蕊秋大概不信外面那些谣言，气平了些，又改用怀柔政策，买了一只别针给她，一只白色珐蓝跑狗，像小女学生戴的。

九莉笑道："我不戴别针，因为把衣裳戳破了。二婶在哪里买的，我能不能去换个什么？"

"好，你去换吧。"蕊秋找出发票来给她。

她换了一副球形赤铜蔷薇耳坠子，拿来给蕊秋看。

"唔。很亮。"

《露水姻缘》上映了。本来影片公司想改编又作罢了，三个月之后，还是因为燕山希望有个导演的机会，能自编自导自演的题材太难找，所以又旧话重提。蕊秋回国前，片子已经拍完了，在一家影院楼上预演，楚娣九莉都去了。故事内容净化了，但是改得非常

249

牵强。快看完了的时候,九莉低声道:"我们先走吧。"她怕灯一亮,大家还要庆贺,实在受不了。

燕山没跟她们坐在一起,但是在楼梯上赶上了她们,笑道:"怎么走了?看不下去?"

九莉皱眉笑道:"过天再谈吧,"一面仍旧往下走。

燕山把她拦在楼梯上,苦笑道:"没怎样糟塌你的东西呀!"他是真急了,平时最谨慎小心的人,竟忘形了,她赤着脚穿着镂空鞋,他的裤脚痒唑唑的罩在她脚背上,连楚娣在旁边都脸上露出窘态来。

放映间里有人声,显然片子已经映完了。他怕有人出来,才放她走了。

正式上演,楚娣九莉陪着蕊秋一同去看,蕊秋竟很满意。

九莉心里纳罕道:"她也变得跟一般父母一样,对子女的成就很容易满足。"

蕊秋对她的小说只有一个批评:"没有经验,只靠幻想是不行的。"她自己从前总是说:"人家都说我要是自己写本书就好了。"

这天下午蕊秋到厨房里去烧水冲散拿吐瑾,刚巧遇见九莉,便道:"到我房里去吃茶,"把这瑞士货奶粉兼补药多冲了一杯,又开冰箱取出一盒小蛋糕来装碟子。

"噢。我去拿条手绢子。"

"唔。"

九莉回到客室里去了一趟,打开自己的抽屉,把二两金子裹在手帕里带了去。蕊秋还没回来她就问了楚娣:"二婶为了我大概一共花了多少钱?楚娣算了算,道:"照现在这样大概合二两金子。"

那次去看之雍,旅费花了一两。剩下的一直兑换着用,也用得差不多了，正好还有二两多下来。从前梦想着一打深红的玫瑰花下的钞票，装在长盒子里送给她母亲，现在这两只小黄鱼简直担心会在指缝里漏掉，就此找不到了。

在小圆桌边坐着吃蛋糕，蕊秋闲谈了两句，便道："我看你也还不是那十分丑怪的样子，我只要你答应我一件事，不要把你自己关起来。"

又自言自语喃喃说道："从前那时候倒是有不少人，刚巧这时候一个也没有。"

听上去是想给她介绍朋友。自从看了《露水姻缘》，发现燕山是影星，没有可能性。

九莉想道："她难道不知道从前几个表姐夫都是有点爱她的，所以联带的对年青的对象也多了几分幻想。"她深信现在绝对没有替她做媒的危险，因此也不用解释她反对介绍婚姻，至少就她而言。

蕊秋又道："我因为在一起的时候少，所以见了面总是说你。也是没想到那次一块住了那么久——根本不行的。那时候因为不晓得欧战打得起来打不起来，不然你早走了。"

九莉乘机取出那二两金子来递了过去，低声笑道："那时候二婶为我花了那么些钱，我一直心里过意不去，这是我还二婶的。"

"我不要，"蕊秋坚决的说。

九莉想道："我从前也不是没说过要还钱，也没说过不要。当然，我那时候是空口说白话，当然不理。"

蕊秋流下泪来。"就算我不过是个待你好过的人，你也不必对我这样。'虎毒不食儿'嗳！"

九莉十分诧异，她母亲引这南京谚语的时候，竟是余妈碧桃的口吻。

在沉默中，蕊秋只低着头坐着拭泪。

她不是没看见她母亲哭过，不过不是对她哭。是不是应当觉得心乱？但是她竭力搜寻，还是一点感觉都没有。

蕊秋哭道："我那些事，都是他们逼我的——"忽然咽住了没说下去。

因为人数多了，这话有点滑稽？

"她完全误会了，"九莉想，心里在叫喊："我从来不裁判任何人，怎么会裁判起二婶来？"但是怎么告诉她她不相信这些？她十五六岁的时候看完了萧伯纳所有的剧本自序，尽管后来发现他有些地方非常幼稚可笑，至少受他的影响，思想上没有圣牛这样东西。——正好一开口就给反咬一口："好！你不在乎？"

一开口就反胜为败。她向来"夫人不言，"言必有失。

时间一分一秒在过去。从前的事凝成了化石，把她们冻结在里面。九莉可以觉得那灰白色大石头的筋脉，闻得见它粉笔灰的气息。

她逐渐明白过来了，就这样不也好？就让她以为是因为她浪漫。作为一个身世凄凉的风流罪人，这种悲哀也还不坏。但是这可耻的一念在意识的边缘上蠕蠕爬行很久才溜了进来。

那次带她到浅水湾海滩上，也许就是想让她有点知道，免得突然发现了受不了。

她并没想到蕊秋以为她还钱是要跟她断绝关系，但是这样相持下去，她渐渐也有点觉得不拿她的钱是要保留一份感情在这里。

"不拿也就是这样，别的没有了。"她心里说。

反正只要恭顺的听着，总不能说她无礼。她向大镜子里望了望，检查一下自己的脸色。在这一刹那间，她对她空濛的眼睛、纤柔的鼻子、粉红菱形的嘴、长圆的脸蛋完全满意。九年不见，她庆幸她还是九年前那个人。

蕊秋似乎收了泪。沉默持续到一个地步，可以认为谈话结束了。九莉悄悄的站起来走了出去。

到了自己房里，已经黄昏了，忽然觉得光线灰暗异常，连忙开灯。

时间是站在她这边的。胜之不武。

"反正你自己将来也没有好下场，"她对自己说。

后来她告诉楚娣："我还二婶钱，二婶一定不要。"

楚娣非常不满。"怎么会不要呢？"

"二婶哭了。"底下九莉用英文说："闹了一场。可怕。"没告诉她说了些什么。让她少感到幻灭些。

楚娣也没问，默然了一会，方道："钱总要还她的。"

"一定不要嚜，我实在没办法。"心里想难道硬拽给他。其实当时也想到过，但是非常怕像给老妈子赏钱一样打架似的。如果碰到她母亲的手——她忘了小时候那次牵她的手过街的事，不知道为什么那么怕碰那手上的手指，横七竖八一把细竹管子。

在饭桌上九莉总是云里雾里，把自己这人"淡出"了。永远是午餐，蕊秋几乎从来不在家里吃晚饭。

蕊秋仿佛在说长统靴里发现一条蛇的故事，虽然是对楚娣说的，见九莉分明不在听，也生气起来，草草结束道："我讲的这些事你们也没有兴趣。"

但是有一天又在讲昨天做的一个梦。以前楚娣曾经向九莉笑着抱怨："二婶看了电影非要讲给人听，还有早上起来非要告诉人做了什么梦。"

"小莉反正是板板的，……"九莉只听见这一句，吓了一跳。她怎么会跑到她母亲梦里去了？好像误入禁地。

再听下去，还是听不进去。大概是说这梦很奇怪，一切都有点异样。

怎么忽然改口叫她的小名了？因为"九莉"是把她当个大人，较客气的称呼？

又有一次看了电影，在饭桌上讲《米尔菊德·皮尔丝》，里面琼克劳馥演一个饭店女侍，为了子女奋斗，自己开了饭馆，结果女儿不孝，还抢她母亲的情人。"我看了哭得不得了。嗳哟，真是——！"感慨的说，嗓音有点沙哑。

九莉自己到了三十几岁，看了棒球员吉美·皮尔索的传记片，也哭得呼噜呼噜的，几乎嚎啕起来。安东尼柏金斯演吉美，从小他父亲培养他打棒球，压力太大，无论怎样卖力也讨不了父亲的欢心。成功后终于发了神经病，赢了一局之后，沿着看台一路攀着铁丝网乱嚷："看见了没有？我打中了，打中了！"

她母亲临终在欧洲写信来说："现在就只想再见你一面。"她没去。故后在一个世界闻名的拍卖行拍卖遗物清了债务，清单给九莉寄了来，只有一对玉瓶值钱。这些古董蕊秋出国向来都带着的，随时预备"待善价而沽之，"尽管从来没卖掉什么。

她们母女在一起的时候几乎永远是在理行李，因为是环球旅行家，当然总是整装待发的时候多。九莉从四岁起站在旁边看，大了帮着递递拿拿，她母亲传授给她的唯一一项本领也就是理箱子，物件一一拼凑得天衣无缝，软的不会团皱，硬的不会硌破硌扁，衣服拿出来不用烫就能穿。有一次九莉在国外一个小城里，当地没有

254

苦力，雇了两个大学生来扛抬箱子。太大太重，二人一失手，箱子在台阶上滚下去，像块大石头一样结实，里面声息毫无。学生之一不禁赞道："这箱子理得好！"倒是个"知音"。

但是她从来没看见过什么玉瓶。见了拍卖行开的单子，不禁唇边泛起一丝苦笑，想道："也没让我开开眼。我们上一代真是对我们防贼似的，'财不露白。'"

蕊秋战后那次回来，没惩治她给她舅舅家出口气，下家也感到失望，没从前那么亲热。几个姑奶奶们本来崇拜蕊秋，将这姑妈视为灰姑娘的仙子教母，见她变了个人，心也冷了，不过尽职而已。

这天在饭桌上蕊秋忽向楚娣笑道："我那雷克才好呢！在我箱子里塞了二百叨币。他总是说我需要人照应我。"

九莉听了也没什么感觉，除了也许一丝凄凉。她在四面楚歌中需要一点温暖的回忆。那是她的生命。

叨币——想必蕊秋是上次从巴黎回来，顺便去爪哇的时候遇见他的。雷克从香港到东南亚去度假。他是医科女生说他"最坏"的那病理学助教，那矮小苍白的青年。

九莉尽量的使自己麻木。也许太澈底了，不光是对她母亲，整个的进入冬眠状态。腿上给汤婆子烫了个泡都不知道，次日醒来，发现近脚踝起了个鸡蛋大的泡。冬天不穿袜子又冷，只好把袜子上剪个洞。老不消退，泡终于灌脓，变成黄绿色。

"我看看，"蕊秋说。

南西那天也在那里，看了啧啧有声。南西夫妇早已回上海来了。

"这泡应当戳破它。"蕊秋一向急救的药品都齐全，拿把小剪刀消了毒，刺破了泡。九莉腿上一阵凉，脓水流得非常急，全流掉了。她又轻轻的剪掉那块破裂的皮肤。

255

九莉反正最会替自己上麻药。可以觉得她母亲微凉的手指,但是定着心,不动心。

南西在旁笑道:"嗳哟,蕊秋的手抖了!"

蕊秋似笑非笑的继续剪着,没作声。

九莉非常不好意思。换了从前,早羞死了。

消了毒之后老不收口,结果还是南西说"叫查礼来看看。"杨医生是个红外科大夫,杀鸡焉用牛刀,但是给敷了药也不见效。他在近郊一家大学医科教书,每天在校中植物园里摘一片龙角树叶,带了来贴在伤口上,再用纱布包扎起来。天天换,两三个月才收了口。这时候蕊秋就快动身去马来亚了。

楚娣在背后轻声笑道:"倒像那'流浪的犹太人'"——被罚永远流浪不得休息的神话人物。

九莉默然。这次回来的时候是否预备住下来,不得而知,但是当然也是给她气走的。事实是无法留在上海,另外住也不成话。

一度甚至于说要到西湖去跟二师父修行。二师父是卞家的一个老小姐,在湖边一个庵里出了家。

行期已定,临时又等不及,提早搬了出去,住在最豪华的国际饭店,也像是赌气。

一向总是说:"我回来总要有个落脚的地方,"但是这次楚娣把这公寓的顶费还了她一半,大概不预备再回国了。

理行李的时候,很喜欢楚娣有一只湖绿色小梳打饼干筒。

楚娣便道:"你拿去好了,可以装零碎东西。"

"你留着用吧,我去买这么一盒饼干就是了。"

"你拿去好了,我用不着。"

九莉想道:"二婶三姑这样的生死之交,会为了一只小洋铁筒

256

这样礼让起来。"心下惘然。

临走取出一副翡翠耳环，旁边另搁了一小摊珠宝，未镶的小红蓝宝石，叫九莉拣一份。她拣了耳环。

"剩下的这个给你弟弟，等他结婚的时候给新娘子镶着戴。"

碧桃来了。蕊秋在这里的时候本来已经来过，这次再来，一问蕊秋已经走了。

楚娣与碧桃谈着，不免讲起蕊秋现在脾气变的，因笑道："最怕跟她算账。"她们向来相信"亲兄弟，明算账，"因为不算清楚，每人印象中总仿佛是自己吃亏。人性是这样。与九莉姑侄算账，楚娣总是说："还我六块半，万事全休。"这天提起蕊秋来，便笑道："她给人总是少算了，跟她说还要生气。"

碧桃笑道："'呆进不呆出'嗳！"

九莉听了心里诧异，想道："人怎么这么势利？她一老了，就都众叛亲离起来。"

燕山来了。

在黄昏的时候依偎着坐着，她告诉他她跟她母亲的事，因为不给他介绍，需要解释。

没提浪漫的话。

"给人听着真觉得我这人太没良心，"她末了说。

"当然我认为你是对的，"他说。

她不是不相信他，只觉得心里一阵灰暗。

九林来了。

他也跟碧桃一样，先已经来过，是他表姐兼上司太太把他从杭州叫了来的。这次母子见面九莉不在场。

当然他已经从表姐那里听见说蕊秋走了，但是依旧笑问道：

"二婶走了？"脸上忽然现出一种奇异的讽刺的笑容。

他是说她变了个人。

九莉泡了茶来，笑道："你到上海来住在家里？"

"住在宿舍里朋友那里。"他喝着茶笑道："到家里去了一趟。带了两袋米去。住了一晚上。有个朋友有笔钱交给我收着，不知道什么时候给二叔搜了去，对我说：'你这钱预备做什么用的？你要这么些钱干什么？放在我这儿，你要用跟我拿好了。'我说'这不是我的钱，是朋友的，要马上拿去还人家的。'"

九莉听了十分震动。但是她第一个反应就是怪她弟弟粗心大意，钱怎么能带去？当然是他自己的积蓄，什么朋友交给他收着——他又是个靠得住的人！他没提翠华，也说不定是她出的主意。

九林又道："二叔写了封信跟绪哥哥借钱，叫我带去寄。我也许有机会到北边去一趟，想跟绪哥哥联络联络，这时候跟人家借钱不好，所以没给他寄。"

九莉又震了一震。

"二叔怎么现在这样窘？不是说两人都戒了烟了？"

九林皱眉道："二叔就是那样，现在简直神经有问题。抵押到了期，收到通知信就往抽屉里一搁。娘告诉我的。娘都气死了。"

"娘也许是气他不把东西落在她手里。"

九林急了。"不是，你不知道，娘好！是二叔，自己又不管，全都是这样糟掉了。倒是娘明白。"

九莉想道："他爱翠华！"

当然她也能懂。只要有人与人的关系，就有曲解的余地，可以自骗自，不像蕊秋只是一味的把他关在门外。

九莉曾经问他喜欢哪个女明星，他说蓓蒂黛维斯——也是年

纪大些的女人，也是一双空空落落的大眼睛，不过翠华脸长些；也
惯演反派，但是也有时候演爱护年青人的女教师，或是老姑娘，为
了私生子的幸福牺牲自己。

"你为什么喜欢她？"她那时候问。

"因为她的英文发音清楚。"他嗫嚅起来："有些简直听不清
楚，"怕她觉得是他英文不行。

她可以想像翠华向他诉说他父亲现在神经病，支开他父亲，母
子多说两句私房话，好让他父亲去搜他的行李。

她起身去开抽屉取出那包珠宝来，打开棉纸小包，那一撮小宝
石实在不起眼，尤其是在他刚丢了那么些钱之后。

"这是二婶给你的，说等你结婚的时候给新娘子镶着戴。"

他脸上突然有狂喜的神情。那只能是因为从来没有人提起过
他的婚事。九莉不禁心中一阵伤惨。

蕊秋从前总是说："不是我不管你弟弟的事，只有这一个儿
子，总会给他受教育的。"

不给他受教育，总会给他娶亲的。无后为大。

乃德续娶的时候想再多生几个子女，怎么现在连绝后都不管
了？当然，自己生与儿子生，是人我的分别。她一直知道她父亲守
旧起来不过是为他自己着想。

还是翠华现在就靠九林了，所以不想他结婚？

因为心酸，又替他觉得窘，这片刻的沉默很难堪，她急于找话
说，便笑道："二婶分了两份叫我拣，我拣了一副翡翠耳环。"

他笑着应了声"哦，"显然以为她会拿给他看。其实就在刚才
那小文件柜同一只抽屉里，但是她坐着不动。他不禁诧异起来，眼
睛睁得又圆又大。再坐了一会就走了，微笑拾起桌上那包珠宝揣在

袴袋里。

她告诉楚娣他说的那些。楚娣气愤道："听他这口气，你二叔已经老颠倒了，有神经病，东西都该交给他管了。"

九莉想道："她难道还卫护这倒过她的戈的哥哥？还是像人有时候，亲人只许自己骂，别人说了就生气？"

不是，她想楚娣不过是忠于自己这一代，不喜欢"长江后浪推前浪。"

那副耳环是不到一吋直径的扁平深绿翠玉环，吊在小金链子上，没耳朵眼不能戴，需要拿去换个小螺丝钮。她拿着比来比去，头发长，在鬈发窝里荡漾着的暗绿圈圈简直看不见。

留了一年多也没戴过，她终于决定拿去卖掉它。其实那时候并不等钱用，但是那副耳环总使她想起她母亲她弟弟，觉得难受。

楚娣陪她到一个旧式首饰店去，帮着讲价钱卖掉了。

"卖得价钱不错，"楚娣说。

九莉想道："因为他们知道我不想卖。"

他们永远知道的。

十二

燕山笑道："嗳，你到底是好人坏人？"

九莉笑了起来道："倒像小时候看电影，看见一个人出场，就赶紧问'这是好人坏人？'"

当然她知道他是问她与之雍的关系。他虽然听见说，跟她熟了以后，看看又不像。

他拥着她坐着，喃喃的说："你像只猫。这只猫很大。"

又道："你的脸很有味道。"

又笑道："嗳，你到底是好人坏人哪？"

九莉笑道："我当然认为我是好人。"看见他眼睛里陡然有希望的光，心里不禁皱眉。

刚认识的时候她说："我现在不看电影了。也是一种习惯，打了几年仗，没有美国电影看，也就不想看了。"

他有点肃然起敬起来，仿佛觉得这也是一种忠贞。她其实是为了省钱，但是看了战后的美国电影广告也是感到生疏，没有吸引力，也许也有对胜利者的一种轻微的敌意。

隔了些时他说："我觉得你不看电影是个损失。"

她跟他去看了两次。灯光一暗，看见他聚精会神的侧影，内行的眼光射在银幕上，她也肃然起敬起来。像佩服一个电灯匠一样，因为是她自己绝对做不到的。"文人相轻，自古皆然。"

他对她起初也有点莫测高深，有一次听她说了半天之后笑道："喂，你在说些什么？"

他出去很少戴黑眼镜，总是戴沉重的黑框或是玳瑁边眼镜，面貌看上去完全改观，而又普通，不像黑眼镜反而引人注目。他们也从来不到时髦的饭馆子去，有时候老远的跑到城里去吃本地菜或是冷清清灰扑扑的旧式北方馆子，一个楼面上只有他们一桌人。

有一次两人站在一个小码头上，码头上泊着一只大木船，没有油漆，黄黄的新木材的本色，有两层楼高，大概是运货的。船身笨重，虽也枝枝桠桠有些桅竿之类，与图片中的一切中国帆船大不相同。

"到浦东去的，"他说。

不过是隔着条黄浦江的近郊，但是咫尺天涯，夕阳如雾如烟，不知道从哪个朝代出来的这么一只船，她不能想像在什么情形下能上去。

"你的头发是红的。"

是斜阳照在她头发上。

他的国语其实不怎么好。他是上海很少见的本地人，有一天跟楚娣讲起有些建筑物的沧桑，某某大厦本来是某公司某洋行，谈得津津有味，两人抢着讲。九莉虽然喜欢上海，没有这种历史感，一方面高兴他们这样谈得来，又像从前在那黑暗的小洋台上听楚娣与绪哥哥讲筹款的事，对于她是高级金融，一窍不通，但是这次感到一丝妒意。正是黄昏时候，房间里黑下来了，她制止着自己，没站起来开灯，免得他们以为她坐在旁边不耐烦起来，去开灯打断话锋。但是他们还是觉得了，有点讪讪的住了口。

她觉得她是找补了初恋，从前错过了的一个男孩子。他比她略大几岁，但是看上去比她年青。

她母亲走后不久，之雍过境。

秀男打了电话来，九莉便守在电梯旁边接应，虚掩着门，免得揿铃还要在门外等一会，万一过道里遇见人。天冷，她穿着那件车毯大衣，两手插在口袋里。下摆保留了原来的羊毛排穗，不然不够长，但是因为燕山说"这些须头有点怪，"所以剪掉了。

之雍走出电梯，秀男笑着一点头，就又跟着电梯下去了。

"你这样美，"之雍有点迟疑的说。

她微笑着像不听见似的，返身领路进门，但是有点觉得他对她的无反应也有反应。

到客室里坐了下来，才沏了茶来，电话铃响。她去接电话，留了个神，没有随手关门。

"喂？"

"嗳。"燕山的声音。

她顿时耳边轰隆轰隆，像两簇星球擦身而过的洪大的嘈音。她的两个世界要相撞了。

"嗳，好吧？……我还好。这两天忙吧？"她带笑说，但是非常简短，等着他说有什么事。

燕山有点不高兴，说他也没什么事，过天再谈，随即挂断了。

她回到客室里，之雍心神不定的绕着圈子踱着。

"你讲上海话的声音很柔媚，"他说。显然他在听她接电话。

她笑道："我到了香港才学会讲上海话，因为宿舍里有上海人，没法子解释怎么一直住在上海，不会说上海话。"

她没提是谁打来的，他也没问。

楚娣进来谈了一会，没多坐。

郁先生来了。

谈起比比，之雍问道："你见过没有？"郁先生说见过。"你觉得漂亮不漂亮？"

郁先生低声笑道："漂亮的。"

之雍笑道："那你就去追求她好了。"

郁先生正色道："嗳，那怎么可以。"

九莉听着也十分刺耳，心里想"你以为人家有说有笑的，就容易上手？那是乡下佬的见解。"又觉得下流，凑趣，借花献佛巴结人。

郁先生一向自谦"一点成就也没有，就只有个婚姻还好。"

谈到黄昏时分，郁先生走了。她送他出去，回来之雍说："郁先生这次对我真是——！这样的交情，连饭都不留人家吃！"

他们从来没吵过，这是第一次。她也不作声。他有什么不知道的，她们这里不留人吃饭，从前为了不留他吃饭多么不好意思。郁先生也不是不知道。郁先生一度在上海找了个事，做个牙医生的助手，大概住在之雍家里，常来，带了厚厚的一大本牙医学的书来托她代译。其实专门性的书她也不会译，但是那牙医生似乎不知道，很高兴拣了个便宜，雇了个助手可以替他译书扬扬名。郁先生来了她总从冰箱里舀出一小碗柠檬皮切丝炖黑枣，助消化的，他很爱吃。她告诉他"这是我自己的钱买的，"免得他客气。

她出去到厨房里向楚娣笑道："邵之雍生气了，因为没留郁先生吃饭。"

楚娣勃然变色，她当然知道不留吃饭是因为她，一向叫九莉

"你就都推在我身上好了。""这也太残忍了，"她也只夹着英文说了这么一声。

一面做饭，又轻声道："我觉得你这回对他两样了。"

九莉笑道："嗳。"觉得她三姑这话说得多余。

吃了晚饭楚娣照例回房，九莉把自己的卧室让给之雍，去浴室方便些，她自己可以用楚娣的浴室。

她把烟灰盘带到卧室里，之雍抽着烟讲起有些入狱的汪政府官员，被捕前"到女人那里去住，女人就像一罐花生，有在那里就吃个不停。"

"女人"想必是指外室。

"有没有酒喝？"他忽然有点烦躁的说。

吃花生下酒？还是需要酒助兴？她略顿了顿方道："这时候我不知道可以到什么地方去买酒。"脸上没有笑容。

"唔，"他安静的说，显然在控制着自己不发脾气。

熟人的消息讲得告一段落的时候，她微笑着问了声"你跟小康小姐有没有发生关系？"

"嗯，就是临走的时候。"他声音低了下来。"大概最后都是要用强的。——当然你不是这样。"

她没说什么。

他默然片刻，又道："秀男帮你说话噢！说'那盛小姐不是很好吗？'"

她立刻起了强烈的反感，想道："靠人帮我说话也好了！"

他从口袋里掏出一张小照片来，带笑欠身递给她看。"这是小康。"

发亮的小照片已经有皱纹了。草坪上照的全身像，圆嘟嘟的腮颊，弯弯的一双笑眼，有点吊眼梢。大概是雨过天青的竹布旗袍，照出来雪白，看得出胸部丰满。头发不长，朝里卷着点。比她母亲心目中的少女胖些。

她刚拿在手里看了看，一抬头看见他震恐的脸色，心里冷笑道："当我像你讲的那些熟人的太太一样，会撕掉？"马上微笑递还给他。

他再揣在身上，谈到别处去了。

再谈下去，见她并没有不高兴的神气，便把烟灰盘搁在床上，人也斜倚在床上。"坐到这边来好不好？"

她坐了过来，低着头微笑着不朝他看。"我前一向真是痛苦得差点死了。"这话似乎非得坐近说。信上跟他讲不清，她需要再当面告诉他一声，作为她今天晚上的态度的解释。

她感到他强烈的注视，也觉得她眼睛里一滴眼泪都影踪全无，自己这么说着都没有真实感。

他显然在等她说下去，为什么现在好了。

九莉想道："他完全不管我的死活，就知道保存他所有的。"

她没往下说，之雍便道："你这样痛苦也是好的。"

是说她能有这样强烈的感情是好的。又是他那一套，"好的"与"不好"，使她憎笑得要叫起来。

他从前说过："正式结婚的还可以离婚，非正式的更断不掉。""我倒不相信，"她想，但是也有点好奇，难道真是习惯成自然？人是"习惯的动物"，那这是动物多于习惯了。

"这个脱了它好不好？"她听见他说。

本来对坐着的时候已经感到房间里沉寂得奇怪，仿佛少了一样什么东西，是空气里的电流，感情的飘带。没有这些飘带的缭绕，人都光秃秃的小了一圈。在床沿上坐着，更觉得异样，仿佛有个真空的庐舍，不到一人高，罩住了他们，在真空中什么动作都不得劲。

但是她看见自己从乌梅色窄袖棉袍里钻出来，是他说的"舞剑的衣裳"。他坐得这样近，但是虚笼笼的，也不知道是避免接触。她挣扎着褪下那紧窄的袖子，竟如入无人之境。

她暗自笑叹道："我们这真是灯尽油干了，不是横死，不会有鬼魂。"笑着又套上袖子，里面上身只穿着件绊带丝织背心，见之雍恨毒的钉眼看了她两眼。

又是那件车毯大衣作祟。他以为她又有了别的恋人，这次终于胸部起了变化。

她一面扣着揿钮，微笑着忙忙的出去了，仿佛忘了什么东西，去拿。

回到客室里，她褪下榻床的套子，脱了衣服往被窝里一钻。寒夜，新换的被单，里面雪洞一样清冷。她很快就睡着了。

次日一大早之雍来推醒了她。她一睁开眼睛，忽然双臂围住他的颈项，轻声道："之雍。"他们的过去像长城一样，在地平线上绵延起伏。但是长城在现代没有用了。

她看见他奇窘的笑容，正像那次在那画家家里碰见他太太的时候。

"他不爱我了，所以觉得窘，"她想，连忙放下手臂，直坐起来，把棉袍往头上一套。这次他也不看她。

他回到卧室里，她把早餐搁在托盘上送了去，见她书桌抽屉全都翻得乱七八糟，又惊又气。

你看好了，看你查得出什么。

她战后陆续写的一个长篇小说的片段，都堆在桌面上。

"这里面简直没有我嘤！"之雍睁大了眼睛，又是气又是笑的说。但是当然又补了一句："你写自己写得非常好。"

写到他总是个剪影或背影。

她不作声。她一直什么都不相信，就相信他。

还没来得及吃早饭，秀男已经来了。九莉把预备好的二两金子拿了出来，笑着交给秀男。

之雍在旁边看着，也声色不动。

这次他又回到那小城去，到了之后大概回过味来了，连来了几封信："相见休言有泪珠……你不和我吻，我很惆怅。两个人要好，没有想到要盟誓，但是我现在跟你说，我永远爱你。"

"他以为我怕他遗弃我，"她想。"其实他从来不放弃任何人，连同性的朋友在内。人是他活动的资本。我告诉他说他不能放弃小康，我可以走开的话，他根本不相信。"

她回信很短，也不提这些。卖掉了一只电影剧本，又汇了笔钱给他。

他又来信说不久可以有机会找事，显然是怕她把他当作个负担。她回信说："你身体还没复原，还是不要急于找事的好。"

她去找比比，那天有个美国水手在他们家里，非常年青，黄头发，一切都合电影里"金童"的标准，见九莉穿着一身桃红暗花碧蓝缎袄，青绸大脚裤子，不觉眼睛里闪了一闪，仿佛在说"这还差不多。"上海除了宫殿式的汽油站，没有东方色彩。

三人围着火盆坐着，他掏出香烟来，笑向九莉道："抽烟？"

"不抽，谢谢。"

"不知道怎么，我觉得你抽烟她不抽。"

九莉微笑，知道他是说比比看上去比她天真纯洁。

比比那天一派"隔壁的女孩子"作风，对水手她不敢撩拨他们，换了比较老实的，她有时候说句把色情大胆的话，使九莉听了非常诧异。她是故布疑阵，引起好奇心来，要追求很久才知道上了当。

她问他有没有正式作战过，他称为combat，脸上露出恐惧的神情。九莉只知道这字眼指中世纪骑士比武或阵前二人交战，这是第一次听见用作"上火线"解，觉得古色古香，怪异可笑。那边真是另一个世界了。

她没多坐，他们大概要出去。

比比后来说："这些美国人真没知识。"又道："有些当兵以前都没穿过鞋。"

"他们倒是肯跟你结婚，不过他们离婚容易，也不算什么，"她又说。

忽又愤然道："都说你跟邵先生同居过。"

九莉与之雍的事实在人言藉藉，连比比不看中文书报的都终于听见了。

九莉只得微笑道："不过是他临走的时候。"

为什么借用小康小姐的事——至少用了一半，没说强奸的话——她自己也觉得这里面的心理不堪深究，但是她认为这是比比能接受的限度。

"那多不值得，"比比说。

是说没机会享受性的快乐。比比又从书上看来的，说过"不结婚还是不要有性经验，一旦有过，就有这需要，反而烦恼。"她相信婚前的贞操，但是非得有这一套理论的支持，不然就像是她向现实低头，因为中国人印度人不跟非处女结婚。

九莉也是这样告诉燕山。

他怔了怔，轻声道："这不是'献身'？"

她心里一阵憎恶的痉挛，板住了没露出来。

燕山微笑道："他好像很有支配你的能力。"

"上次看见他的时候，觉得完全两样了，连手都没握过。"

严格的说来，也是没握过手。

"一根汗毛都不能让他碰，"他突然说，声音很大。

她一面忍着笑，也觉得感动。

默然片刻，燕山又道："你大概是喜欢老的人。"

他们至少生活过。她喜欢人生。

那天他走后她写了封短信给之雍。一直拖延到现在，也是因为这时候跟他断掉总像是不义。当然这次还了他的钱又好些。

燕山来了，她把信微笑递给他道："我不过给你看，与你没关系，我早就要写了。"免得他以为要他负责。

虽然这么说，究竟不免受他的影响。昨天告诉他他们感情破裂的原因，燕山冷笑道："原来是为了吃醋。"因此她信上写道："我并不是为了你那些女人，而是因为跟你在一起永远不会有幸福。"本来中间还要再加上两句："没有她们也会有别人，我不能与半个人类为敌。"但是末句有点像气话，反而不够认真。算了，反正是这么回事，还去推敲些什么。

这封信还没寄到，她收到之雍两封信，像是收到死了的人的信，心里非常难受。

此后他又写了两封长信给比比："她是以她的全生命来爱我的，但是她现在叫我永远不要再写信给她了。……"

比比一脸为难的神气。"这叫我怎么样？"

"你交了给我你的责任就完了。"

然后她辗转听见说邵家吓得搬了家，之雍也离开了那小城，这次大概不敢再回乡下，本来一直两头跑。

"当我会去告密，"她鼻子里哼了一声向自己说。

绪哥哥给楚娣来信，提起乃德翠华夫妇："听说二表叔的太太到他们大房去，跟他侄子说：'从前打官司，要不是你二叔站到这边来，你们官司未必打赢。现在你二叔为难，你就给他个房间住，你们也不在乎此。'他侄子就腾出间房来给他们住，已经搬了去了。"

九莉想，她父亲会一寒至此。以前一讲起来，楚娣总是悄声道："他那烟是贵。"物价飞涨，跟雅片的直线上涨还是不能比，又是两个人对抽。但是后来也都戒了。

"你二叔有钱，"蕊秋总是说。

但是她那次回来，离婚前也一直跟他毫无接触，不过为了家用大吵过两次。别的钱上的事未见得知道。她在国外虽然有毓恒报告，究竟不过是个仆人，又不是亲信。

九莉记得女佣们讲起他与爱老三连日大赌赌输了的时候脸上的恐惧。

她父亲从来没说过没钱的话。当然不会说。那等于别人对人说"我其实没有学问，""我其实品行不好。"谁还理他？

对她从来不说没钱给她出洋，宁可殴打禁闭。说了给人知道了——尤其不能让翠华知道。不然也许不会这些年来都是恩爱夫妻，你哄着我，我哄着你。

卞家的一个表妹结婚，寄了请帖来。九莉只去观礼，不预备去吃喜酒。在礼堂里遇见南西。

南西笑道："九莉你这珠子真好看。"

九莉笑道："是二婶给我的，"说着便解下那仿紫玛瑙磁珠项圈，道："送给南西阿姨。"她正欠南西夫妇一个不小的人情，尽管杨医生那时候天天上门，治了两三个月都是看在蕊秋面上。这项圈虽然不值钱，是件稀罕东西。

南西笑道："不行不行，蕊秋给你的，怎么能给人？"

"二婶知道给了南西阿姨一定高兴。"

再三说着，方才收下了。

九林不在上海，没去吃喜酒。下一次他来了，跟九莉提起来。这表妹是中间靠后的一个女儿，所以姥姥不疼，爸爸不爱，从小为了自卫，十分泼辣。只有蕊秋喜欢她，给她取名小圆。

九林笑道："那小圆真凶。小时候就凶。那时候在衖堂里溜冰。"

九莉想起他们与舅舅家同住一个衖堂的时候，表姐们因为他长得好，喜欢逗他玩，总是说："小圆定给表弟了，你自己还不知道。"又道："姑妈喜欢嘛！所以给姑妈做媳妇。"一见他来了便喊道："小圆你的丈夫来了！"小圆才七八岁，个子小，看着不过五六岁。不管她心里怎样，总是板着一张小脸，一脸不屑的神气。他比她大三四岁，九莉一直知道他喜欢她们取笑他的话。这时候听他的口气，原来是他的初恋，衖堂里溜冰有许多回忆。只有九莉不会溜冰。卞家的表弟常来叫他出去玩，乃德说他们是"马路巡阅使"。

"你有没有女朋友？"她随口问了声。

他略有点嗫嚅的笑道："没有。我想最好是自己有职业的。"

九莉笑道："那当然最理想了。"

他没提他们父亲去投靠侄子的事，大概觉得丢脸。

她二十八岁开始搽粉，因为燕山问："你从来不化妆？"

"这里再搽点，"他打量了她一下，迟疑的指指眼睛鼻子之间的一小块地方。

本来还想在眼窝鼻洼间留一点晶莹，但是又再扑上点粉。

"像脸上盖了层棉被，透不过气来，"她笑着说。

他有点不好意思。

他把头枕在她腿上，她抚摸着他的脸，不知道怎么悲从中来，觉得"掬水月在手，"已经在指缝间流掉了。

他的眼睛有无限的深邃。但是她又想，也许爱一个人的时候，总觉得他神秘有深度。

她一向怀疑漂亮的男人。漂亮的女人还比较经得起惯，因为美丽似乎是女孩子的本份，不美才有问题。漂亮的男人更经不起惯，往往有许多弯弯扭扭拐拐角角心理不正常的地方。再演了戏，更是天下的女人都成了想吃唐僧肉的妖怪。不过她对他是初恋的心情，从前错过了的，等到到了手已经境况全非，更觉得凄迷留恋，恨不得永远逗留在这阶段。这倒投了他的缘，至少先是这样。

燕山有他阴郁的一面，因为从前父亲死得早，家里很苦。他也是个澈底的"机构人"。干他们这一行的，要是不会处世，你就是演出个天来也没用。但是他没有安全感，三十出头了，升沉大概也碰了顶了，地位还是比不上重庆来的京朝派话剧演员。想导演又一炮而黑，尽管《露水姻缘》并没蚀本，她想是因为那骗人的片名。

他父亲是个小商人。"人家说他有'威'，"他说。

小商人而有"威"，她完全能够想像。有点像他，瘦长，森冷的大眼睛，高鼻子，穿长袍，戴着一顶呢帽。

"我只记得我爸爸抱着我坐在黄包车上，风大，他把我的围巾拉过来替我捂着嘴，说'嘴闭紧了！嘴闭紧了！'"他说。

他跟着兄嫂住。家里人多，都靠他帮贴。出了嫁的几个姐姐也来往得很勤。她到他家里去过一次，客室墙上有一只钥匙孔形旧式黑壳挂钟，他说是电钟。他这二哥现在在做电钟生意。

她不懂，发明了时钟为什么又要电钟，费电。看看墙上那只圆脸的钟，感到无话可说。

他也觉得了，有点歉仄的笑道："买的人倒很多。"

有一次他忽然若有所悟的说："哦，你是说就是我们两个人？"

九莉笑道："嗳。"

"那总要跟你三姑一块住。"

之雍也说过要跟她三姑一块住。仿佛他们对于跟她独住都有一种恐怖。她不禁笑了。

之雍说"我们将来"，或是在信上说"我们天长地久的时候"，她都不能想像。竭力拟想住什么样的房子的时候，总感到轻微的窒息，不愿想下去。跟燕山，她想"我一定要找个小房间，像上班一样，天天去，地址谁也不告诉，除了燕山，如果他靠得住不会来的话。晚上回去，即使他们全都来了也没关系了。"

有时候晚上出去，燕山送她回来，不愿意再进去，给她三姑看着，三更半夜还来。就坐在楼梯上，她穿着瓜楞袖子细腰大衣，那苍绿起霜毛的裙幅摊在花点子仿石级上。他们像是十几岁的人，无处可去。

她有点无可奈何的嗤笑道："我们应当叫'两小'。"

燕山笑道："嗳，'两小无猜。'我们可以刻个图章'两小'。"

她微笑着没说什么。她对这一类的雅事兴趣不大，而且这图章可以用在什么上？除非是两人具名的贺年片？

他喃喃的笑道："你这人简直全是缺点，除了也许还省俭。"

她微笑，心里大言不惭的说："我像镂空纱，全是缺点组成的。"

楚娣对他们的事很有保留。有一次她陪着燕山谈了一会，他去后，她笑向九莉道："看他坐在那里倒是真漂亮。"

九莉一笑，想不出话来说，终于笑道："我怕我对他太认真了。"

楚娣略摇了摇头。"没像你对邵之雍那样。"几乎是不屑的口气。

九莉听了十分诧异，也没说什么。

有一个钮先生追求比比，大学毕业，家里有钱，年纪也相仿，矮小身材，白净的小叭儿狗脸，也说不出什么地方有点傻头傻脑，否则真是没有褒贬。又有个广东人阿梁也常到他们家去，有三十来岁了，九莉仿佛听见说是修理机器的，似乎不合格。又在比比家里碰见他，比比告诉他这只站灯的开关松了，站在旁边比划着，站灯正照在她微黄的奶油白套头绒线衫胸前，灯光更烘托出乳峰的起伏，阿梁看得眼都直了。

比比告诉她钮先生有一天跟阿梁打了起来，从楼上打到楼下，又打到街上去。"我在楼梯口看着，笑得直不起腰来。——叫我怎么样呢？"

这天楚娣忽然凭空发话道："我就是不服气，为什么总是要鬼鬼祟祟的。"

九莉不作声，知道一定又是哪个亲戚问了她"九莉有朋友没有？"燕山又不是有妇之夫，但是因为他们自己瞒人，只好说没有。

其实他们也从来没提过要守秘密的话，但是九莉当然知道他也是因为她的骂名出去了，连骂了几年了，正愁没新资料，一传出去势必又沸沸扬扬起来，带累了他。他有两个朋友知道的，大概也都不赞成，代为隐瞒。而且他向来是这样的，他过去的事也很少人知道。

比比打电话来道："你喜欢'波莱若'，我有个朋友有这张唱片，我带他来开给你听。"

九莉笑道："我没有留声机。"

"我知道，他会带来的。"

她来揿铃，身后站着个瘦小的西人，拎着个大留声机，跟着她步步留神的大踏步走进来。

"这是艾军，"她说。九莉始终不知道他姓什么。是个澳洲新闻记者，淡褐色头发，很漂亮。

放送这只探戈舞曲，九莉站在留声机旁边微笑着钉着唱片看。开完了比比问："要不要再听？"

她有点犹疑。"好，再听一遍。"

连开了十七遍，她一直手扶着桌子微笑着站在旁边。

"还要不要听了？"

"不听了。"

略谈了两句，比比便道："好了，我们走吧。"

艾军始终一语不发，又拎了出去，一丝笑容也没有。

比比常提起他，把他正在写的小说拿了一章来给她看。写一个记者在民初的北京遇见一个军阀的女儿，十五六岁的纤弱的美人，穿着银红短袄，黑绸裤，与他在督军府书房里幽会。

"艾军跟范妮结婚了，"比比有一天告诉她。"范妮二十一岁。他娶她就为了她二十一岁。"说着，扁着嘴微笑，仿佛是奇谈。那口气显然是引他的话，想必是他告诉她的。

九莉见过这范妮一次，是个中国女孩子，两只毕直的细眼睛一字排开，方脸，毕直的瘦瘦的身材。

至少比较接近他的白日梦，九莉心里想。女家也许有钱，听上去婚礼很盛大。

比比在九莉那里遇见过燕山几次，虽然没听见外边有人说他们什么话，也有点疑心。一日忽道："接连跟人发生关系的女人，很快就憔悴了。"

九莉知道她是故意拿话激她，正是要她分辩剖白。她只漠不关心的笑笑。

她从来没告诉她燕山的事。比比也没问她。

她跟燕山看了电影出来，注意到他脸色很难看。稍后她从皮包里取出小镜子来一照，知道是因为她的面貌变了，在粉与霜膏下沁出油来。

燕山笑道："我喜欢琴逑罗吉丝毫无诚意的眼睛。"

不知道怎么，她听了也像针扎了一下，想不出话来说。

他来找她之前，她不去拿冰箱里的冰块擦脸，使皮肤紧缩，因为怕楚娣看见，只把浴缸里的冷水龙头大开着，多放一会，等水冰冷的时候把脸凑上去，偏又给楚娣撞见了。她们都跟蕊秋同住过，对于女人色衰的过程可以说无所不晓，但是楚娣看见她用冷水冲脸，还是不禁色变。

连下了许多天的雨。她在笔记簿上写道："雨声潺潺，像住在溪边。宁愿天天下雨，以为你是因为下雨不来。"

她靠在藤躺椅上，泪珠不停的望下流。

"九莉，你这样流眼泪，我实在难受。"燕山俯身向前坐着，肘弯支在膝盖上，两手互握着，微笑望着她。

"没有人会像我这样喜欢你的，"她说。

"我知道。"

但是她又说："我不过是因为你的脸，"一面仍旧在流泪。

他走到大圆镜子前面，有点好奇似的看了看，把头发往后推了推。

她又停经两个月，这次以为有孕——偏赶在这时候！——没办法，只得告诉燕山。

燕山强笑低声道："那也没有什么，就宣布……。"

她往前看着，前途十分黯淡，因又流泪道："我觉得我们这样开头太凄惨了。"

"这也没有什么，"他又说。

但是他介绍了一个产科医生给她检验，是个女医生，广东人。验出来没有孕，但是子宫颈折断过。

想必总是与之雍有关，因为后来也没再疼过。但是她听着不过怔了一怔，竟一句话都没问。一来这矮小的女医生板着一张焦黄的小长脸，一副"广东人硬绷绷"的神气。也是因为她自己对这些事有一种禁忌，觉得性与生殖与最原始的远祖之间一脉相传，是在生命的核心里的一种神秘与恐怖。

燕山次日来听信，她本来想只告诉他是一场虚惊，不提什么子宫颈折断的话，但是他认识那医生，迟早会听见她说，只得说了，心里想使他觉得她不但是败柳残花，还给蹂躏得成了残废。

他听了脸上毫无表情。当然了，幸免的喜悦也不能露出来。

共产党来了以后九林失业了。有一天他穿了一套新西装来。

"我倒刚巧做了几套西装，以后不能穿了，"他惋惜的说。

谈起时局，又道："现在当然只好跟他们走。我在里弄失业登记处登了记了。"

九莉想道："好像就会有差使派下来。"

他向来打的如意算盘。从前刚退学，还没找到事的时候，告诉她说："现在有这么一笔钱就好了。报上分类广告有银行找人投资，可以做副理做主任。其实就做个高级职员也行，""高级职员"四字有点嗫嚅，似乎自己觉得太年青太不像。"以后再派到分行做主任，就一步一步爬起来了。"

她听他信了骗子的话，还有他的打算，"鸡生蛋，蛋生鸡"起来，不禁笑叫道："请你不要说了好不好？我受不了。"

他看了她一眼，似乎有点不解，但是也不作声了。

此刻又说："二哥哥告诉我，他从前失业的时候，越是倒要每天打起精神来出去走走。"

他显然佩服"新房子"二哥哥，在二哥哥那里得到一些安慰与打气。

他提起二哥哥来这样自然，当然完全忘了从前写信给二哥哥骂她玷辱门楣——骂得太早了点——也根本没想到她会看见那封信。要不然也许不会隔些时就来一趟，是他的话："联络联络。"

他来了有一会了，已经快走了，刚巧燕山来了。这是他唯一的一次在她这里碰见任何男性，又是影星，当然十分好奇，但是非常识相，也没多坐。

她告诉过燕山他像她弟弟小时候。燕山对他自是十分注意。他走后，燕山很刺激的笑道："这个人真是生有异相。"

她怔了一怔，都没想起来分辩说"他小时候不是这样。"她第一次用外人的眼光看她弟弟，发现他变了。不知道从什么时候起，本来是十几岁的人发育不均衡的形状，像是随时可以漂亮起来，但是这时期终于过去了，还是颈项太细，显得头太大，太沉重，鼻子太高，孤峰独起。如果鼻子是鸡喙，整个就是一只高大的小鸡。还是像外国人，不过稍带点怪人的意味。

其实当然也还不至于这样，也是燕山神经过敏了点。燕山这一向也瘦了，有点憔悴。他对自己的吃饭本钱自然十分敏感。

九林刚来的时候见到楚娣。那天后来楚娣忽然笑道："我在想，小林以后不知道给哪个年纪大些的女人拣便宜拣了去。"

九莉笑道："嗳，"却有点难受，心里想三姑也还是用从前的眼光看他。

燕山要跟一个小女伶结婚了，很漂亮，给母亲看得很紧。要照从前，只能嫁开戏馆的海上闻人，轮不到他。但是现在他们都是艺人、文化工作者了。

荀桦在文化局做了官了，人也白胖起来，两个女人都离掉了，另娶了一个。燕山跟他相当熟，约了几个朋友在家里请他吃饭，也有九莉，大概是想着她跟荀桦本来认识的，也许可以帮忙替她找个出路，但是他如果有这层用意也没告诉她。

在饭桌上荀桦不大开口，根本不跟她说话，饭后立刻站起来走开了，到客室里倚在钢琴上萧然意远。

"他到底是不是党员？"她后来问燕山。

燕山笑道："不知道。都说不知道嘤！"又道："那天看预演，他原来的太太去找他——那时候这一个还没离掉，现在的这一个还不过是同居。——大闹电影院，满地打滚，说'当着你的朋友们评评这个理！'后来荀桦对人说：'钱也给的，人也去的，还要怎样？'"带笑说着，但是显然有点怕他结婚九莉也去大闹礼堂。

这天他又来了，有点心神不定的绕着圈子踱来踱去。

九莉笑道："预备什么时候结婚？"

燕山笑了起来道："已经结了婚了。"

立刻像是有条河隔在他们中间汤汤流着。

他脸色也有点变了。他也听见了那河水声。

还剩一份改良小报，有时候还登点影剧人的消息。有一则报道"燕山雪艳秋小夫妻俩来报社拜客。"燕山猜着九莉看了很刺激，托人去说了，以后不登他们私生活的事。

她只看见过雪艳秋一张戏装照片，印得不很清楚，上了装也大都是那样，不大有印象，只知道相当瘦小。她只看见他的头偎在另一个女人胸前，她从那女人肩膀后面望下去，那角度就像是看她自己。三角形的乳房握在他手里，像一只红喙小白鸟，鸟的心脏在跳动。他吮吸着它的红嘴，他黑镜子一样的眼睛蒙上了一层红雾。

她心里像火烧一样。

也许是人性天生的别扭，她从来没有想像过之雍跟别的女人在一起。

素姐姐来了。燕山也来了。素姐姐是个不看戏的人，以前也在她们这里碰见过燕山，介绍的时候只说是冯先生，他本姓冯。这一天燕山走后，素姐姐说："这冯先生好像胖了些了。"

九莉像心上戳了一刀。楚娣在旁边也没作声。

钮先生请比比与九莉吃茶点。他显然知道九莉与之雍的事，很憎恶她，见了面微微一鞠躬。年底天黑得早，吃了点心出来已经黄昏了。这家西饼店离比比家很近，送了她们回去，正在后门口揿铃，他走上前一步，很窘的向比比低声道："我能不能今年再见你一面？"

九莉在旁边十分震动。三年前燕山也是这样对她说。当时在电话上听着，也确是觉得过了年再见就是一年不见了。

比比背后提起钮先生总是笑，但是这时候并没有笑，仰望着他匆匆轻声说了声"当然。你打电话给我。"

那天九莉回去的时候已经午夜了，百感交集。比比的母亲一定要给她一只大红苹果，握在手里，用红纱头巾捂着嘴，西北风把苍绿霜毛大衣吹得倒卷起来，一片凝霜的大破荷叶在水面上飘浮。这条走熟了的路上，人行道上印着霓虹灯影，红的蓝的图案。

　　店铺都拉上了铁门。黑影里坐着个印度门警，忽道："早安，女孩子。"

　　她三十岁了，虽然没回头，听了觉得感激。

　　红纱捂着嘴。燕山说他父亲抱着他坐在黄包车上，替他用围巾捂着嘴，叫他"嘴闭紧了！嘴闭紧了！"

　　偏是钮先生，会说"我能不能今年再见你一面？"

　　以眼还眼，以牙还牙的上帝还犹可，太富幽默感的上帝受不了。

　　但是燕山的事她从来没懊悔过，因为那时候幸亏有他。

　　她从来不想起之雍，不过有时候无缘无故的那痛苦又来了。威尔斯有篇科学小说《摩若医生的岛》，写一个外科医生能把牛马野兽改造成人，但是隔些时又会长回来，露出原形，要再浸在硫酸里，牲畜们称为"痛苦之浴"，她总想起这四个字来。有时候也正是在洗澡，也许是泡在热水里的联想，浴缸里又没有书看，脑子里又不在想什么，所以乘虚而入。这时候也都不想起之雍的名字，只认识那感觉，五中如沸，混身火烧火辣烫伤了一样，潮水一样的淹上来，总要淹个两三次才退。

　　她看到空气污染使威尼斯的石像患石癌，想道："现在海枯石烂也很快。"

　　姉再看到之雍的著作，不欣赏了。是他从乡下来的长信中开始觉察的一种怪腔，她一看见"亦是好的"就要笑。读到小康小姐嫁了人是"不好"，一面笑，不禁皱眉，也像有时候看见国人思想还潮，使她骇笑道："唉！怎么还这样？"

现在大陆上他们也没戏可演了。她在海外在电视上看见大陆上出来的杂技团，能在自行车上倒竖蜻蜓，两只脚并着顶球，花样百出，不像海狮只会用嘴顶球，不禁伤感，想道："到底我们中国人聪明，比海狮强。"

她从来不想要孩子，也许一部份原因也是觉得她如果有小孩，一定会对她坏，替她母亲报仇。但是有一次梦见五彩片《寂寞的松林径》的背景，身入其中，还是她小时候看的，大概是名著改编，亨利方达与薛尔薇雪耐主演，内容早已不记得了，只知道没什么好，就是一只主题歌《寂寞的松林径》出名，调子倒还记得，非常动人。当时的彩色片还很坏，俗艳得像着色的风景明信片，青山上红棕色的小木屋，映着碧蓝的天，阳光下满地树影摇晃着，有好几个小孩在松林中出没，都是她的。之雍出现了，微笑着把她往木屋里拉。非常可笑，她忽然羞涩起来，两人的手臂拉成一条直线，就在这时候醒了。二十年前的影片，十年前的人。她醒来快乐了很久很久。

这样的梦只做过一次，考试的梦倒是常做，总是噩梦。

大考的早晨，那惨淡的心情大概只有军队作战前的黎明可以比拟，像《斯巴达克斯》里奴隶起义的叛军在晨雾中遥望罗马大军摆阵，所有的战争片中最恐怖的一幕，因为完全是等待。

（全文完）

著作权合同登记号　　图字：01-2009-1502

本书由张爱玲著作权所有人宋以朗先生和其独家版权代理皇冠文化集团授权，仅限于中国大陆地区销售。

图书在版编目（CIP）数据

小团圆／张爱玲著.—北京：北京十月文艺出版社，2009.3

（张爱玲全集／止庵主编）

ISBN 978-7-5302-0998-1

Ⅰ.小…　Ⅱ.张…　Ⅲ.长篇小说－中国－现代　Ⅳ.I246.5

中国版本图书馆 CIP 数据核字（2009）第 035923 号

小团圆

XIAOTUANYUAN

张爱玲　著

*

北 京 出 版 社 出 版 集 团
北 京 十 月 文 艺 出 版 社　出版

（北京北三环中路 6 号）

邮政编码：100120

网　址：ｗｗｗ.ｂｐｈ.ｃｏｍ.ｃｎ

北京时代新经典图书发行有限公司发行

新 华 书 店 经 销

三河市三佳印刷装订有限公司印刷

*

850 × 1168　32 开本　9 印张　202 千字

2009 年 4 月第 1 版　2009 年 5 月第 4 次印刷

ISBN 978-7-5302-0998-1/I·970

定价：28.00 元

质量投诉电话：010-58572393